别尔嘉耶夫论自由与奴役

Nikolas Berdjaev

[俄罗斯] 别尔嘉耶夫

著 ————

石磊

编译 ————

中国商业出版社

图书在版编目（CIP）数据

别尔嘉耶夫论自由与奴役／（俄）别尔嘉耶夫著；石磊编译．—北京：中国商业出版社，2016.2（2021.6 重印）

ISBN 978-7-5044-9261-6

Ⅰ.①别…Ⅱ.①别…②石…Ⅲ.①存在主义—俄罗斯—现代Ⅳ.①B512.59

中国版本图书馆 CIP 数据核字（2016）第 019902 号

责任编辑　姜丽君

中国商业出版社出版发行
010-63180647　www.c-cbook.com
（100053　北京广安门内报国寺 1 号）
新华书店经销
三河市悦鑫印务有限公司

* * * *

890 毫米×1260 毫米　16 开　16 印张　210 千字
2016 年 4 月第 1 版　2021 年 6 月第 3 次印刷
定价：48.00 元

* * * *

（如有印装质量问题可更换）

序

现当代西方学术思想的主要特征之一是注重人的主体性研究。这种以人为中心的研究，意在寻求到人类和人类文化所依据的根，由此而重识、重铸人与世界、人与社会的关系。对人的研究是从两方面入手的：一是对人的宏观研究，即着眼于整个人类社会及其各个侧面，如政治、经济、文化、历史、宗教等的研究；二是对人的微观研究，即立足于人的主体性，致力于探求人的深奥莫测的精神世界和千变万化的行为表现。

为了帮助国内学术界及广大读者了解现当代西方学术研究的主要潮流，以便综观全局，我们选编、翻译了现当代西方著名学者对人进行微观研究的一批有代表性的著作作为丛书出版。这些著作从各个领域的不同角度对人的本质、人格、本能、潜能、情感、价值、需要和信仰等进行了较深刻的剖析，力图揭示现代人在现代社会中的精神状态，并预测这种精神状态在未来的演变。从中我们可以看到：一方面，对人的主体性研究已成为许多学科的交汇点，由此形成了哲学人类学、深层心理学、社会生物学、人类行为学等竞相争艳的纷繁格局；另一方面，这些著作在一定程度上较客观地揭示了西方社会所面临的深刻的精神危机。当然，由于作者固有的资产阶级的局限性，这些著作中存在着一些唯心主义的观点和偏见，也不可能提供解决问题的答案。这就需要我们在阅读时加以分析、鉴别，在马克思主义的指导下，对这些著作进行科学的、实事求是的研究，吸收其中对我们有益的成分，为建设符合我国国情的社会主义精神文明服务。

19世纪初，西方科学理性——人本精神东渐，叩开了俄罗斯古老的国门。国粹与舶来品在这片土地上争战不已。那场颇具声势的精神文化运动是俄罗斯文化的转型，而苏维埃政权则是它的社会——政治的转型。这种近代向现代过渡的转型其基本价值基础究竟建立在哪里，或者说，这种转型的终极价值根据究竟是什么，当历经近两个世纪后，至少时间在冲刷了那些历史之流、生活之流的表象后，已使它透明多了。

而且人实在无法再闭着眼不看自己的现实历史境遇。无疑，这是当代俄国人面临的一切问题的症结所在，也是预示整个人类未来的警世本铎。俄国存在哲学便紧紧扼住了这一具有决定意义的主题。

俄国存在哲学产生于第一次世界大战前后，索洛维约夫、舍斯托夫和别尔嘉耶夫是它的现代先驱。

20世纪20年代初，这一批青年思想家（别尔嘉耶夫、布尔加柯夫、舍斯托夫、梅列日科夫斯基等）流亡巴黎，在那里形成了30年代俄罗斯文化的"繁荣"。从世界思想史看，是俄国存在哲学影响并勾连德国（"一战"后、"二战"前）和法国（"二战"后）的存在哲学。

近代以来，当人成为西方思想所关注的中心后，中世纪的"神本中心世界"便转换成了"人本中心世界"。这时，虚无主义开始徜徉上市。其一，"活着，就是使荒诞活着"，还要信仰做什么？其二，竭力把俗世的一切神圣化，并恪守这种根植于经验形态中的伪信仰。可以说，正是这两种道德和宗教上的虚无主义造成了人类精神的崩溃和基本价值的混乱。

被杀死的不仅是上帝，而且还有人。因此，对终极价值根据的追问，便首先表现为对虚无主义的拒斥。存在哲学的主要特色也正在这里。具体地说，即存在哲学不仅要找到被遗忘了的人的存在，也要找到被遗忘了的神圣的存在。在这种找寻中，存在哲学不完全听凭经验感，不遁入非理性，不建构形而上学的知识体系，而立足于神性的景观，亦即通过与神圣的存在发生关系来确定人的存在。一句话，面向上帝找寻人的位置。

这方面，俄国存在哲学由于长期受俄罗斯精神——基督宗教性和道德感的浸渍，发展得最为充分。如黑格尔说过："那远在彼岸的内容，由于它徒具形式，已经失掉了它的真理资格。"

于此，我们确实会像老卡拉马佐夫一样叫道：整个俄罗斯人的气质就在这里显现——刻一个记号，记载下来！这气质即是，在关注个体人的命运、在沉思终极价值根据时，尽管表达的方式和风格不同，但他们都敢于信赖神性整体。这神性的真理——天国之王背负着沉重的十字架，身上穿着奴服，曾经走遍了亲爱的大地，到处给人们赐福。

俄国存在哲学的生存历经了不同凡响的痛苦，它是在地下室中、在火刑柱上流出来的，它带着受苦者从绝望深渊中的呼号——这是它的重要特点之一。其实不用说，这也显而易见，因为存在哲学家要打破那些被我们的习惯性视为永恒真理的全部基础，要在沙漠上拓出精神之魂，这就不能不艰难倍生。也许生存的辩证法就是这样：跃出深渊，则需陷入深渊。

作为存在哲学家的别尔嘉耶夫，他的思想正是在这种背景下出现的。他既受着俄罗斯精神的洗礼，又将这一精神火种传承至今。

一、尼古拉·亚历山大罗维奇·别尔嘉耶夫1874年出身在俄罗斯基辅一个军事贵族家庭。

1894年曾进过本地的武备学校，后来转入基辅圣弗拉基米尔大学的自然科学系学习。

当时的俄国社会经过名义上的废除农奴制以后，一切翻了个身又都睡了下来。对此，俄国的有识之士均有同感，而问题的症结是：出路在哪里？现在该怎么办？这也是当时别尔嘉耶夫哲学思想形成的路标。因此，大学时期的别尔嘉耶夫虽然涉足于自然科学领域，但却与同时代的许多贵族知识分子一样，开始广泛地接触民粹主义者和马克思主义者。

1894年，他曾在基辅的一个社会民主主义小组中研究社会主义理论。这正如他所说："在大学时期，我对社会现实十分关注，马克思影响着我，使我审视一系列问题时，变得非常实际、具体。"

这一时期可视为作者的青年马克思主义时期。这里应指出,别尔嘉耶夫对社会最初的关注一直持续终身,当然,他所关注的是社会生活中人的精神的问题。他说,他思想的基本矛盾维系于社会生活,思想的圆圈始终留驻在社会哲学领域中。

据别尔嘉耶夫自述,当他几乎还是孩子时,托尔斯泰的书便使他确信文明的根基是伪理,历史充满大罪,社会垒筑在不公平的基础上。

1898年他因参加学生运动被捕入狱,1901—1902年被流放到沃洛格达。以后,他的整个晚年都在流放中度过,直至瞑目之日。

在大学时期和后来,别尔嘉耶夫读了大量的哲学著作。其中,康德、叔本华、柏拉图、黑格尔、谢林,更深刻地影响过他。

1901年,他开始发表第一部专著《社会哲学中的主观主义和个人主义》(论尼·康·米哈伊洛夫斯基),提出了"伦理社会主义"的思想。至此,别尔嘉耶夫已不再拘于某一固定的视点,而成为一个批判的马克思主义者,他试图把马克思的唯物论与德国的唯心论调合起来。

思想中完成了的凝固的一元论根本不存在,真正的哲学家绝不会终止自己的思想拓展。人正面临历史剧变——即精神的重大转向。精神需要一种全新的价值定向,生活的态度要立足在更为真实、更为人性的尺度上——这一点,被一直苦苦追寻真理本身的别尔嘉耶夫领悟到了。

精神究竟去向何方?在这方面,别尔嘉耶夫虽然对康德的二元论感兴趣——因为它给予人极大的主体性,也给予自由以独立的领域，但是他不满意康德把认识真实界存在的权力统统交给理性，而几乎完全杀死了精神。同样，他虽然极敬佩托尔斯泰，并从中受益人的奴役与自由，但他却从来不信仰托尔斯泰的道德主义。显然，在别尔嘉耶夫那里，理性和道德都不是精神的最后宿地，精神必须找寻到一个比它们更为坚实即高于它们的东西。

这一时期，易卜生关于个体人格对集体的反抗、陀思妥耶夫斯基对个体人的命运的关注、尼采的价值重估等，都汇成一股潜在的力量影响着他。另外，与培根同时代却站在培根对面的德国第一位哲学家雅各·波墨也深深影响着他。雅各·波墨的基督教的三位一体思想进到了别尔嘉耶夫的哲学视域中，这种超自然主义的神性景观对于他是一个全新的支点。这一时期，别尔嘉耶夫被各种哲学思想灼烫着，他太热了，用他的话来说，即处在"精神的困苦挣扎"之中。

1904年，别尔嘉耶夫参加《新路》杂志的工作。当时来看，他的哲学心路的最终目标是建立一种还不太清楚的宗教哲学。1905—1906年，别尔嘉耶夫又同布尔加柯夫一起编辑《生活问题》杂志，力图汇集当时社会、政治、宗教、哲学、艺术中的各种新潮流。紧接着的几年中，别尔嘉耶夫连续发表了许多作品：《从永恒的观点出发——哲学的、社会的和文学的经验（1904—1906年）》（1907年）、《新的宗教意识和社会生活》（1907年）、《知识分子的精神危机》（1910年）等。

可以看出，在精神困苦挣扎中的别尔嘉耶夫对人的沉思已脱出一般的（即民族的、社会的、阶级的）视野，而进入了更高的境界。在别尔嘉耶夫那里，人既有人类的普遍性，同时又具有不可重复和不可置换的个体性。这时他的哲学思想的定向已渐趋明朗。他所主张的解放是人内在的精神解放，即人摆脱自然的受限状态，臻至神性的真理。

1911年，他的《自由哲学》出版了。这是他这一时期哲学思想的小结。此书的第一部分猛烈抨击了传统的形而上学——神学本体，说它一直把那个空洞的概念即巴门尼德的存在当作有生命的第一实在，并由此制造出一套纯属思辨理性的认识论来遮掩人的生存。因此，首先被纠正的应该是存在的本身。集子的第二部分则探寻了历史的意义，旨在重建基督教的本体论。

随后，他的《创造的意义》（1916年）一书问世。这本书第一次充分传达出了他的宗教哲学思想。

为此，他首先对自己的哲学进行本体论的转换，与以自然为对象和唯一终极实在的理性主义哲学划清界限。他的哲学关注人，以人的自由、创造和爱为主题，并认定存在的中心是人。

他提出"猜破人的奥秘也就是猜破存在的奥秘"，即受理性主义的特别是受自笛卡尔以来的自然机械观的束缚，人朝向物质必然性，已失却了自身的自由，堕入低等级的自然领域；而"人要恢复自己的尊严，唯有通过绝对的人——圣子的出世，通过神的化身才能实现"，即"通过基督而再生为新的精神的人的亚当"。

别尔嘉耶夫认为："人不仅出自此世，而且出自别世；不仅出自必然，而且出自自由；不仅出自自然界，而且还出自神。"

需要补充的一点是，据别尔嘉耶夫多次述说，在他哲学思想拓展的过程中，他之所以皈依基督教，关键在于接受了陀思妥耶夫斯基塑造的那位传说中的宗教大法官的形象。

我们见到，这位宗教大法官多少悟到了自由的辩证法。自由本来是人天性中的根本秘密，人需要信仰自由和自由的信仰，但现实中的人却往往无力承受上帝的赐予，不能净化自己的心灵，反而确信天上的面包与地上的面包不可兼得，甚至为了地上的面包而打出这样的旗帜：先给食物，再问他们的道德。于是，对自由的需求蜕变成对权威的需求，而自由也变成了最令人难以忍受和最令人恐惧的东西。于是，大地上的精灵们纷纷起来率领人群造反，在推倒圣殿的废墟上修造新的大厦。于是，羊群被搅散，走上了谁都不熟悉的道路——这便是人的自由的辩证法。追究起来，人在自己的生存中从信仰自由走向否弃自由，这源于人自身的罪行，即人做了上帝的叛逆者和俗世的囚徒。无疑，这对于沉思人的自由、创造和以爱为主题的别尔嘉耶夫具有重要的启迪，如果按照霍布斯的"自由即消除对人的障碍"，那么，在别尔嘉耶夫晚年写成的《人的奴役与自由》中，自由便不再指消除人在自然生命需要中、在自然界中以及在道德良心进行社会选择中的障碍，更重要的是指消除人的深层次上的内在的精神障碍。简言之，自由即精神自由，即人的个体人格向着上帝进行超越。

以后，爆发了俄国二月革命和十月革命，别尔嘉耶夫一开始对此就倾注了巨大的热情，并撰文预言革命的胜利。但随着时间的推移，社会革命所表现的精神的粗糙叫他不能忍受，幻灭感折磨着他。

1918年，在他的宗教哲学的反思批判下，他写成了《不平等的哲学——给社会哲学方面的论敌的信》。对这一时期的战争与革命的总结，集中体现在他的《新的中世纪——关于俄国和欧洲命运的沉思》（柏林，1924年）一书中。

1918年，别尔嘉耶夫还创建了自由精神文化学院，举办了各种研讨班，讲授他自己的宗教哲学和历史哲学。

1920年，莫斯科大学历史系和哲学系推选他为教授。

1921年，他因涉嫌"策略中心"案被捕，次年再度被捕。

1922年，他流亡欧洲，从此开始了他的漂泊生涯。

在欧洲，他先侨居柏林，1924年又迁至巴黎。这时的别尔嘉耶夫已经历了种种磨难，他在自传体的《梦与实体》一书中写道："我经过三次大战，其中两次是世界大战，另外一次则是1905年与1917年的俄罗斯革命。在20世纪，我经历了俄罗斯的精神文化的复兴阶段，经历了俄罗斯共产党政治的统治；在欧洲，我体会了整个欧洲文化的危机，目睹了中欧的动荡不安、法国的沦陷、德国军队的掠城。就个人而言，我至今依旧在流放之中，至我瞑目之日，依旧是一位放逐者。"对此，那些精神贫乏、缺少个性的人会漫不经心，会把它视作个人履历表上的事实。但这对于精神体验型的哲学家却是再重要不过的了，因为他们的哲学认识朝向具体的生活，不是概念的抽象组合，也不是讨论式的思想。别尔嘉耶夫就曾多次强调，他不是经院式的哲学家,他的哲学是与他个人的经验相联系的个体哲学,是由他的信念决定的,是从精神体验中诞生的。

他说:"我有原初自由的体验以及与此相联系的关于创造新奇事物的体验和恶的体验,有关于个性及其与一般世界、与客体化世界之间冲突的尖锐体验,有摆脱一般政权的体验,有仁慈和怜爱的体验,有关于作为哲学唯一对象的人的体验。"

至此,别尔嘉耶夫进入了他创作的黄金时期。他在巴黎生活的几年中写了一系列他自认为最重要的著作,其中有:《自由精神哲学》《论人的使命——悖论伦理学尝试》《自我与客观化世界——孤独与交往的哲学体验》《精神与现实——神人的精神基础》《人的奴役与自由——人格主义哲学的体认》《末世论形而上学的尝试——创造与客体化》《神的东西与人的东西的生存的辩证法》。

此外,他还写了另一类著作:《人在当代世界中的命运》、《俄罗斯共产主义的源泉和意义》、《俄罗斯的观念》。他认为,其中的《论人的使命》和《人的奴役与自由》两书最具有特殊的意义,他的基本思想在此获得了最充分的表述。

这些年除著书之外,别尔嘉耶夫还在柏林创建了宗教哲学学院,到法国后仍继续积极开展活动。1925年,他创办《道路》杂志。在此期间,别尔嘉耶夫广泛地与文化各界主要人士进行交流,他在巴黎郊区的寓所成为法国的思想中心之一。

1948年3月23日,别尔嘉耶夫溘然长逝于写字台前。他整整走过了人生77年的历程,在创造中他得到了安息。

二、别尔嘉耶夫曾多次强调,《人的奴役与自由》一书对于他具有特殊的意义,最能体现他的形而上学的思想,印证着他为了价值重估进行过一场长期痛苦的精神挣扎,是他在找寻真理的漫长的哲学道路上结出的果实。

的确,这本书可谓别尔嘉耶夫的"百科全书",囊括了他所有的基本思想;而且,别尔嘉耶夫还竭力想借此书来反思自己一生的哲学历程。作者放在全书之首的"代序",与其说是对全书的钩玄提要,不如说是对他作为哲学家一生的评价。

在别尔嘉耶夫的哲学思想中,他自认为最重要的是:自由高于存在,精神高于自然,主体高于客体,个体人格高于共相——普遍的事物,爱高于规律。

而其中最基本的又是自由与客体化的相互对立。

在他看来,客观的现实是不存在的,存在着的只是由精神的某种意向所产生的现实的客体化。这里,一方面整个世界生活和历史生活都由精神主宰,都只是精神的回声——在这点上,难怪有人称他为"20世纪俄国的黑格尔";另一方面,精神又必须对象化,要在对象化中获得自身的形式,这便是他所说的"客体化"。因此,我们看到"精神"和"客体化"在别尔嘉耶夫那里具有形而上学的意义,显示了他对整个世界和人的基本看法。毫无疑问,如要进入别尔嘉耶夫的思想,必须首先弄清他的"精神"和"客体化"的含义。

别尔嘉耶夫的"精神"与属于逻辑决定论、仅是一个概念的黑格尔的"精神"完全不同。它从生存论出发,指涉存在的终极价值,是个体人陷入存在的深渊,面临无意义时,向上帝的哭告,即指主体性,并在主体性中发生超越,亦指自由、创造活动、个体性和爱。也正在此意义上，别尔嘉耶夫把自己的哲学称为"精神哲学""自由精神哲学"。另外，"精神"在别尔嘉耶夫那里具有二重性：既可以返回内在自身，也可以自我异化、外化。同样，"精神"在人的生活中也具有二重效果：既使人自由、独立，也使人的意识变得狭隘起来，仅受某种观念的支配。那么，实际上"精神"对于人究竟显示了哪一重性和哪一重效果呢？别尔嘉耶夫认为，在自然力的统治下人受自然界的挤压，人则发明科技，征服自然界，以回到主体的位置。但当人回到主体的位置后，在找寻走出封闭的主体性的出路时，精神的意向发生了迷误：没有引导人沿着超越的方向，去与上帝进行存在意义上的交会，却引导人走进客体化世界。这里，"精神意向的迷误"就是精神的客体化。

那么客体化是指什么呢？

别尔嘉耶夫认为客体化即异化、外化、自然化。具体说，客体化不再仅仅是社会历史的范畴，仅指经济——劳动（马克思）；也不仅限于人的意识形态、宗教领域（费尔巴哈）；更不是单指"人们中间的普遍的社交方式"（卢卡奇）；而是指涉及人的本质存在与历史境遇之间的冲突，指在这种冲突中人自身本质的扭曲，人被向外抛出。这里的"客体化"不是一种中性现象和肯定的事实，它标志着世界的堕落和人受奴役，同时它又是产生这种现象的原因。

也正是在这层意义上，所以别尔嘉耶夫说："只有主体才是存在的。"

"世界真实地存在于非客体化的主体中。"

在精神的客体化中，别尔嘉耶夫认为最主要的是思想过程的客体化，而这一客体化的集大成者则是自然主义的形而上学。他说，从高尔古尔特别是从巴门尼德开始，便一直把一个空洞的概念——存在奉为终极价值根据，从而掩盖了个体人的真实生存，霸占了人求索真理的决定权。其实这个存在即康德所说的"超验的幻象"，它是"客体化的抽象思维的极致"。因此，别尔嘉耶夫强调真正的自由精神根植于"无物""无底""非存"，要从深渊中导出。他极尖锐地说：哲学面临的选择只有两种，要么承认存在高于自由，要么承认自由高于存在。

我们看到，别尔嘉耶夫的一生和《人的奴役与自由》全书都在首先抗击这种作为虚无主义本源的西方传统形而上学，他把这视为正义的、神圣的、基督教的反抗。

当然，不仅在哲学上，而且在宗教、政治、道德、艺术和生活上，他也坚决反抗由这种概念实在论建立起来的一整套有关国家、社会、民族、教会等方面的理想的或现实的等级秩序。他认为这些都是客体化的产物，他把这些统称为"客体化世界"。这亦即一个普遍的、法则的、必然性的王国，一个充满种种幻象的虚拟的王国。通常所说的"世界统一""世界和谐""历史规律"等便是这个王国的上等公民，便纯粹维系于逻辑的、自然的、国家的法则，都是以个体人的生存的痛苦为抵押。因此，别尔嘉耶夫认为，从生存论出发，可以毫不夸张地说，它们连一只猫、一只虫豸的价值也不抵。

过去，陀思妥耶夫斯基所不能接受的也正是这种不抵一个受苦孩子的眼泪价值的世界最高和谐。现在我们又看到，别尔嘉耶夫也把这张进入世界最高和谐的门票退了回来。

但是，人的倒错却恰恰正在这里：把经验领域中即客体化世界中的有限之物神圣化，信仰不具有真实的终极价值的代用品。这种不问信仰的对象性实质，不责难究竟是什么冒充了上帝的做法，难道还没有被人类20世纪的苦难史所证实？这种代用品的虚假性，难道还没有被它们在人的历史境遇中所发挥的作用所彻底揭穿？

对历史的过去我们无法负责，但现在的我们还有什么理由再让一些人假借最高真理之名，再去虐杀千百万无辜的良民？价值的全面重估难道还不是我们的当务之急？显然，《人的奴役与自由》一书正基于此义，它将现实的各个领域纳入它的视域，对存在、上帝、自然、宇宙、社会、文明、自我、权力、国家、战争、民族主义、贵族主义、资产性、财产、金钱、革命、集体、乌托邦、社会人主义、爱欲、性、美感、艺术等，进行了全面的剖析。完全可以说，这本书所触涉的范围之广、力度之深，在别尔嘉耶夫那里也是唯一的了。

在此，更重要的当然是关于人的救赎的沉思。

陀思妥耶夫斯基曾说"精神是双刃利剑"，这话一点不错。

别尔嘉耶夫也认为既然世界的堕落和人受奴役是为精神所致，那么救赎的重任也就只能委以精神。换言之，救赎不是人的本性的、道德的和理性的要求，也不是历史现实的要求，而是精神的要求。用别尔嘉耶夫的话来说，即是向着精神奇迹复归，即精神返回自身，返回自由。他的理由是：人的本性中含摄着自发的魔性源头，使人囿于自然力；理性不具有整体性和个体性，它总趋向于类概念的思维；道德虽然在个体人那里凭借个体人格、良心可以践行，但在集体那里就往往难以实现；历史现实是经验形态中的有限之物，能提供的仅仅是自由精神用以活动的场所和材料而已。一句话，唯有自由精神能引导人走出万劫之邦，这是人救赎的希望所在。

为此，他热切地呼唤我们企盼强大的震撼人心的新信仰的确立，呼唤我们企盼新精神热潮的到来，呼唤我们准备新王国。

这自由精神当然指基督教的精神，亦即圣经中的上帝关于超自然的启示，亦即福音书中关于上帝之国来临的福音。这不是无数个真理中的一个，而是真理的本身，是一系列形而上学真理的基础。

如何理解和实现这种精神，其关键在于人具有什么样的本质和价值。

《人的奴役与自由》全书的第一段话即向我们传达了别尔嘉耶夫对此的基本看法。他认定，人不是自然事实的存在，不以自然实在性为根据。这里的"自然"不作为文化的、文明的或者超自然的、神赐的对立物，也不取其宇宙之意，更不是一种与灵魂有所区别的物质的空间世界。别尔嘉耶夫的"自然"是自由的对立物。在这点上，他把康德对自然秩序与自由秩序的划分称作"永在的魁力"，认定是康德之所以没有像后来德国唯心论大师们那样陷入泥潭的原因所在。

为此，别尔嘉耶夫认为基本的二元论应指自然与自由、自然与精神、自然与个体人格的对立，并认为二元论比一元论正确。接下来，他便进一步把"自然"界定成"客体化世界""异己性""决定性""非人格"。具体说，"自然"即指宇宙自然、社会、民族、国家、教会等共同体以及它们所彰显的共同性。这样，在别尔嘉耶夫那里，人作为一种非自然的存在，就不是以这些共同体和共同性为自己的本质和价值。他批判近现代人学的根本错误即在于把人放在这些自然实体上，让有限之物遮盖了人自身携带的上帝的意象；而这也正是《人的奴役与自由》全书所论及的人的奴役之最。所以他认为，人要获救，人的本质和价值的重心必须发生根本的转移，即必须从外在的自然实体移至人内在的精神。

在别尔嘉耶夫那里，"人即个体人格"，"人这桩谜由个体人格铸成"，"人的问题即个体人格的问题"。

"人格"在希腊语中是πόσασις，表示"移近""置换"；在拉丁语中是personU V Wa，表示"面具""伪装"。后经长期演变，词义才逐渐固定下来，即表示"理性的、个体人的存在"。但是，这在不同的哲学家那里却有不同的理解。托马斯主义把它与物质联系在一起，莱布尼兹把它规定为自我意识，康德把它放进道德领域，系于自由。

至此，人格虽然不再是诸多自然现象中的一桩，但因为康德的道德是理性化的产物，这等于又杀死了人格。而当代的舍勒则强调人格与行动的关系。别尔嘉耶夫把人格视为一项行动、一个姿态、一种意象，指涉精神、自由、创造、超越、爱。他强调人格的个体性、整体性、潜在性以及它的不可重复、不可置换、不可模拟等特性。由此他提出必须重新审视：（1）整体与部分的关系；（2）共相与个别的关系；（3）一与多的关系。

但当别尔嘉耶夫把人界定为个体人格时更重要和更有特色的是：他有了一个新的神性景观，即不赞成人的不要上帝的自我完成，不把人仅仅放在经验层面上，而是把个体人的价值与超个体的价值结合在一起，在人的生存中引入神圣的本源。在他看来，个体人格自身不能自足，"如果没有一项比个体人格更高的存在存在着，没有一个可供个体人格进入的冰清玉洁的世界，那么个体人格则不可能走出自身，去实现自身丰盈的生命"。

由此我们见到，别尔嘉耶夫在审视人时既脱离出了传统的概念实在论，又不像尼采那样强调人的自我超越性而超越的目标却又是缺憾的，以至于总给超越蒙上一层虚幻性，"超人"总好像是"云雾中的彩色配偶"。这里，别尔嘉耶夫把人格主义的全部要义规定为：在内在世界，个体人格凭借上帝的意象拓展自身，即人要贯注神性，要透过神的折射，要由神性启明；在外在世界，真理的实现则意味着现实世界、社会和历史对个体人格形式的隶从。

当个体人格只有面向上帝才能进行超越、实现自身的生命，即人的存在只有导入神性的本源时，人的全部精神性问题的焦点则自然会指向有关上帝的理论。而且，在现实生活中往往是"有病乱投医"，这个世界太破碎，太扭曲，太混乱无序，人太渴求一种聚合力，为减轻俗世的痛苦，上帝则越来越理所当然地成为人偶像崇拜的最后栖身之地。因此，对上帝究竟是哪一位的追问就显得十分重要和紧迫，别尔嘉耶夫和他的《人的奴役与自由》也正扼住了这个问题。他认为，那种作为人观念中的上帝、客体的上帝是人意识的客体化产物，携带着人意识的有限性，烙印着传统形而上学和各种人文学的痕迹。在那里，上帝要么被抽象为一项概念，是"所有一切的统一"；要么被具体用来与社会和自然中的任何事物、任何关系进行类比，即上帝是君主，是判官，是护身法，是世间的手艺人……因此，人类认识上帝的历程实际上更多是把魔鬼当成了上帝。

但无论如何，真正的上帝只有一个。

正基于此，别尔嘉耶夫肯定费尔巴哈的正确不表现在对上帝的态度上，而表现在对上帝观念的态度上。

他认为，那种把自己视为上帝，为了自己而摧毁上帝的无神论不足挂齿；但为了上帝而摧毁人们陈腐观念中和幼稚幻想中的上帝，则是一支极有效力的醒脑剂。这种无神论正是否定的神学。也正基于此，他有力地批判了种种伪神学，它们貌似以谈论上帝的话为己任，但却亵渎和侮辱了上帝。他说，神学和形而上学的理智概念游戏把上帝变成了一位绝对的、至高无上的君主，从而推行共相—普遍对个别—特殊的统治——其中尤以思辨神学所泡制的神正论为上乘。

那么接下来，上帝在别尔嘉耶夫那里究竟是哪一位呢？

这当然是指圣经中的、福音书精神的上帝。这位上帝是

"大神秘",是"自由精神",是"与人在存在意义上的交会",是"牺牲的、受苦受难的十字架上的启示",是"钉死的爱",是"与客体化世界秩序的抗争"。或许其他名称的上帝也不乏这位上帝的某种特性,但别尔嘉耶夫之所以认定是"这一位",重要的是这位上帝克服了与人之间的鸿沟,是活的存在,即作为超个体的上帝与个体人之间有了关联域;而这正是通过上帝的仁爱——牺牲自己的儿子以拯救受苦之人来实现的。

被钉死的基督显示着上帝与人同在。这有十字架为证,更有别尔嘉耶夫自身的精神——经验的证实。因此,别尔嘉耶夫强调人"通过基督而再生为新的精神的人的亚当",其意义也正在这里。对于怎样才能走近上帝,他指出这作为一种内在的精神体认取决于个体人在发掘生命意义时的内在深度,取决于人意识结构的变革。

在他看来,人的意识结构由"奴隶""统治者"和"自由人"三种成分组成。意识结构的变革意味着人不做"统治者"和"奴隶",只做"自由人"。对于怎样才能传达出人走近上帝的这桩事实,虽然他一再表示这极为困难,但态度却非常鲜明:上帝的真理在约定和象征的形式中,不能取用概念的形式去表达。

现在我们已知道,别尔嘉耶夫把人格主义革命视为一条通往另一个世界的途径;而另一个世界——上帝之国,这不仅是人格主义革命的前提和基础("没有超验的,也就没有人的超越"),也是人的希望、未来和理想。对上帝之国的信仰涉及末世论的问题。这对于他不仅仅是一种情感，他曾说自己一直有着很强烈的末世论情感，一种临近灾难和人世终结的情感；为此，他甚至把自己的哲学称为"末世论哲学"，而把基督教主要地理解为一种末世论的东西。在此，别尔嘉耶夫剖析了上帝之国与乌托邦的本质区别。乌托邦自身含有整体性，因而也就具有凝聚力；正基于此，乌托邦自身比那些理性化的蓝图更真实得多。但乌托邦的价值依据却要么建在历史规律上，要么建在人的道德理性上，要么建在教皇国的神权政体的基础上。其实，这些都是上帝之国在人的意识中的扭曲，它遮盖了上帝之国的本真面目。他指出，真正的上帝之国实现在精神的启示之中，它以人的内在精神解放为尺度。这种上帝之国即意味着世界终结、历史终结，也即客体化终结。

为此，他提出以个体人格的不朽战胜死亡的恐惧，提出时间的三个维度，即"宇宙时间""历史时间""存在时间"。

当代许多大哲学家都拒绝把他们复杂深奥的思想从著作中抽出来加以解说，甚至怀疑能否抽得出来。当然别尔嘉耶夫也有同感。他曾多次强调他的思想中存在着矛盾、悖论和非理性的倾向，他没有完全了解自己，他无法述说自己。

"关注人的哲学家的思想必然会显示矛盾，因为人是矛盾的。"

反映在别尔嘉耶夫身上，这种内在的矛盾无一不体现他的关注所向，展示出一个十分丰富的动态过程。这一过程即是"世界总不断地向我提出新问题"的过程，当别尔嘉耶夫一一作出回应时，必然会带有某些局限性。尤其需要指出的是，尽管他声称自己身上有着"马克思主义的酵母",承认马克思的天才,以及马克思的学说中的许多优点;尽管他强烈地抨击作为价值虚无主义的西方传统形而上学,并从各个方面拒斥由这种概念实在论建立起的一整套理想的或现实的等级秩序——但作为一位宗教唯心主义哲学家,他的哲学思想毕竟与马克思主义哲学有着迥然相异的一面。由于种种原因,别尔嘉耶夫的著作在我国至今尚未见出版,其思想观点也鲜有系统介绍;本书列入"现代社会与人"名著译丛,抑或可以弥补一点空白。

至于对该书作出正确的分析和判断,那就只有仰仗广大读者了。

译 者

目录

一、论自由 …………………… 001
　(一) 存在与自由 …………… 001
　(二) 上帝与自由 …………… 008
　(三) 自然与自由 …………… 019
　(四) 社会与自由 …………… 028
　(五) 人格与自由 …………… 041

二、论奴役 …………………… 078
　(一) 王国的奴役 …………… 078
　(二) 战争的奴役 …………… 091
　(三) 历史的奴役 …………… 099
　(四) 革命的奴役 …………… 111
　(五) 文明的奴役 …………… 119

三、论诱惑 …………………… 132
　(一) 民族主义的诱惑 ……… 132
　(二) 集体主义的诱惑 ……… 140
　(三) 个人主义的诱惑 ……… 158

（四）贵族主义的诱惑 …………… 165

（五）资产阶级性的诱惑 ………… 172

四、论矛盾 ……………………………… 180

（一）精神解救恐惧和死亡 ……… 180

（二）统治者、奴隶和自由人 …… 187

（三）性、个体人格和自由 ……… 198

（四）美、艺术和自然 …………… 211

（五）我思想中的诸多矛盾 ……… 219

一、论自由

（一）存在与自由

形而上学总企望能成为存在的本体论哲学。在这种悠久的哲学传统中，古希腊的巴门尼德为其主要肇始人。巴门尼德是位不折不扣的本体论者，再没有什么概念比他的存在更抽象，就连柏拉图也无法认同他的存在的抽象性。只是柏拉图仍竭力阐述存在的问题。迁延至今，当代哲学仍信奉柏拉图的本体论哲学。本体论传统的脉络可以说是在柏拉图。

我早就怀疑本体主义（包括柏拉图的本体论）的真理性。

对此，我在《创造的意义》一书中做过表述。尽管这本书使用的术语不确定，也未能系统地拓展开来，但论及了自由高于存在。现在，我更确信本体主义的谬误，更确信存在主义哲学的本真。存在主义哲学取用全新的思维方式，对一项古老的命题——esentiauexi-stentia（本质和存在）之间的关系进行了全新的审视。

占据真理的哲学应朝向具体的真实，朝向生存着的真实。当代哲学思维已扼住了这一要旨。

当然，尽管柏拉图弄出个抽象的本体主义，但不可否认，他的哲学思想中一样有着永在的真理。

审视存在的关键是：在多大程度上它是思维的建构，亦即在多大程度上它是主体所产生的客体化，亦即它是第二位的，还是首位的？

存在仅是概念而已，由客体化的思维产出，其中充溢着抽象。所以，犹如所有的客体化产物那样，它也奴役人。存在没有在首要的主体性中，我们无论如何得不到有关存在的任何体认。在巴门尼德那里，在柏拉图主义和本体主义中，作为纯粹理念的存在是一种共相——普遍的事物，而个别——特殊的事物则被贬为派生的、从属的、虚构的。换言之，理念的、思想的才是真实的，即共相才是真实；而多样的、个别的世界仅是次要的反映的世界，全无真实可言。这里，存在混淆了非存在。古希腊哲学思维的巅峰便构筑在这块基石上。迄今为止，新的或最新的本体论哲学均从这里找寻武器。

这个客体化的经验世界是普遍的、法则的、必然性的王国，一切个别的和个体人格的都被纳入共相原则的强制规范中。另一个精神世界才是个别的、独特的、个体人格的、自由的王国。

"普遍的"作为强制性的客体，只能统治这个经验世界，在另一个精神世界中没有它的位置。精神首先拒斥"普遍的"，而只认可独特的。

审视一与多的问题，要断然摒弃柏拉图和柏拉图主义者的态度。因为，存在在他们那里如同"普遍的"和共相的事物一样，是客体化和外化的人经由思想所建构出来的，其中已把独特的、个体的人格转换成了部分。存在主义的真理如同唯名论者所认同的那样，即独特生存着的才是真实的，普遍的不是真实的。这方面，唯名论者站在了客体化和抽象化思维的对面。但柏拉图主义者和唯实论者（弗兰克）却认定唯名论者把"一般性的马"当成真实的马，即认定唯名论者认为"一般性的马"可以在某一块青草地上啃着草儿。对此，唯名论者反对存在着"一般性的马"，反对一切个别的马的统一。

后来，一直未能廓清唯名论者与唯实论者论争的谬种，遗留下普遍的与独特的、共相的与个别的在逻辑上的对置。这是客体化思维的结果。应该是：生存的内部存有特殊的个别的共相，即具体的共相，而不存有任何普遍的共相。换言之，不存有"一般性的马"和"一般性的人"，也不存有一切个别的马的统一和一切个别的人的统一。

在个别的马和个别的人里,生存着的是马的生存的共相性和人的生存的共相性,而不是普遍性。真实的统一不同于思维中的统一。我们认识个体人的共相性,不经由用"普遍的"去概括个体人的特性,而是浸渍在人的独特性之中。

这里,倘若借康德的术语来表达,普遍的领域即是自然的领域,独特的领域即是自由的领域。自由的领域亦即精神的领域。

凡以存在为基石的哲学都是自然主义的形而上学,因为存在是自然,它隶属于客体化世界,经由理性化产出。自然主义沉思精神时,就是把精神当成存在、自然和客体。但恰恰相反,精神却不在此列。精神是主体、行动和自由。存在不是创造性的行动,而是僵死的行动。神秘主义者曾说上帝不是存在,主张人走近上帝不能凭借存在(有限的概念)的昭示,这无疑正确且深刻。

在"我是生存着的"这个句子中,主要强调主语——"我",而不是强调谓语——"生存着的"。这里的"我"和个体人格远比范畴思维的结果——存在更为首要。人格主义的……基础是个体人格高于存在。存在仅是抽象思维的产物,不指……涉任何具体的生存,而我的这一只可爱的猫却是生存着的哩。

一个概念用来表述某种哲学基础应准确无误。但存在却具有两种含义:既指涉主语,也指涉谓语。过去,索洛维约夫对此已有洞察。他建议使用"生存着的"一词来表述生存的主体,这样,"生存着的"就可以同"生存"联系在一起。

但遗憾的是这一建议渺无回音。迄今为止,人仍认可奴役人的孽根,即仍认可本体主义和存在。

人认可自己是存在的奴隶。存在完全决定着人,人与存在的关系是不自由的,人的自由从存在产出。本体论也可能奴役人。其症结是:存在与自由、与精神究竟拥有什么样的关系?于此,人应面临两种哲学的选择:要么承认存在高于自由,要么承认自由高于存在。这种选择不仅取决于思想,也取决于整个精神、整个意志。

人格主义坚信自由高于存在,因为以存在为基石,只能建构非个体性的哲学。奉存在为圭臬的本体论的体系是外在决定论的体系。扩展开来说，一切客体化的理性化的体系都是这样的体系。在那里，自由从存在导出，并被存在决定着，即自由是必然性的产物。存在彰显理念的必然性，是纯粹的绝对的统一，于其中不存有突破和阻断的任何可能性。事实上，自由不由存在产出，如援用本体论的术语来表述，即自由植根于"无物""无底""非存在"。自由的基础不取决于存在，不是存在的产物。纯粹的、连绵不断的存在并不存在，存在着的是突破、阻断、非统一、悖异。这些即是超越。因此，唯自由生存着，唯个体人格生存着。自由高于存在，即精神高于存在。精神富有冲力，存在死寂、空空然。

循着理性不能沉思精神，理性导向客体。

精神是主体、主体性、自由、创造行动。唯冲力、主动性和创造，才能抗拒对存在的理性认识。非个体性的普遍的理性认同于非个体性的普遍的存在，认同于异化了人的生存的客体。这种理性哲学如同生命哲学一样，反叛人格主义。对个体人格和自由的认识，关联于个体人格的意志和主动性，也关联于个体人格的理性。

这里有两种对立的观点：第一，认定存在是永恒不变的理性的秩序，它透显在社会秩序中。因此，社会秩序不由人来建造，仅需要人的顺从。第二，认为迄今为止的令人惊骇的堕落已使世界和社会生活的基柱分崩离析，倘要力挽颓势，务在拓展人的主动性和创造性。显然，第一种观点奴役人，第二种观点解救人。本体主义是非个体性的认识，是非个体性的真理。存在的先验和谐、整体统一、善、正义，纯属乌有。

对整体的美感沉思是古希腊人看世界的基本眼光。

其实，世界横陈着两种对立且冲突的力量。

世界不仅有序，也无序；不仅是和谐的，也是非和谐的。波墨在这方面的体认比所有人都更深刻。世界秩序、世界统一与世界和谐维系于逻辑法则、自然法则、国家法则，维系于"普遍的"和必然性的统治。这是因堕落而繁衍出来的客体化。唯另一个精神世界冰清玉洁，那里的一切是自由的和个体性的，那里没有"普遍的"和必然性。而这一个经验世界，是精神自身被异化了的客体化世界。从更深层面讲，存在即异化，即客体化。具体说，存在把自由转换成了必然性，把个别的转换成了普遍的，把个体性的转换成了非个体性的，而与人的生存无任何关系的理性却独占鳌头。因此，人的解救务在返回精神自身，即返回自由。黑格尔的精神是为自身而生存着的生存，但黑格尔不懂精神的客体化会奴役人，不懂个体人格，不懂自由不是被认识了的必然性。在对客体化的认识上，叔本华比黑格尔更正确。客体化不仅缘于某种意志的支配，也缘于客体化世界中不可消解的欲望。

从前的柏拉图主义经由新的哲学的改装，已发生本质的变化。这种变化，有好有坏。柏拉图的思想是类的思想。柏拉图的艺术天才即在于给予类的思想以独特的生命。新的理性哲学只不过是把古希腊的类的思想转换成了概念。

例如，在黑格尔那里，世界是概念的辩证的自我启示，当然也可以假定概念能体认激情。但是，类概念的本性即在于依赖思想建构，依赖范畴思维。唯心主义即中世纪意义上的唯实论，不取决于主体这一概念，而新哲学的功绩则是在客体世界的建构中拓展主体的积极性。因此，尽管康德没有进到一种全新的哲学思维中来，但他为崭露这种全新的哲学思维奠定了基础。康德在这方面的建树不可泯灭。

存在是客体。它像共相——普遍的事物一样，循着主体的积极性的某种导向，经由主体建构出来。但存在却显示生存的转移，即植根于主体的首要的真实的生存被转移到外化的客体的深层面的幻象中。这样就发生了倒错：普遍的——最高的；个别的——卑微的。然而，一切却应正好相反，即植根于主体和生存的深层面上的个别的事物才是最高的，普遍的事物应是卑微的。

这是一桩永在的提问：在这一匹马里，主要的和基本的（东西）究竟是马的观念和马的"普遍的性质"，还是马的个别的不可重复的性质？

当然，是马的个别的不可重复的性质才圆融丰盈，才是主要的和基本的（东西）；而被我们称为马的"普遍的性质"或者称为马性的，只不过是马的个别的不可重复的独特的质而已。同样，个别的不可重复的独特的人，在自身中含有共相的人性，而不是人性作为共相的所属部分而进入共相。同样，一切具体生存着的事物都比抽象的存在更丰盈，更重要，存在的抽象的质和存在的谓语仅仅是独特的具体生存着的事物的内在组成部分。应该是：普遍的——存在着的，普遍的——共相的，普遍的——人性的，而这一切又都在具体的人的个体人格中。

我再重复一遍：存在仅是思想的产物，它本身匮乏任何内在的生存，纯属乌有。若按中世纪的哲学术语来表述，即 esentia（本质）并不具有 existentia（存在）。这里，存在如果是真实的，那么它就仅是内在的特性，仅是具体的生存的质；那么它就在具体的生存之中，而不是具体的生存在它之中。具体的生存的价值和人的个体人格的价值，不取决于其中的理念的共相，而取决于具体的个别的个体性的生存，取决于以个别的个体性的形式启迪内在的共相。

具体的生存和人的个体人格不隶属存在及其一切变种。

人之所以隶属于存在，显示奴性，这归咎于人自身的奴隶意识。受存在的奴役是加诸人的一切奴役之最。以为人的意识在人人依从的普遍的法则中，以为人的意识不是主体的而是客体的和共相的，以为如特鲁别茨科伊所说人的意识是"社会的"意识，都是一种曲解。在意识里发生客体化，发生人对共相——普遍的屈从，都是人的个体人格的异化。实际上，意识是共相地存于自己的主体性中，存于共相的质的主体性的启迪中。只是共相的质的主体性不是逐外的，而是内存的。

社会哲学的产生得力于柏拉图主义。社会哲学把必然的规律性奉为社会的理想基础，这种虚伪的抽象化，差不多神化了自然规律和社会规律。

对此，我们从施潘的极端的共相主义和弗兰克的温和的学说中，可略知一斑。

作为哲学的前定，要么存在高于自由，要么自由高于存在。

从必然性和理念中导出自由，则意味部分地认可自由。

这样，自由最终还将成为仰息于必然性和理念的东西。屡见不鲜的事实证明，唯心的必然性比唯物的必然性更能杀死自由。

尽管德国唯心主义企望成为自由的哲学，但结果却南辕北辙。

其中，因为康德哲学不是一元论的，他把自由放置在一切决定论的对面，所以康德哲学更接近自由；谢林试图解决自由问题，但他的同一哲学于他爱莫能助；黑格尔哲学则完全杀死了自由；与此同时，还有费希特，即使他只走出一半，但仍杀死了自由。由此可见，对自由的不理解即是对个体人格的不理解。因此，凡脱胎于柏拉图主义和德国唯心主义的思潮，断然不可能酿出导向自由的哲学。

在19世纪法国哲学思潮中，如比拉恩、雷诺维埃、拉韦松、列克约、布特鲁等，他们的思想更能建构自由哲学，只是还需深入地探究。

自由哲学不是本体论哲学。本体论哲学归根结底会陷进封闭的决定论体系，因为它的基石是经由思想建构出来的存在。存在是客体化的概念，属于决定化领域。这种决定化领域不是唯物的和物理的，而是理念的。存在一经这样的决定化的洗礼，则高高在上，不食人间烟火。这最无济于事，也最冷酷。理念的决定化使共相主义外化和客体化。这种共相主义是人的自由和个体人格的宿敌。当然，人格主义也是共相主义，但它迥然异于个人主义。个体人格的共相主义不是外化到客体世界并把人转换成部分的共相主义，而是植根于个体人格深层面上的主体内在的共相主义。等级论的社会共相主义，它的一切体系都是转移到客体世界中去的外化的共相主义体系，因此它奴役人。这也是它的基本矛盾所在。

本体论哲学的存在是由自然主义的思维方式所建构出来的物、自然、本质，而不是生存、个体人格、精神、自由。从上帝到禽兽，凡以存在为基石建立起来的等级论秩序，均为物的和抽象本质的既定秩序。如此秩序，无论理想的或现实的，都一律奴役人，其中都没有个体人格的位置。个体人格脱出存在，也抗拒存在。一切个体性的真实生存的事物都不具有普遍的传达，因为这种传达取用无差异的准则。技术化和机械化尤能彰显无差异，尤能混淆一切特性。而这正是客体化的标志之一。

有关存在的抽象观念是抽象——普遍的永久秩序，它总奴役人的自由创造精神。精神不隶属于存在的秩序。精神阻断存在。精神可以改变存在。于此，精神的自由与个体人格的生存休戚相关。

奴役的孽根是作为客体的存在。

外化的存在，无论取用什么形式——理性的或生命的，均在扫荡之列。当然，假如存在是主体，它彰显自由、精神、个体人格的生存，那又另当别论。

（二）上帝与自由

对神正论问题，思想家们常怀持敏锐的体认。例如，在陀思妥耶夫斯基那里，曾有过关于一个小孩的一滴眼泪和关于走出世界和谐的门票的辩证法，其主旨均在于抗击存在的观念，抗击共相—普遍的王国，抗击贬损个体人格生存的世界和谐。此外，还有克尔凯廓尔也奋起作战。他们的反抗显示永在的真理：独特的个体人格及其命运远比世界和谐、整体秩序和抽象的存在更有价值。

这也是基督教的真理。基督教完全不是古希腊意义上的本体主义，而是人格主义。

个体人格抗击世界秩序和存在，并在抗击中联合上帝一起行动。上帝站在个体人格一边，不站在世界秩序、抽象统一的那一边。把上帝当作存在并施以本体论的证明，这是抽象思维的游戏。世界和谐与抽象统一的观念全然不是基督教的观念。基督教弘扬个体人格，力反一元论。有关任何世界秩序的上帝都不存有创造。上帝在自身的创造中，与任何存在毫无关系。上帝不仅创造生存、创造个体人格，也创造实现自由的这个谜。对此，我将在本书以下章节作进一步论述。

真理不在形而上学的概念中，不在与存在打交道的本体论中。真理在精神的体认中，即真理是与具体的精神生活打交道，并以象征而非概念作为自己的表述。尽管神秘主义者想突破概念的束缚，从而自如地进行体认，但因为他们敌视个体人格，常具有一元论的倾向，于是就又可能俯向虚伪的形而上学。真理仅归于人格主义的痛苦的神秘主义者，仅归于那种不凭借概念和观念营造体系的以及不导向存在的哲学。

这种哲学有自己的高峰，它应是精神之路和生活的象征。

人在自己的精神和自己体认的道路上，不面向存在。存在不是第一位的，它已经被理性化了。

人在神秘生存的真理中。

人面对的不是抽象真理，而是终极真理，是道路，是生活。

"我是真理、道路和生活"，这意味着真理就是具体的个体人格，就是个体人格的道路和生活。高层次上的真理富有冲力，没有顶点、终结、闭合。真理不是教条，真理在创造行动中获取。存在不是真理，真理不是存在。真理是生活，是生存着的生存。只有生存着的，才是生存。存在仅作为生活中凝固、硬化了的一个部分，这种生活把人的生存抛入客体性。

存在的问题与上帝的问题密切相关。这里，奴役的另一种形式正守伺着人。

上帝与人观念中的上帝、生存的上帝与客体的上帝，它们之间有着巨大的区别，应对此进行明析。

上帝与人之间靠着人的意识来维系。意识的有限状态的外化和投射，即是客体化。客体化的上帝是人奴性崇拜的客体。悖异正在这里：客体化的上帝异化人并统治人，但这样的上帝却经由人意识的有限性造出，是人意识的有限性的反映。人陷于自身外化和客体化的奴役中。费尔巴哈即使未能完全解开上帝这桩难题，他也有其正确之处。人以自己的意象去模塑上帝，因此，投给上帝的，不仅有美好的，也有卑劣的。被人的意识模塑出来的上帝，印着"上帝人形论"和"社会变形论"的遗痕。

对倡导人观念中的上帝的社会变形论，我一向十分关注。

存在于人观念中的上帝所反映的仅是人的社会关系和主仆关系。这占据着人的整个历史。因此，在不断净化有关上帝的意识时，需要首先廓清奴役人的社会变形论。上帝与人的关系一旦系于社会生活，就彰显统治者与奴隶的关系，即上帝是统治者、主人，人是奴隶、侍从。而这正是社会变形论的基本审视点。

上帝、上帝与人、上帝与世界的关系不同于人的社会关系。上帝不是统治者，不施行统治，不握有权杖，不含摄强力意志，不需要奴隶顶礼膜拜。上帝是自由，是解救者，不是统治者。上帝给予人以自由的体认，不给予人以奴性。上帝是精神，精神不认可主仆关系。沉思上帝，不能取用社会和自然的任何事物来进行类比。同样，也不能取用因果律和决定论，因为上帝不决定任何事物，不是任何事物的原因。

我们面临的是大神秘，完全不能凭借用于自然界的那种必然性、原因性，也完全不能与用于社会的那种统治来作任意类比。

能与之类比的，仅仅是精神的自由生活。

上帝不是世界之因，它不凭借必然性作用于人的灵魂。上帝所实现的本质不同于人的社会生活本质。

上帝不是统治者，不统治人和世界生活。

取用社会变形论和宇宙变形论的任何范畴，都无法走近上帝。

上帝是大神秘。人在超越时朝向它，同它交会。当今对上帝所作的奴隶式的或者范畴式的诠释，已把上帝当成人的偶像崇拜的最后栖身之地。于此，不是上帝奴役人，而是神学奴役人。神学使上帝升迁为偶像，使上帝与人的关系转换成人的奴隶式的社会关系。概念的上帝作为客体，携带着客体化世界的所有特性，是奴役人的孽根。这种上帝拥有至高无上的绝对化的自然决定力，或者说它是至高无上的绝对化的统治力。这种上帝在自然界中显示决定论，在社会中显示统治。然而，上帝是主体，是脱出客体化而生存着的，是自由，是爱。上帝自身即自由，上帝给予的也仅仅是自由。杜斯·斯科特曾正确护卫过上帝的自由，但他又从上帝的自由中引出奴隶式的结论——上帝具有无限的权力。

关于上帝，不能取用任何概念，更不能取用存在的概念。存在的概念指涉决定论和理性化。只能象征式地沉思上帝。神正论所揭示的一部分真实即是拒斥概念的神学。这不意味着像斯宾塞所说的上帝不可知，而意味着可以同上帝相见和交会，可以痛苦地挣扎。这是个体人格之间的相见、交会和挣扎，其中不存在任何决定化、原因性、统治、奴从。独特的、真确的、信神的神秘主义者不把上帝作为统治者，不承认上帝企望统治。在他们那里，上帝渴念自己的"他者"，渴念爱的回答，渴念人的创造的响应。有关上帝的种种陈腐观念都依赖于社会的和种族的关系，并是这些关系的反映。在人的有关上帝意识的历史中，更多的是魔鬼充当了上帝。

奴役人的神学总是精神的外化。精神的外化即把内在的精神体认进行抽象化，迁移到抽象思想的表层。精神是主体性，并在这项主体性中发生超越。意识的客体化导向可以使精神进入其他层次。客体化显示貌似超越的结果。客体化的貌似超越的事物滞留在意识的内在性里。即或人不再相信超越的客体性，客体化意识也仍会固守在内在性的封闭的循环中。

这是一桩悖异的证明：客体的——主体化了，主体的——客体化了。

"绝对的"概念是客体化的抽象思维的极致。

在绝对的事物里面不存有任何生存和生命。与其说绝对的事物隶属于宗教的启示，不如说它得力于宗教哲学和神学思想。

在这里，抽象的绝对的事物与存在共具一个规格，共享一种命运，即它跟存在一样，都同非存在无任何区别。绝对的事物不与"他者"发生关系，不需要进入"他者"。绝对的事物不是生存，不是企盼走出自身并走向"他者"的个体人格。因此，人无法向"绝对的"

祈祷，也无法同"绝对的"见面、交会。

启示的上帝、《圣经》中的上帝不是绝对的事物。它拥有元气充沛的生命和动力，并与世界、人和"他者"关联。但经由贵族哲学的整塑，这样的上帝已转换成纯粹的行动，已摒除了其中所蕴含的内在动力和悲剧源头。绝对的事物不能走出自身，不能去创造世界，动力和变化不归属于它。过去，埃克哈特和神秘主义者所说的 Gotheit（神、神灵、神性），并不指涉抽象的极致，并不是绝对的事物，而指涉临界状态的大神秘。

对此，不能用概念来表达，甚至也不能将其说出来，因为它创造世界，人同它仅在一种关系之中。上帝不是绝对的事物，上帝与创造、世界、人密切相关。

自由和爱的悲剧发生在这里。从更深层面讲，在一切思维的极限之外，在精神体认的极限之内，矗立着不可思议的神性。但不幸的是，人却每每将它托付给理性哲学，而当理性哲学无力释明时，最终又将它归于"绝对的"。这样，上帝自身即启示的上帝也就质变成专制的上帝。这样，上帝——"绝对的"——君主，如此"三部曲"遂成神学奴役人和诱惑人的孽根。

基督教的上帝不是启示的上帝，而是绝对的君主。

为此，基督教的启示事先准备了上帝之子的启示，即关于牺牲的受苦受难的基督被钉死在十字架上的启示。上帝不是绝对的君主，它与人和世界在一起饮啜泪水，它是钉死的爱，是解救者。

解救者的象征不是权杖，是十字架。

解救者不是罪者，是赎罪者。上帝启示人性。人性是上帝的重要特性。全胜全知不属于上帝，人性、自由、爱、牺牲才为上帝所有。上帝的观念必须脱出堕落的畸形的社会变形论。当人自身恐惧非人性时，人则扭曲自身的意象，由此也就产生社会变形论的上帝。上帝是人，上帝需要人性。人性即存于人自身的上帝的意象。

神学必须脱出那种反映世界堕落和人堕落的社会学。格言式的神学应与格言式的社会学携手共进。这意味着净化对上帝的认识，廓清环绕着上帝的层层妖霾，把上帝从世俗的一切神权政治中解救出来。

不难理解，是上帝——"绝对的"——君主这样的"三部曲"，激起无神论的正义反叛。无神论并非粗俗，它也一样地倍受痛苦，一样地担负着重要的使命。无神论为认识上帝提供了辩证的因素，即净化了有关上帝的观念，把有关上帝的观念从人的客体化的非人性和社会变形论中移到超越中来。费尔巴哈的正确不表现在对上帝的态度上，而表现在对有关上帝的观念的态度上。

常折磨着人的意识和良心的神正论问题，与此相关。这也是人被奴役和一切创造被奴役的问题。

无神论体认过世界的恶和痛苦，因而发起对上帝的审判。

这正是无神论独特而严肃的所在。

马尔基翁比任何人都更惊颤于世界的恶和痛苦，也惊颤于全胜至善的上帝竟创造了世界。但马尔基翁在解决有关问题时却是错误的，因而他未能解决他所提出的问题。

另外，没有人能比陀思妥耶夫斯基更敏感于对痛苦的体认。

这是神正论的问题，他极有力地揭示了这个问题所蕴含的内在的辩证法。

这种辩证法不类似于黑格尔的理性的辩证法，而类似于克尔凯廓尔的生存的辩证法。

伊凡·卡拉玛佐夫说：他接受上帝，却不接受上帝创造的世界。因为在他看来，世界只要还存有一介生物的非公正的痛苦，或者还存有一个小孩的一滴饱受折磨的眼泪，那么他都无法认可世界和谐和世界秩序，而那张进入世界和谐的门票都会被他退了回来。倘若世界的根基浸泡在非公正的痛苦中，那这个世界起始就不该被造了出来。然而，世界已被造将出来，世界确实充满了非公正的痛苦和眼泪，充满了不可救赎的恶。

人抗击世界的恶、痛苦、不公正，渴求创出更好、更公正、更幸福的乐土，但是，人却因此酿出不幸之因，造出恶的新形式。因此，人即便常常奋起抗击，但在抗击时却又极易陷入"马拉托夫斯基"

的爱中。纵观那些勇敢抗击世界的仁人志士，无不洋溢着人类的爱，无不果敢地宣示：不自由，宁可死。

19世纪俄国思想家别林斯基就竭力肯定陀思妥耶夫斯基的痛苦的辩证法。

在给鲍特金的信件中，他一再引用伊凡·卡拉玛佐夫的话来说明这一点。但是，当别林斯基沉思人的个体人格与世界和谐的生存辩证法的矛盾时，他一方面抗击普遍的共相的事物扼杀人的个体人格，一方面却又容忍新的普遍的共相的事物对人的个体人格的奴役，应允以新的普遍的共相的名义准备杀戮成千上万的无辜，摧毁成千上万的人的个体人格。于此，我以为关键是如何审视个体人格。具体说，即必须认可独特的、不可重复的个体人格是生存的核心，认可它能体认痛苦和欢乐，它同人的独特命运、世界和谐、世界秩序密切相关。

这是神正论的问题。要解决它实在是困难，因为，上帝讲过的大部分话都发展成了理论，而且当我们审视这些理论时，会发现它们的基础或多或少都建立在共相——普遍的事物统治个别——独特的事物的原则上。

这样，在共相——普遍的事物里面，在世界秩序和世界和谐中，凯旋得胜者是"正义"、理性、财富、美，而不是非正义、非理性、痛苦、丑。这些在其中仅仅是隶属于整体的部分。过去，奥古斯丁曾指出这不是基督教和古希腊—罗马文化的整体和谐的观点，也不是它们对部分的恶的审判的观点。试想想：世界和谐和世界秩序的观念究竟有什么价值呢？这一观念果真可以裁决那些加于痛苦的个体人格之上的非正义吗？无疑，世界和谐与世界秩序的观念是奴役人的孽根，它显示客体化势力统治人的生存。

当然，这被称为世界秩序和世界和谐的事物，上帝从来就没有创造过它们。

上帝不是世界秩序的建构者，不是世界和谐的主人，上帝是人的生存的意义。把个体人格贬为部分或者转换成手段的世界秩序，其根源在客体化，即人生存的异化和外化。

它绝非上帝所造。这种整体的世界秩序决不可能裁决什么,相反,正是它需要受到裁决。

像世界秩序和世界和谐这一类东西,全然不具有生存的任何意义,仅是决定化王国,正好与自由相对。上帝在自由和个体人格中,不在必然性和世界整体中。上帝不在以痛苦的个体人格为抵押的世界秩序中发挥作用,上帝在痛苦的个体人格中,在自由与世界秩序的冲突中。上帝创造众多的具体的生存,创造作为生存核心的个体人格。世界秩序意味人的生存的堕落,意味把人的生存向外抛入客体化世界。上帝从来就没有造过这么一项世界秩序。我们应该说:上帝的透显在"部分的"中间,不透显在"整体的"中间;透显在个别之中,不透显在普遍之中。当然,上帝也不透显在世界秩序中,上帝与"普遍的"东西无任何瓜葛。唯有在忧患重重的个体人格抗击世界秩序的痛苦挣扎中,在自由抗击必然性的痛苦挣扎中,上帝才灿然闪耀。上帝出现在流出痛苦的一滴眼泪的孩子那里,但无论如何,上帝不会出现在以这一滴眼泪为抵押的世界秩序中。维系于共相——普遍的非人性的一切世界秩序终将毁灭。一切具体的生存首先指人的个体人格的生存,也指动植物的生存,以及自然界中一切个体性的生存。这些都具有永恒性。一切摧残个别——个体人的"普遍的"王国终将灭亡。

世界和谐是一项奴役人的虚伪的观念。若要脱出它的束缚,必须凭借个体人格价值。实际上,世界和谐只不过是不和谐和无秩序,世界理性王国只不过是非理性的、无理性的王国。虚伪的唯美主义粉饰世界和谐。这项世界和谐的代价过于昂贵,我们实在缴付不起。对此,陀思妥耶夫斯基早有洞察,他无时不在抨击嘲笑它。陀思妥耶夫斯基所说的,正为基督教所言。

虚伪的神正论里其实并没有上帝,它所依据的也不是上帝。理性神学便制造这种神正论,同时还制造有关上帝在世界中的信条。那种认可上帝在世界中显示作用的乐观主义学说所描述的世界状态,纯属虚构。倘若一切都缘于上帝,一切都由导向至福的上帝主管;倘若上帝也在鼠疫和霍乱中显示作用,也在宗教裁判所里、在刑讯中、在战场上……一句话，上帝无所不在，无所不至——那么，这无穷演绎的最后，必然会否定尘世间还存在着恶和非正义。因此，有关上帝在世界中的信条也是一桩深不可议的大神秘。神学理性化既侮辱上帝的尊严，也侮辱人的尊严。在那里，上帝是一位生死予夺的君主，他为建造自己的荣耀，为构筑普遍的世界秩序，利用世界的每一个部分，奴役一切个体性。应该说，这样的上帝才正是一切非正义性、一切恶和一切个体的痛苦的证明。

上帝不是在世界上谋生的手艺人，不是世界的庇护神，不是世界的执政官，不是世界的 Pantocratos（万能的主）。

上帝是自由、意义、爱、牺牲，是与客体化的世界秩序的抗争。

一位朋友告诉我，莱布尼兹是思想史上最令人颤栗的悲观主义者。这话不错，因为莱布尼兹曾这样提问：如果这个世界是所有可能存在的最好的一个世界，而最好的一个世界竟如此糟糕透顶，那么悲观主义学说难道不也有其合宜之处？

确实，世界秩序的乐观主义太廉价了些，它难免不奴役人。

世界秩序的给定观念经由人的客体化即人的堕落产生，人必须脱出它的奴役。当垒筑在"普遍的"基石之上的虚伪的和谐消弭时，抗击世界秩序的上帝王国的福音就悄然而至。

解决神正论问题，不能凭借客体化的思维，不能置于客体化的世界秩序中。对它的解决要放在生存的位置上，即放在上帝所启示的自由、爱和牺牲中，即放在上帝与人一起倍受苦难熬煎的挣扎中，放在上帝与人一起抗击世界的不合理和不公正的行动中。不应该也不需要借助于上帝是世界主宰和上帝是手艺人的观念，以繁殖世界的灾难、痛苦、不幸、罪恶。

为着自由、正义、生存之光，我们渴求朝向上帝。

一切宗教的正统分子总敌视和批判泛神论的倾向。大概因为他们弄不清神秘主义者语言的悖异性，所以常把矛头瞄准泛神论的神秘主义者。其中，天主教的神学家们甚至恐惧泛神论。如果遵依他们所说的泛神论是异端邪说，我们仍会发现他们并不理解应首先审视的是人和人的自由，而不是上帝。

更令人震惊的还有，这些最正统的教条公式自身和最正统的神学理论自身，也蕴含着奴役人的泛神论。

他们认为：上帝是所有的一切，上帝之手操办所有的一切；唯上帝是真实的存在，而人和世界空空然，是"无物"；唯上帝是自由的，而人不具有真正的自由；唯上帝在创造，而人匮乏创造力，一切皆因于上帝。像这样确定人的神性，以及像这样认可神性对人的投射的泛神论，当然是侮辱人的最极端的形式，无任何价值可言。这种泛神论是一元论。我们不应认可一元论和泛神论，应认可人的独立性，认可人的创造能力不由上帝决定。

而这正是一切理性化的正统的神学体系为之惊恐的所在。

宗教思想史上的泛神论倾向具有两种相反的作用：一是解救人，使人脱出权威的逐外的超越性，脱出上帝是客体的观念；二是奴役人，否弃个体人格和自由，肯定神性是至高无上的唯一的决定力量。追究起来，这关联于人沉思上帝时所产生的矛盾。沉思上帝，只能对生存的精神体认取用象征的方式，而不能客体化。客体化，无论是极端的二元论的超验论，或是极端的一元论的内在论，都携有奴役人的基因，都阻碍上帝与人见面的生存体认。不能把二元论的因素迁移到二元论的客体的本体论中去。这需要自由和困挣。

上帝不是"所有一切的统一"，这正如索洛维约夫和许多宗教哲学家所说。然而，"所有一切的统一"——这项观念却正在诱惑着哲学的理性。

这是关于上帝的一项抽象的概念。

这产自客体化的思维，其中没有任何生存性。人通过它，不可能与上帝见面对话，也不可能发生对话的挣扎。如果上帝是"所有一切的统一"，上帝就摒除了自由，就成了决定论的上帝。在那里，上帝是自然，是统治力，不是个体人格和自由。统一的观念是虚伪的，终究会奴役人，会反叛人格主义。

唯有在客体化世界中，统一才被构想为我们的最高状态。当然，这也不足为怪，因为客体化世界太破碎，太扭曲，太混乱无序，与此同时，也太需要强制性的聚合和屈从，即需要以必然性的名义制造世界秩序的道德的统一。然而，这只不过是堕落世界为寻求补偿的一项投射罢了。事实上，生存的最高世界不是统一的世界，而是创造自由的世界。上帝的王国不是客体的统一。无神的世界和无神的王国才需要这种客体的统一。上帝王国首先属于人格主义，是个体人格和自由的王国。上帝王国不把统一作为高悬在个体人格生存之上的达摩克利斯之剑，而是爱的融合和交会。上帝王国需要格言式的沉思。统一意味着灵柩式的思维。

"所有一切的统一"——这项抽象观念仅仅是"绝对的"观念的另一种形式而已，凭借它，无论如何不能克服一与多之间的矛盾性。一与多的综合、共相与独特的结合是一桩神秘。这神秘在基督的个体人格中，并且不能取用基督——"所有一切的统一"的表述形式。我们认可个体人格蕴含着共相，同时也认可这种共相存于潜在的形式中。

唯有基督的个体人格中的共相才现实化了，即它既得到了实现，又没有抽象地离开个体人格的生存，没有发生客体化。面对神秘，我们的表述实在糟糕透顶，不仅使用"统一"，还使用"所有一切"。要知道，"所有一切"不具有任何真实的生存，它同"整体的""普遍的"一样，都是思维的纯粹产物，它脱开抽象思维便荡然无存。

不能袭用教会的意识去思维。

这种意识既远离个体人格，又凌驾个体人格。教会的思想是有机论，仅滞留于简单的生物学类比。

这种类比岂可进到终极意义上的沉思？！

翻翻那些杜撰出来的神圣的文本，比比皆是穿凿之论，皆是生物学或是司法学的象征。高层次的整体拥有自己的生存核心和自己的核心意识，教会根本不可能沉思它。当然，这也涉及语言有限性的问题。教会已把与基督的交会和生存的共同性完全客体化了。教会的和教会意识的生存核心在每一个人的个体人格中，在基督的个体人格中，即在基督的神性——人性的个体人格中，而不在任何集体和任何有机体中。认定这些集体和有机体实现了"所有一切的统一"，此乃天大的谬见。教会的生存应解救人，但按照教会自己的观点，它却是社会机构，隶属于客体化世界。因此，教会实际上常常奴役人。

人受宗教、上帝和教会的奴役太甚，准确地说，即受宗教观念、上帝观念和教会观念的奴役太甚。凡此种种，已成为奴役人的形式和奴役人的孽根之一。这也是受客体的、普遍的、外在性的、异化的奴役。所以神秘主义者提出人应远离上帝，这不无道理。人的出路也正在这里。

宗教史告诉我们，祭祀上帝曾是人的社会行动，我以为仅就此而论，也意味着对人的奴役。是基督承担了把人从这种奴役状态中全部解救出来的使命，他的牺牲启示了这层意义。但是，客体化的社会化的基督教携带着对上帝敬畏的奴役基因。这种敬畏关联于原始恐惧。这常使人见到，就连许多标榜自由和标榜摆脱奴役的哲学家，也仍把上帝认作"所有一切的统一"，也仍对上帝怀持着奴隶般的崇拜。

追究基督教的这番受害，在于它援用了宗教中的古罗马的功利性十足的许多概念，这样就全然破坏了它的健康机体，使它逐渐演变成了一个社会化的宗教。现在，对上帝的奴隶态度已发展到对上帝的无限性所作的理解，这就更加摧毁了有限的人。

这种理解把上帝的无限性等同于这个世界的无限性。其实，上帝的无限性是生命创造的充满，是人的渴求，它一点不摧毁有限的人。

人受自然的、宇宙的奴役；常常又无条件地把上帝当作客体，受上帝的奴役。

这正如尼采笔下的查拉图士特拉说：上帝死了，他对于人类的怜悯杀死了他。

（三）自然与自由

人受存在和上帝的奴役，早已不乏事实，这迫使人沉思和反抗。

但是，人却一直无视自己受自然的奴役。

文明的基本课题在于征服自然的自发力，改变人受自然奴役的地位。于是，人（集体的人）与奴役和胁迫他的自然力作战，人化他周围的自然环境，在人与自然之间制造种种用以同自然力作战的工具。由此，人承受着技术的、文明的、理性的新现实。由此，人自身的命运也托付给了它。毋庸讳言，人迄今为止仍旧未能彻底脱出自然的统治。人渴求从窒息他的技术文明中获释，也周期性地需要返回自然。

相对来说，上述的问题比较单一，并已有大量著作做过论述。我的兴趣不在这方面。

"自然"一词具有多种含义。在19世纪人的意识中，"自然"首先指客体，指像数学这样的自然科学和技术作用。这时，被古希腊和中世纪以来所赋予的"自然"即"宇宙"的含义已消失。当然，这肇始于笛卡尔。但与此同时，也激活了法国另一位大思想家帕思卡尔内心的极度恐惧。这位大思想家面对深邃的空间，隐隐约约听到远处传来的机器轰鸣声，从而敏悟到人类命运的残酷。人作为分等级的宇宙有机体的一个组成部分的感受，正在从人那里消失。这无形中更增添着人对有机体温馨的渴慕。算起来，自笛卡尔降生，人便承受着这样的困惑：人越返回自然，则越远离自己内在的生命，亦即人自己内在生命的律动则越与自然的律动不合。

传统的旧神学对自然的理解，关联于自然与超自然的区别，关联于自然与神赐的区别。在给自然下注脚时，如果太偏重自然与文化的区别，即是旧神学的观点。我所使用的"自然"一词，不作为文化、文明、超自然和神赐的对立物，不取其宇宙和神造的含义，不是那个有别于灵魂的物质空间。

我界定自然，首先把自然作为自由的对立物，首先审视自然秩序与自由秩序之间的区别。在这层意义上，康德的沉思具有永在的魅力，即便他没有照此思路继续拓展开去。如果自然是自由的对立物，那么自然也是个体人格和精神的对立物。

自由即精神，个体人格即精神。

基本的二元论不由这样的二元组构，即不由自然与超自然、物质与心理、自然与文明组构，而由自然与自由、自然与精神、自然与个体人格、客体性与主体性组构。在这样的二元论中，自然即客体化世界，亦即异己性、决定性、非个体性。因此，我所理解的自然不指涉动物、植物、矿物或者星星、森林、海洋，因为它们都具有内在的生存，都属于生存的世界，而不属于客体化世界。人与宇宙生命进行交流的问题，已超出我所理解的作为客体化的自然。

人受自然的奴役，即受自然的客体化、异己性和决定性的奴役。自然决定生命的循环久矣。唯个体人格方可遏止这一循环，因为个体人格具有源自另一种秩序和另一个王国的力量，即具有源自精神和自由的力量。只是个体人格中也存有与宇宙循环相关的自然的根基，但是人的个体人格的意义并不透显在这一方面。人的个体人格作为另一种秩序和另一个王国的产物，它独特的质即在于阻断自然的必然性，拒斥自然对人的奴役。

人对自然的阻断和拒斥，一旦滞留于经验，便只能取得部分的成功，那么人最终还会轻易沦为自然的奴隶，甚至乐不可支地把这一切理想化。于此，人会转身走进社会。社会确实不是自然，但社会是自然的投射物。社会垒筑在自然性和决定性的理想的基石上。自然主义总把精神自身和精神生命理解为自然，即把自然决定的基因输送给精神生命。

涅斯梅洛夫曾说，伊甸园中那只物理的苹果本该启迪人的良知，人却迷信它，把它吃了下去。但这里，涅斯梅洛夫并不认为人的罪恶的堕落就在此，而认为是在于人臣服外在的自然。人的这桩罪恶的堕落意味着人反叛自由，意味着人由此转换成了自然的一个部分。

当然，按人自身的意象，人是个体人格，他携带着上帝的意象。因此，即便人自身蛰伏着自然的根基，人仍旧不是自然，不是自然的一个部分。人是小宇宙，所以人不是宇宙的一个部分。在自然中占统治的是因果关系，个体人格突破这种因果关系。自然的因果关系须转化成与精神相关的意义。因果关系不彰显任何意义。自然王国并不意味着完全是连续的平顺的必然性和因果律，自然中也会出现断裂、突变、"万一"。对规律作统计式的理解，助长了决定论加给自然的统治力。必须终止原因性和规律的统治。规律性仅仅是给定体系中的力量的对比关系。即使自然是决定论的秩序，也不是封闭的秩序，另一种秩序的力量也可以进入其中，从而改变它原来体系中的相互关系的结果。

虽然传统的宗教哲学对自然的诠释不是唯物主义的，但也常常合法化了人受自然奴役的意识。凡自然主义式地理解精神和上帝，都是对人的奴役。

不能把自然界及其周围的环境称为宇宙，以为它们蕴含着宇宙生命和圆满的生存。在这里，受"世界"奴役性和生存的僵死性的束缚，不仅人，甚至动物、植物、矿物都一并沦为奴隶。对于这个"世界"，早该用个体人格遏止它，早该把它从被奴役的和奴役着的状态中解救出来。世界被奴役的和奴役着的状态、自然的决定论，均是客体化产物。在这里，一切被转换成客体，客体即意味着外在的决定化、异己性、向外抛出、非个体性。人受自然的奴役即受客体性的奴役，广而言之，一切奴役都是客体性的奴役。奴役人的自然是听凭于外在决定的客体，它摧毁内在的生存。

如果自然是主体，那么它就必定是宇宙的内在生存，必定彰显宇宙的生存性，因而亦即自由。

一旦发生主体性突破客体性，自由突破必然性，个体人格突破普遍的王国，也就发生解救的过程。

物质显示依赖性和外在的决定性，所以它是客体。物质如果是主体，便不再是物质，而是内在的生存。不断增长着的物质性强化人的奴役地位。奴役即物化。物质自身除给予人以沉重的客体性，便空空然矣。物质性即客体化，即生存的物化。解救是返回内在的生存，返回主体性，返回个体人格，返回自由，返回精神。解救——精神的创造，奴役——物质性。甚至也可以说，奴役人的最酷烈的形式莫过于物质性和物质的必然性,因为这一形式总是轻捷地攻占一切。

在大多数情况下,人受自然奴役的形式都非常精致,并藏而不露。那种被我称为宇宙的诱惑,它甚至还可能携带精神创造的因子,从而远离物质的决定论。自然的奴役和宇宙诱惑也许是精神的现象。

人对自己受自然奴役的种种基本形式,习焉不察。自然的必然性的暴力强加于人,并外在于人。这种奴役被冠为自然的"规律",通过人的科学认识得以具体化。人同自然的必然性的暴力抗争,是经由对自然的必然性的认识。也仅在这层意义上,自由才是必然性的结果。人施给自然的技术权力关联于此。在这种技术权力中,当人部分地脱出自然的自发力的奴役时,却又轻易地陷入另一张网络,即受自身造出来的技术的奴役。技术和机器烙印着宇宙进化论的印记,它们是一种新自然,人被置于它们的权力统治之下。在这个过程中,精神经由自身的挣扎,揭示对自然的科学认识,创立技术。可是,当精神自身陷入外化和客体化的奴役时,精神自身便丧失独立性,便发生外化和客体化。这正是精神的辩证法和生存的辩证法。

宇宙诱惑人和奴役人的形式越精致,人越易接纳它,越易狂热地为它献身。人与自然的根基——决定论和规律性争战,但对宇宙却全然持另一番态度,竟臆想出宇宙和谐、宇宙秩序、宇宙整体统一来,甚至还以为其中映照着神的光辉,是神的和谐和神的秩序,世界的理想基石就在这里。

宇宙诱惑人和奴役人的形式极多:或美感性的(如罗扎诺夫、劳伦斯),或民族大众的(如民粹派的神秘主义),或"地动仪式"的土地诱惑、血缘诱惑、种族诱惑、故乡生活的诱惑……,甚至连酒神主义也是它的形式之一。究其原因,这在于人渴念投入宇宙之母和大地之母的怀抱,渴念同它们融为一体,渴念自己勃生出混沌的原始自然力,渴念走出痛苦,渴念突破个体生存的有限性,渴念从统治个体生存的集体的、社会的、民族的樊笼下解放出来,以成为一项真实的个体生存。这意味着意识的外化。人在文明给定的条件下生存,难免不受限于规范和理则，由此更增添着人对返回本真的原始生活、返回和谐的宇宙生命的渴念。人期待在那里同它们交流，融为一体，从而感悟其中的神秘、痴狂以及迁升的欣喜。

浪漫主义者总需求返回自然，需求脱出理性的、文明规范的桎梏。浪漫主义者的"自然"不指涉自然科学所认识的和技术所发挥作用的那个自然，也不指涉显示必然性和规律性的那个自然。单看卢梭与列夫·托尔斯泰谈及的自然，便各有所指。

神性的自然是神的恩赐，它治疗文明人的疾苦，反拨文明的混乱，每个时代的人难免不周期性地被它俘获。无疑，这种返回自然的潮动透显着永在的意义，令人心向往之。

然而，不幸也正在此，即人看自然和宇宙的基本眼光停留在了意识的幻象上。于是人想攻克客体化，却返回到了一个外化的、异化的自然中去，实际上，人也更加远离了真实的生存。

换言之，人找寻脱出自然的必然性的解救之路，却朝向宇宙的自由，以为自由的生活和自由的呼吸便是同宇宙生命融为一体。其实，当人与自然的必然性争战时，人创造的文明已败坏了空气，文明的规范不给人以任何发展的自由。

当然，人热切地渴念同宇宙的内在生命交会，这不失为一条真理。只是这里的"宇宙"应指涉生存意义上的宇宙，不应指涉客体化的宇宙或者决定化的自然。

宇宙的诱惑还表现在人企盼同世界灵魂融为一体。

通常，浪漫主义相信世界灵魂的生存，这大多以柏拉图主义的哲学为基石。

世界灵魂的生存同宇宙和谐和世界秩序的生存一样，都是客体化的意识幻象，都奴役人。

不存有宇宙的分等级的统一。

自然仅是一个无序的部分，因此，人不能苛求和抱怨它，也不能执意把它整塑成自然的整体。

整体存于精神，不存于自然。

可以体认的整体仅仅是上帝，不是世界灵魂和宇宙和谐。诸如这一类东西的观念不具有任何生存的意义。即便有关自然的科学，也无力扮演世界整体和宇宙统一的角色，它仅能认识自然的部分性。宇宙的乐观主义可以休矣。现代物理学异军突起，已否弃古典意义上的宇宙，也否弃了传统的决定论的唯物主义。世界仅仅是作为部分的世界，而不是作为整体的统一的世界。从此意义看，现代物理学无愧为革命的前卫。只能在没有异化自身和没有客体化的精神中去寻找整体和统一。这样，整体和统一才会焕发出全新的光芒，才会拥有另一层意义，即不再摧残部分、多样和个体。

对世界进程的理解，目的论同个体人格的自由哲学相悖。

摒除客体的目的论，不仅要瞄准它的决定论和自然的因果性，也要瞄准它所标榜的自由。

有关宇宙进程的客体的目的论，它摧毁人的自由、个体人格和创造，它实际上是理念的唯灵论的决定论。

客体化世界根本不存有合目的性，或者准确地说，仅存有部分的合目的性。这种合目的性仅内在于世界某一特定部分所产生的进程，而在这些部分相互作用和相互冲突中，则不存有合目的性。当然，这种整体中更不存有合目的性，因为这里根本没有整体。客体化世界的无限性不能建构宇宙整体。

偶然性在世界生活中的作用越来越大，这并不意味人的认识越来越浅薄。倘若哪一天行星碰撞，宇宙毁于一旦，平衡从此告吹，这也完全不存有什么合目的性，甚至也不存有任何生存意义上的规律的必然性。这只能是一桩偶发的意外的现象。例如，一个乘车人横遭车祸，那些力学的、物理学的、化学的和生理学的千万条规律，纵可解释大千世界的诸多现象，却没有一条规律可用来解释这个乘车人在此时走出家门并在彼时于街角坐上汽车。另外，奇迹的出现不是对某种自然规律的突破，而是人生命的意义透显在自然界中，是精神力量阻断自然秩序。自然界隶属于作为部分的规律，自然秩序在自己的封闭性中显示规律。

它们自身无奇迹可言。

可以肯定地说，没有整体的规律，没有宇宙的规律。整个世界的规律不是宇宙规律。

即使存有宇宙规律，它也仅是部分的，也仅能朝向部分。布特鲁曾论述过自然的偶然性规律，对人颇有启发。

我说的这一切不指自然中发生的复杂的机械现象和元素的内聚力。现在可以从根本上推倒对自然所持的机械观。它与假设生存着世界灵魂和认可经由神的和谐投射而来的世界和谐一样，都是虚伪的一元论。

自然哲学尤具一元论的倾向，极易投靠唯灵论和机械论。对世界灵魂和宇宙和谐的设定是十足的自然主义。当确信宇宙是理想的源头，确信始终存有一项理性灌注一切宇宙生命时，也就跌进了自然主义的泥淖。

对宇宙的这一类看法均是意识的幻象，其基点均立于自然秩序。这种客体化的自然秩序不实现精神，而异化精神。

凡把宇宙的源头、力量、动力和质进行实体化的，都与人格主义哲学相悖，都是凭借宇宙的等级论来奴役人的个体人格。

我们见到的众多的神智学和神秘论便在此列。

在客体化的自然中找寻不到世界灵魂和宇宙的内在生命。因为，客体化的自然不是真实的世界，而是堕落状态的、异化的、非个体性的奴役世界。这里的真理是：经由蕴含着创造积极性的美感沉思，经由爱、痛苦、怜悯，人方能从生存意义上突破宇宙的内在生命，突破自然。而这一切又意味着：突破客体化自然的极限，脱出自然的必然性。因此，我把那种为了冲决个体生存的有限性而融进宇宙自然力的心醉神迷的出口称为宇宙的诱惑。这是人渴念投入宇宙的原始自然力。

大抵像酒神节一类的如痴如狂如火如荼的祭祀，便起源于人心理上的这种渴念。但事实上，这不仅没有引导人走出封闭的个体生存，去同宇宙交会，而且还摧毁了个体人格的形式和个体人格的创造。追究起来，这是因为人受到宇宙的诱惑与奴役，将其基点放在了与宇宙的内在的无限生命进行交会的幻象上。对此，德国诗人赫尔德林在其天才的悲剧《埃姆别多克之死》中做过绝妙的描述。这是一桩证明：客体化的自然伙同它的决定论一起向人出售它的负面价值，把人贬为奴隶，人在心理上的奴性比习惯性的自然的决定化更具另一种性质。必须重申：宇宙灵魂和世界灵魂不具有内在的生存，它仅是奴役人和个体人格的力量。

现在，伴随返回异教的宇宙中心论的呼声，自然的各种神灵鬼怪从封闭的自然生命的底层升了起来，正窥视和围剿着人。人周期性地被魔鬼学和精灵论迷住了心窍。本来，以人为中心的基督教可以解救人，但它却被异教的宇宙中心论所取代。面对宇宙的诱惑，面对施于人的一切诱惑，唯一能凸显出意义的是——需求突破！

人的内在生命的异己性折磨着人。人本质上想返回自己内在的宇宙，但又无法脱出自然机械论的挤压。人因为失却上帝的指引而堕落，致使宇宙也产生远离人的堕落。这是客体化世界的堕落。人返回宇宙不能循着宇宙诱惑的门径，否则，人由于受自然机械论的奴役，会轻易被自然的泛神灵论俘获。为此，我们拒斥一切束缚人的自然魔鬼，认定同宇宙生命融为一体不能解救人，只能摧残和贬损人。

人受这样的奴役归咎于社会生活的命定劫数，亦归咎于个体人格与社会关系中的命定劫数。

人把社会植根于宇宙，视社会为有机体，以为社会也具有宇宙的基础。

这样一来，人自己胁迫个体人格隶属于这个有机体并受其奴役，从而也使人成为这个有机体的一个器官。本来，人的一切自由以其精神的独立性而卓然独立于社会、自然之外，但这时均被一笔勾销。社会哲学中的宇宙论首先表现为对精神的背叛。社会哲学的虚幻——宇宙和神秘——生物的基础是有机的和有机论的观念。它极欣赏农民所具有的宇宙性，并以此来对抗其他阶级——特别是知识分子、工人的——非有机性。

人民大众强有力地进入历史,这具有宇宙意义,某种程度上无可非议。但随之而来的是不断增长的技术权力鲸吞精神文化,致使人更加远离自然。

人便在这种恶性循环中运动。

遏止这种循环,只能凭借精神的创造之举,而不能屈从于有机的宇宙和谐。客体化世界中的和谐纯属子虚乌有。能与那种统治人精神的有机的宇宙力量相抗衡的,不是机械的、技术的、理性化的力量,而是独立于有机论和机械论的个体人格的源头和精神的自由。

当然,客体的目的论也无力建树这一伟业,因为它不瞄准决定论,而瞄准自由。

抗争社会对人的奴役,不能凭借理性化了的理性,也不能凭借功利性极强的自然。精神、精神的自由、个体人格拥有独立于自然和社会的精神的质。

唯此,方可抗击社会奴役。

(四) 社会与自由

社会奴役是人受奴役的最重要的形式之一。在几千年的文明中,人全然成了社会化的生存物。有关人的社会学理论也一再鼓噪社会化造就了人,而人,则睡眼惺忪,完全沉溺在社会的这种催眠术中,很难把握住自己的命运,去同社会奴役抗争。

社会的催眠术借社会学的各家各派之口,强说人的最大自由纯粹来自社会。

社会也常常对人说:你是我的创造物,由于我的恩赐,你所拥有的一切才成为最美好的,所以,你应属于我,应为我奉献和牺牲。对此,俄国的社会活动家赫尔岑持有自己的审视点。

他曾深刻体认过个体人格的强大力量,他的警言"个体人格隶属于社会、民族、人类、观念,是人的祭祀的延续",迄今仍不失为一桩永在的神圣的真理。

如果我们认可个体人与个体人格之间存有区别,就应该认可个体人才是社会的一部分,才服从于社会;而个体人格不是社会的一部分,不服从于社会。相反,社会却是个体人格的一部分并应服从于它。由此也可以说,人是小宇宙和小神灵,社会和国家是个体人格的组成部分。

社会的外化和社会关系的客体化奴役人。

在原始社会中,个体人格完全被集体遮蔽。法国当代社会学家列维·布留尔曾说,原始意识中的个体意识依赖于群体意识。这话非常正确。

当然这还不是关于人的终极真理。

社会具有某种真实性,是现实的一个阶段,但是"我"与"你"在一起却迥然异于"我"在"我们"之中。

"我"与"你"在一起具有另一种真实性。社会不是有机体,不是生存和个体人格。社会的真实性蕴含在个体人格中,而不蕴含在个体人格与个体人格之间简单的相互行动中。当然,这种真实性还蕴含在"我们"中。

这里的"我们"不再作为抽象的概念,而是作为具体的生存。

社会的真实性不是特殊的"我",而是"我们"。

"我"与他人的交会发生在"我们"之中。

"我们"是"我"的质的内涵,是"我"的社会的超越。

"我"不仅同"你"交会,即个体人格同个体人格交会,而且还同"我们"交会,即"我"同社会交会。当"我"走进"我们"——社会时,如果发生部分组成整体和器官组成有机体的关系,则仅仅指涉"我"的个体人的质和"我"的自然人的质。但在另一层意义上,"我"的个体人格的质却永远不可能走进社会,永远不可能发生部分组成整体和器官组成有机体的关系。这里,"我们"不是集体的主体或实体。

"我们"具有生存的意义,但不是生存的核心。

生存的核心在"我"之中,在"我"与"你"和"我"与"我们"的关系之中。正基于"我"不仅与"你"发生关系，也与"我们"发生关系，所以"我"才是社会真实性的生存的核心。

人的生存的客体化和人的生存的抛出性垒筑起这样一个社会，即一个自诩拥有最大的真实性和自诩比个体人格更为首要的社会。其实，这样的社会即"我们"的客体化。它已不具有任何真实性和任何生存意义，而"我"与"我们"和"我"与"你"的关系也嬗变为外在的关系。

"我们"在自身的生存性中是共同性、交会、共有，不是如上所述的这样的一个社会。社会作为像弗兰克所说的那种多样的统一，也许是一项"我们"，而这项"我们"是在"我"与"你"和"我"与"我们"的生存关系中。社会中的真实性不仅取决于个体人格进入个体人格，也取决于个体人格与社会的沟通。

社会对人的个体人格的奴役力量来自客体化的幻象。真实的"我们"即人们的共同性，即自由的、爱的、仁慈的共同性。

这永远不会奴役人，而是拓展个体人格的生命，实现个体人格的超越。

西姆梅尔的"社会学"远比后来追随者们的社会有机理论更正确。他看到了社会充塞着单个人的意向和意志的自发交往，但在他那里，"我们"似乎不具有任何生存的真实性。

他探究人的社会化过程，可他最终却不明白社会化力量究竟来自何方。社会奴役人常借用社会有机理论作为自己的代言者。

一切社会学说中最具诱惑力的是对社会进行有机的诠释。

这里，我在"有机体"一词的原义上使用它。像斯宾塞、谢夫莱等社会学家对社会所作的有机诠释一样，他们仅是一种坦率的自然主义，仅表示对形而上学的反叛罢了的俄国，米哈伊洛夫斯基率先向这一有机理论发难，他洞察到其中的谬误，指出把社会视为有机体是对个体人的最大伤害。社会有机理论也可能是唯灵论的，即鼓吹神灵显现在社会和社会群体中。这种观点滥觞于德国浪漫主义。黑格尔曾对社会和社会进程做过有机的诠释。

在众多的社会学家中，施潘是共相主义的主要代表人。

对社会进行有机诠释的各种理论形式总反叛人格主义，总不可避免地把社会凌驾于个体人格之上，把个体人格贬为社会有机体的一个器官。这是客体化和外化产生出来的共相主义。通常，这种有机的诠释都会陷入等级论。等级论的人格主义也许就设在"有机的"这块基石上，其错误即在于阻断人格主义的生存。社会一旦被视为拥有比人的个体人格更高的位置，人也就被贬成了奴隶。对社会的有机性作唯灵论的解释，会将社会生活的法则理想化，会以这些法则作为社会的精神基础。

而法则之所以成其为法则，是它染指规范性，显示强制的作用。

法国大革命时期的哲学家梅斯特尔博纳德视社会高于个体人格，他们的这种观念产生于对当时革命的反叛。后来，孔德继承了它，莫尔拉斯也鼓吹过它。

总之，诸多社会学家大抵都信奉社会高于个体人格，都认可社会造就个体人格。马克思没有把社会看作有机体，但也烙印着这一特性。再有，凡保守的学理学派都把审视点放在由过去所形成的历史的有机性上。

于是，由历史积淀产出的必然性会受到善的和精神价值的认可。只是这种价值标准并没有放在个体人格中，而是放在凌驾于个体人格之上的社会有机体中。保守主义认定每个人对善的理解超不过老祖宗的经验，认定代代应禀承有机论的传统，并错误地设定个人主义与此相背。

人格主义的价值标准植根于个体人格和深层面上的良心。从更深意义看，这远比奠定在有机论上的集体的传统更正确，因为它区分出了善与恶。作为价值标准和作为区分善与恶的那种深层面上的良心，不是个体人的自我封闭，而是敞开在个体人格的深处，也是个体人格拓展共相的内涵以及个体人格与个体人格的自由交会。在这里，与之交会的，不仅是生者，还有死者。自由必须高于传统，自由的生活才能在传统中成为真理。在社会生活中存在着这一辈人与那一辈人的关系，发生着活人与死人的交流。但这种关系和交流不是个体人格的消亡，不以等级论的有机性凌驾于它们，而是拓展个体人格内在的社会共相主义，是个体人格内在的深刻体认。个体人格丝毫不能充当任何有机体以及任何分等级的整体的部分。社会的任何有机性、整体性和权威性都纯属子虚乌有。

社会总是部分。

那些以为社会结构中蕴含着有机性的，是把相对的事物虚伪地神圣化了。社会的有机性是客体化的幻象。不仅集权的国家，而且集权的社会，都同样披着奴役人的伪装。犹如自然是部分，社会也是部分。社会不是有机体，人才是有机体。

社会有机化的基础应预定在整体的人的观念上，而非整体的社会的观念上。跟宇宙的奴役与诱惑一样，社会的有机理想也奴役人和诱惑人。社会不是有机体，而是合作社。社会的有机性纯属意识幻象，经由外化产出。奴隶建造社会依照宇宙的模式，而自由人的社会是精神式的，不是等级式的；是人格主义的，不是决定化的；是自由的，不是统治的；是互助、仁慈的，不是强权、暴力的。唯有这样的社会，才不是奴隶式的社会。

人的自由的源头在精神中，不在社会中。导源于社会的一切事物都奴役人，导源于精神的一切事物都解救人。正常运行的轨迹是：个体人格高于社会，社会高于国家；当然，首先是精神高于世界。对社会做有机的阐释，会认定宇宙高于精神，从而把精神自然化，把必然性和奴役性神圣化。这是社会哲学中的自然主义和宇宙论。

人格主义哲学拒斥"有机的"理想化。

滕尼斯曾对 Gemeinschaft（联盟）和 Geselschaft（公社）做过一定的区分。

"联盟"指现实的、有机的结合，如家庭、行帮、村社、民族、宗教团体；"公社"指理想的、机械的结合，如国家。另外，"联盟"显示亲近性，"公社"显示异己性。滕尼斯的理论属于自然主义。这种区分对社会的有机学说十分有益，他的"联盟"具有鲜明的自然主义本色,是血缘的和物的起源。由此出发,他认定一切有机的都烙印着"联盟"的印记,都彰显自然主义的有机性,而这又是一个基本的社会现实。与此同时,他也反对社会现实滞留于社会的有机性,因为社会还具有理想的结构,社会是被构造出来的。

总之,滕尼斯虽仍立足于有机的理想化,但与社会学中的一般有机理论相比,他高明多了。

在社会中具有有机的结构,但社会自身不是有机体。在社会中具有有机的和机械的结构。精神社会在那里没有自己的位置,它不具有任何有机的和机械的结构。人的社会性或者说人与人相互结合所形成的共同体,可划分为三种类型:有机的、机械的、精神的;亦即种族和血缘的联盟、机械和原子的社会、精神和人格主义的共同体。

前两种类型各有不同,但是都受决定化的箝制。因此,可一并归于客体化世界。第三种类型拒斥决定化,是另一种秩序。例如,教会既是精神的共同体,也是种族的、有机的联盟,还是机械的、有机的社会。于此,正囊括了教会问题的一切复杂性。唯有精神的共同体解救人。种族的、有机的联盟或者机械的、有机的社会,均奴役人。

社会是一种组织,不是有机体。社会应具有有机体的形式,即人可以对社会进行有机的整塑。但必须警觉:人在意识的客体化和实体化的行动中,在神圣化的行动中,可以营造出对自身的奴役。

"机械的"在自身的极限上不易成为神圣的,而"有机的"温馨怡人,也就更易奴役人。氏族公社的父权制社会最具有有机性,比起机械的布尔乔亚社会,人纯正得多,但是,这时的人沉睡于半植物状态,人作为半植物性的生存物尚未从有机性的奴役中醒来。德国的浪漫主义者和俄国的斯拉夫主义者常滥用"有机的"概念,凡为他们所钟爱的均冠以"有机的"。经由传统的承接和长期的神圣化,"有机的"终于升迁为至尊。事实上,"有机的"在任何时候都是人的斗争和人的有机化的结果。甚至可以说,迄今能在斗争中显现力量的,正是倍受磨难的非有机性。一切"有机的"都不是有机的产物。

在那些仿佛是有机的东西的后面,于时间的深处都横陈着血淋淋的暴力，都充塞着对业已过去了的真正有机的东西的否弃，让人见到的仅是最大限度上的机械的有机化。

人应从浪漫主义的"有机的"幻象中速速脱出。革命破坏有机进程的承传性，也产出新的有机的东西，只是这些有机的东西不可避免地又被下一次革命所劫掠。纵观人类社会历史，每个社会的产生都远不是田园诗般的优雅，远不像人们所构想的那样。社会在极化了的力量的血淋淋的争战中临盆，充斥着母权制与父权制的争战。对此，巴霍芬曾有过深刻的剖析。在人类每个社会的产生中全无任何神圣可言。凡人类社会历史中被誉为神圣的东西，仅仅是有限的象征罢了。

这是客体化王国，是精神的异化，是对决定论淫威的屈从。

神圣的东西只存于精神、主体性和自由。

正如弗兰克所说，社会现象不为感觉和情感所接受，它是超心理的现象。

还有，社会的延续跟人的延续也完全不同，即使组成社会的所有的人都死去，社会依旧存在。这里，弗兰克作为柏拉图主义者，他把各种社会现象都看成了观念，这当然有些偏颇，当然不能进行终极意义上的思考。

应承认，社会现象中不存有唯物主义的任何征兆，社会哲学中的唯物主义十分荒谬，它无力导向最后的沉思。但另一方面，也不能把社会现象判作观念和精神。社会现象是观念和精神的客体化。高于人生存的社会现象的客体性即是客体化，即是人的本性的异化。因为在那里，人与人的社会关系作为一项现实性，它既外在于人又高于人。对此，马克思在有关商品拜物论的学说中做过深刻的解析。

社会中的人是社会的生存，即要与他人发生关系。社会不存有高于人的有机的真实性。社会也不由具有有机的真实性的人组构，当这样的人死了，社会依旧存在。当然，社会还是离不开人，社会维系于人的记忆和模仿。人与人之间存有相互联系的共同的（东西），它在人们的关系中，它不外在于人，也不高于人。即使有的人在时间的某一段流程中已消失，但凭借着它，仍可以发生代与代、辈与辈之间的联系。

它系于他们，也系于我们。它不隶属于社会有机体，不是社会有机体的一部分。它是生存意义上的共同性，以战胜那种在社会中发生了客体化的时间的破碎。

在这里，实现的不是它，而是人的生存的共同性。过去的继续活着，影响着，这对于我们既有肯定的意义，也有否定的意义。

中世纪视人的肉体很神秘，这与教会理解基督的神秘肉体时所使用的类比有关。但正如社会不是有机体一样，人类也不是神秘的肉体。

人是有机体，社会是人的器官，否则，便意味着人自身本性的外化，以及人沉迷于客体化的幻象。以为不仅有一个"客体的"社会存在着，还有一个"主体的"社会存在着，这实在大谬不然。人们真正的交会和共同性只能在主体性中开掘。主体性的位置与平常所说的个人主义完全不同。拓展个体人的生存价值要趋达共相性，拓展社会的真实性也同样如此。

一旦把社会诠释为有机体，便会投靠社会的等级论。无论原始社会还是现代社会，都不乏社会的等级论。社会各等级之间充斥着冲突和对抗，这与精神的等级论无任何直接的对应性。社会等级论屡经各种改装，以至被神圣化，被认为是神圣的东西。但它的神圣究竟何在？事实上，不仅它本身不存有任何神圣，就连它的产生也是在并不神圣的利益和并不神圣的权力的格斗中。

社会等级论把社会构想为有机体，只不过是玩了类比的游戏而已。社会等级论同社会一样，都是机械的事物。

社会有机理论堪称生物学的类比游戏。科学法则被纳入社会生活且被绝对化，这是机械的类比游戏。把决定论实体化，构想自身在社会生活中握有生死予夺的绝对力量，以及把必然性和规律性精神化，这一切均为了开释社会的恶和社会的不公正，均无任何真实性，均是对人的奴役。

社会生活的必然性和规律性即社会生活的自动主义。自动主义在社会生活中影响很大。

那些作为生活的永恒性原则的观念具有两重意义：一是当永恒性原则认可自由、正义、友谊、人的个体人格的最高价值，而不把它们转换为手段和工具时，观念则具有正面的、肯定的意义。二是当永恒性原则认可历史的、社会的和政治的种种相对形式，并把这些相对形式进行绝对化（如历史是"有机的"），以为像君主专制或者财产的某种形式等均是神圣的钦定，那么观念就具有反面的、消极的意义。因此，社会生活的永恒性原则是一种在精神的主体性中实现的价值，而不是一件在历史的客体化中营造的物体。凡拥戴社会有机理论的保守主义学派，无不庇护历史的神圣性，无不拒斥基督教的人格主义和基督教的末世论。神圣的事物注入永恒的生命。在客体化的历史世界中无任何神圣可言，无任何价值可言。这个世界必须终止，必须接受最后的审判。社会有机理论完全悖于基督教的末世论，是廉价的虚伪的乐观主义。

关于过去的记忆，这是精神的。它战胜历史的时间。它想给过去了的且依然活着的注入永恒的生命。因此，它不再是机械的贮存，而是创造的转化。这种精神的记忆提醒那些被历史时间所鲸吞的人：在过去，也有精神的伟大的创造之举，人们应承传永恒性，不要被忘却的魔鬼劫走了它。还有，那么多过去了的具体的生存和生气盎然的个体人格，在生存的时间里，我们与他们的关系远比与那些活着的（东西）更为珍贵。社会不仅属于生者，也属于死者。但对死者的这种精神的记忆，就连进步的理论也很少接纳。精神的记忆不是贮存式的、静止的，而是充满创造之举，富有创造动力。真确的话不属于死去的，而属于复活者。复活不意味复苏过去的恶和伪理，而是转化它们。我们是与创造的转化的过去相关联。这样，过去的才不再是奴役我们的决定化的力量，不再成为我们的重荷，黑沉沉地压住我们。我们渴求与过去的以及过去离开了我们的人一起，进入生存的转化的另一种秩序。社会历史实践中的永恒的真理在列夫·托尔斯泰和易卜生那里。当然，还有作家施托克曼。他无畏地抗击社会，抗击社会舆论的暴政，抗击支撑社会大厦的一切诺言、赝品、奴役。这种反抗总源自另一个世界的声音。个体人格的自主性在审视世界和社会时，它不再止于一般的事实状态，而是最高品质的结晶。精神的自由不是权利的抽象的宣告，而是每个人都应达到的最高境界。仅依恃社会行动获释的奴隶，其内心永远是奴隶，因此，战胜最后的奴役必定是精神的行动。

社会的解放与精神的解放同在。

天才任何时候都不是融进社会，而是超越社会。天才的创造之举指引他步入另一个世界。社会只要是社会，就蛰伏着奴役人的基因，人就应该攻克它。不仅天才，而且一切人，都高于社会和国家。

可以肯定地说，人的利益在社会利益和国家利益之上。整体的秩序不应为着整体自身而存在，应为着个体人格而存在，因为整体自身不是最高价值，个体人格才是最高价值。这是价值的重估。这是在这个世界中实现的解救人的革命，也是基督教的社会真理的启示。

凝聚社会的是信仰，不是暴力。社会一旦纯粹依恃于暴力，社会也就终结、消亡。但是，凝聚社会的信仰并非全是真理，也可能是伪理。奉社会和国家为圣物，把社会和国家凌驾于人和个体人格之上的信仰，便是伪理。这种信仰的危机，意味着社会生存面临转折，甚至面临毁灭。在社会的基石中总少不了神话和象征，大众缺少它们，便无法存活。当保守主义的神话和象征解体时，受其支撑和凝聚的那个社会也立即逝去。这时，随着革命的来临，又会孕育出新的神话和象征。例如，人民的普遍意志无罪——卢梭关于人民主权的神话，无产阶级是全人类的解放者——马克思关于无产阶级的神话。除此，国家的神话和种族的神话也比比皆是。神话和象征最容易为中档次的人所接受，而社会领导者们的愚蠢且猥琐的政治意图又首先投向这些人。因此，真正的解救必须脱出奴役人的一切神话和一切象征，必须生成转化出人的真正的真实性。

那么，什么是具体的、真实的人呢？梅斯特尔曾说，他不认识普遍的人，而只认识法国人、英国人、德国人、俄国人。这里，梅斯特尔想说明具体的人自身蕴含着民族的和个人的显著特征，在谈论人时，不能把这些特征从具体的人身上抽象出来。另外，马克思也认为不存在着普遍的人，所谓人就仅仅是贵族、资本家、农民、商人、工人，即不能把具体的人所具有的社会的、阶级的、阶层的特征从具体的人身上抽象出来。当然，我们还可以说，不存在着普遍的人，而只存在着工程师、医生、律师、公务员、教授、作家等，即在具体的人身上显示着职业的特征。甚至更进一步说，具体的人仅仅是由他的名字所特指的这一个人，这既包含个人的特征，也包含民族的、社会的、职业的和其他的诸多特征。

人在拓展自身的具体性时有两条道路：一是聚合大量独特的质；二是最大限度地克服分割主义，最大限度地实现共相性。这里，具体的事物不是部分的，而是共相的。那些具有分割主义特征的量，也许就是贫乏而非丰盈的佐证，因为它始终烙有抽象性的印记。

一个人纯粹作为法国人、英国人、德国人、俄国人，或者纯粹作为贵族、资本家、公务员、教授，那么这个人主要的还不是具体的人，也不是丰盈的人。

具体性即整体性，所以具体性不取决于分割主义特征的量。最具体的人也是共相的人。他攻克了排他性和封闭性以及民族的、社会的、职业的自我确定。然而，具体的人一旦被纳入共相主义，他的一切便会在自身的排他性中显示分割主义的诸种特征。

选择做俄罗斯人，或者选择做哲学家都无可非议，只是存留在哲学使命和哲学专业中的分割主义的排他性，实在糟糕透顶，它扼杀人的具体性和整体性。

共相性是圆满丰盈的结晶。具体的人是社会的人，不能把人从他的社会性中抽象出来。人的纯粹的社会性即人的社会性的完全抽象，这会把人铸成抽象的生存。剖析人时，视人为纯粹的社会生存，也就是把人放在了奴役的位置上。人的本性的客体化，就是人被整塑成由民族的、社会的、职业的那种部分的特征所组装出来的生存物。这种人自以为拥有整体性，而那整体性却是一种幻象。

这种人不再是具体的人。

具体性是共相性的实现。具体的人不是被决定的人，而是自由的人。那些热衷并受限于自己的社团、政党和职业的非个体性提拔的人，不是具体的真实的人。

是人造生了人对社会的奴隶式的依附性。当人把社会实体化，构想有关社会的种种神话时，就造生了这种依附性。

迄今为止，宗教信仰、道德价值和对人自身的认识均受到社会作用的扭曲，但这却被社会称为真实性，即关于人们社会关系的真实性和关于人与人之间所具有的共同性的真实性。

认识便极大地依附于这种共同性，并由此炮制出认识的必然性的社会学。

对于这，我已在自己的其他书中多次论及，现仅围绕本书的主题来谈。

人进行认识，这是社会的生存，不是封闭隔绝的生存。

认识之所以携带社会性，是因为认识依赖于人们交往的形式，以及人们所具有的共同性的等次。认识中的那些人人依从的逻辑的准则，也携带着社会性。但从更深意义上讲，认识依赖于人的社会关系即是依赖于人的精神状态。换言之，人的社会关系对认识发生作用时，应奠定在精神共同性的等次上。

认识中的决定论，特别是科学中的认识的决定论，完全致人于必然性和规律性的王国。它所依赖的社会关系，是建在人们的精神共同性的较低等次上。当人们认识那些人人依从的逻辑的准则时，基点往往置于人与人之间的封闭的交流中，往往顺应无序的世界。这谬误不在于具有正面价值的认识的本身，而在于认识要植根于世界和人的精神状态。在认识中显现联合的逻各斯。若要揭示它，则须立足在精神共同性和精神状态的等次上。社会的逻各斯是客体化的逻各斯。

这里存有悖异：在数学和物理学中的认识最具有人人都依从的性质，而较少地依赖于人们的精神共同性和精神状态。

对持有不同宗教信仰、不同民族性和不同阶级性的人，它会产生一致的结果。相反，在历史学、社会学和哲学（关于精神、价值）中的认识，则较少地烙印着人人都依从的性质，较多地携带着精神共同性。宗教性的真理具有最少的人人都依从的性质，因为它生存的前提即拥有最多的精神共同性。但是，在这样的真理中，它所蕴含的宗教的共同性，向内——则显示最多的人人都依从的性质，向外——则显示最少的人人都依从的性质；同时还显示最多的"主观性"和"客观性"。由此可证实，认识的自主是相对的，它离不开人的整体生存和人的精神生活。认识依赖于人是什么，依赖于人与人之间的关系是什么。特别当涉及人生存的意义、价值、精神时，认识的这种依赖性则愈加突出。

认识具有不同程度的客体化。数学认识中的客体化程度最强，最彰显人人都依从的性质（这尤能吞噬整个文明化的人类），最远离人的生存，最远离对人的生存意义和价值的认识。通常是：认识越显示客体化和人人都依从的性质，则越舍弃人的生存。在真理性的意义上，客体化的和人人都依从的事物更显示"客观的"那一面；最少客体化和最不具有人人都依从的性质的事物，则属于"主观性"王国，即更少立足于真理的经验的层面。在这一点上，常见的错误是把真理性等同于客观性。实际上，真理性的标准在主体中，不在客体中。客体是主体的建构。认识的唯心主义理论信奉客体为着主体而存在，这是幻象。客体经由发生了客体化的主体所建构。客体和客体化不为主体而存在，而是奴役主体。也可以说，这是主体以客体化奴役自身，营造决定论的王国。或者说，是主体跌落进它自身的外化的统治中。于此，人受社会奴役的基础是构想客体的存在。

如果我们承认把真理性与客观性等同起来便十分荒唐，那么同样的荒唐也见于真实性与客观性的等同。最基本的真实性在主体性中，不在客观性中。客观性仅具有第二位的反映的、象征化的真实性。人进入象征化的真实性时，是"象征化"奴役人，而不是"真实性"奴役人。人受社会的奴役，首先便受社会的象征化的奴役。社会自身即是象征，而不是基本的真实性。

客体化认识中的决定论也携带有象征性。

凭借个体的行动不能摧毁客体化世界，它只能使人远遁这个世界，龟缩在个体人的内在封闭的自由中。摧毁客体化世界是社会的和历史的行动。这种行动意味着拓展人界的最高等次上的精神共同性，即由此绽出另一个世界的奇迹。这需要一种全新的认识。对整体的真理，唯整体的精神才可能认识。整体的真理不服务于客体化世界的有机化。

末世论的前景有自己的认识论和社会学方面的阐释。这个世界终结之际，必定蔚为奇观：客体化最后被攻克，人彻底脱出客体性的统治，彻底脱出作为客体性的形式之一的社会的统治。世界可能正走向这一终点。我们期待世界这一终点的到来。

（五）人格与自由

世间最幽邃的谜也许是人。究其原因，并非在于人是社会或动物的生存者，也并非在于人是社会或自然的一个部分，而在于人是个体人格。个体人格铸成了人这一个谜。

在世间，人的个体人格、人的独特性和人的命运无与伦比。

遍历痛苦之万劫，人渴求知道：他是谁？他从哪里来？他将归依何方？其实早在古希腊，人便萌发出认识自己的这种渴求，并由此触到存在的谜底，领悟到哲学认识的源头。

人可以从上和从下认识自己。从上认识自己，即从人自身的光亮、人自身的神性源头去认识；从下认识自己，即从人自身的幽冥、人自身潜意识中自发的魔性源头去认识。那么，人何以能认识自己呢？这是因为人是一种具有两重性的矛盾生存（者）。具体说，人悬于"两极"：既神又兽，既高贵又卑劣，既自由又受奴役，既向上超升又堕落沉沦，既弘扬至爱和牺牲，又彰显万般的残忍和无尽的自我中心主义。

对此，人每每莅临自己内心冲突的高峰阶段便时有体悟。陀思妥耶夫斯基、克尔凯廓尔、尼采早都敏悟到人的悲剧源头和人的矛盾本性。更早些，17世纪法国的帕斯卡尔也敏悟到人的这种两重性，并对此做过精彩的表述。而其他哲人也从下审视过人，即追踪人堕落的痕迹，揭示人堕落的内在的自发源头。

人作为受限于自然力的堕落的生存，常显出对经济利益和对潜意识中的性冲动、焦虑的奴从。另外，陀思妥耶夫斯基弘扬人对苦难的需求，克尔凯廓尔揭示人的怕和悔恨，尼采正视人的残忍和坚强意志，都证明了人确实是一种堕落的生存，是一种因堕落而蒙难和为克服堕落而忏悔的生存。

然而，人果真这般凄苦无望了吗？人是否还可仰仗什么得以走出堕落的低谷？

人自身的个体人格意识朗照着人。它是人的最高本性和最高使命。一个人纵然横遭压抑，磨难不已；纵然沉疴在身，不久人世；纵然只存于一种可能性或者潜能中；但重要的是万万不能没有个体人格。人一旦没有个体人格，也就混同于世界的其他事物，也就失掉人自身的独特性。

人的个体人格向我们证实这个世界并非自足圆满，证实这个世界必须变革、提升。在此，个体人格同世界的任何事物不相类似，不可以把它与世界的任何事物进行对照和比较。

唯有当独特的不可重复的个体人格进入这个世界，届时，这个世界外观的变化，也许藏而不显，不被人们觉察，但这个世界的内部却蔚成奇迹：世界进程被阻断，一个光灿灿的方向被另辟了出来。

现在，这个世界自身的进程已到非终止不可的时候。在连续的平顺的无止尽的世界进化中，个体人格无法安身立命，它不可能是世界进化的一位元素或一个环节，它不组构这个世界。

个体人格的生存必须以世界进程的阻断和终止为前提。

显然，我这种观点定为一般的生物学和社会学家所不容，因为人在他们那里仅仅被认定为自然的和社会的生存者，被认定为世界进程的产物。但个体人格（人即个体人格）绝非这个世界进程的子嗣，它拥有自己的家园，它来自另一个世界。正是基于此，遂使人成其为谜。

个体人格是这个世界进程的阻断、突破和终止，是新秩序到来的启蒙者。个体人格不是自然，不隶属于客体的自然的等级结构，不是这个等级结构中的一个部分。人即个体人格，它因于精神，不因于自然。倘若因于自然，它则是一个孤单的个体。个体人格不是镶嵌在任何等级上的并隶属于任何等级的单子。

分等级的人格主义的虚伪是再明显不过的了，我们必须拒斥这种人格主义。

个体人格是小宇宙，是完整的共相。唯个体人格具有共相的内涵，是存在于个别形式之中的潜在的共相。自然界和历史界中的任何事实都不会认可个体人格的共相内涵，在他们那里，个体人格只是被评定的一项客体、一个部分。然而，个体人格不是部分，不能把它作为任何整体的部分，哪怕这个整体恢宏无比，是整个世界，个体人格也绝非它的部分之一。这正是个体人格的本质原则，也正是它的奥秘所在。如果否弃这，经验的人就会成为任何社会整体或者任何自然整体的一个部分，人就不再是个体人格，其个体人格也就随之消弭，即仅成了某个整体的外在的所属部分。

依照莱布尼兹、雷努夫耶的观点，单子是被镶嵌在复杂结构中的一个简单的实体，它未设门窗，暗暗然，不跟外界往来，仅是一个封闭体而已。人格主义却不能这样阐释个体人格。个体人格与无限性相关联，即无限性为着个体人格启迪自身，而个体人格走进无限性，并在自身的启迪中趋向无限性的内涵。与此同时，个体人格当然有自己的形式和界限，它不与周遭的这个世界混存，更不融进这个世界。个体人格是存在于个别的不可重复的形式中的共相，是个别—独特与共相—无限的结合。在此结合中，显示了个体人格生存的矛盾性。人的独特性即在于人自身存有不同于其他事物的非普遍的（东西），而其中包括着人的共相的潜能。

把人的个体人格阐释为"小宇宙"，这与有机的分等级的人格主义完全不同。

这种人格主义视人为整体的、普遍的、共相中的一个部分。

然而，个体人格不是共相的部分，相反，共相是个体人格的部分，是个体人格的质。这是人格主义的悖异。在此，不能把个体人格理解为实体——这是自然主义的思维对个体人格所下的注脚。

也不能把个体人格理解为客体，或客体世界中的一个客体，或世界的一个部分——这是一般人类学、生物学、心理学和社会学的认知。否则，人会失却作为个体人格的奥秘，会失却作为世界生存核心的奥秘。这里，个体人格只能阐释为在无限的主体性中开启生存奥秘的主体。

个体人格是变化中的恒定，是多样中的统一。人倘若固定不动，缺乏变化，或者变化不居，缺乏恒定，皆不可思议。

还有，倘若铁板一块，缺乏多样，或者斑驳陆离，缺乏统一，同样失之真确。无论将人置于它们中的哪一种状态，都会破坏个体人格的最重要的质。个体人格不是凝固的状态，它突破、拓展、丰盈、充满，是这个和那个留驻的主体的发展。

蒲宁说："自身的变化为的是持守住这个不变。"这非常真确。显然，个体人格在这里绝不是既定的材料，而是人的一宗理想和一道习题。

谓之理想，指个体人格的完美统一和整体性；谓之习题，指个体人格自己建构自身。任何一个人都不能大言自己的个体人格已经完成。个体人格是价值哲学的一项价值范畴。在这里我们会遇到个体人格生存的基本悖异：个体人格应以共相的内涵建构、丰盈和充满自身，应趋达自己全部生命的整体性的统一；但是，为此，它又应是一项已然状态的有。应是那个认可建构自身的主体。个体人格在路途的起点上，也在路途的终点上。

个体人格不由部分连缀而成，不是组合物、被加数，它自身即一项根本的整体。个体人格的拓展和实现完全不指涉由部分建构整体，而指涉个体人格的创造行动。个体人格的意象是完整的，它完整地进入个体人格的一切创造行动。个体人格具有独特的不可重复的意象、Gestalt。格式塔心理学派所强调的"格式"具有首要的质的整体性,人格主义比其他任何心理学派尤能欣然接受这一界说。

个体人格不可摧毁,即使它自身的意象分裂,也不意味着它的最后消弭。当个体人格的力量注入存在的本源时,个体人格便创造自身,实现自己的命运。

个体人格蛰伏着潜能。这既是共相的,又以独特的形式显示出差异、不可重复、不可置换、不可比较等特性。个体人格是破例,不是定则。个体人格生存的奥秘就蕴含在它的绝对不可置换性、唯一性和不可比较性中。个体性的一切都不可置换。日常生活里,一个人或许会用平庸的行动取代他的个体性,但当你感受到他的个体人格尚未出窍,他持之"恒定",这时,你仍会喜欢他。像个体人格的这种不可置换性,不仅见之于人,也同样见之于动物。当然,这个人与那个人的个体人格,也可以进行比较,也可以发现他们有某些相似之处。

只是这些可比较的特征,不指涉个体人格的生存,不能铸成个体人格。个体人格不是普遍的,而是独特的。

另外,每个人的个体人格中还存有普遍的共相的特征,如种族的、历史的、传统的、社会的、阶级的、家庭的或者遗传的、模仿的特征。

这些是个体人格中的非个体性的特征,它外在地系于共相,同内在地系于共相即进行生命的质的内涵的创造结果不一样。具体的个体人格,其生存总是有着自己的而非普遍的传达方式,这远不像所有的人都长着两只眼睛一样。具体的个体人格拒斥诸如人人都长着两只眼睛的那种普遍的传达方式。个体性的特征关联于本源的真实。个体人格应践行自身存在的真实的创造之举,这样才能铸成个体人格,拓展个体人格的独特价值。个体人格应成为例外,任何法则都不可能统摄它。一切种族的和遗传的特征,仅仅是个体人格的创造积极性的材料而已。

由自然、社会、历史以及文明的需求所累加于人的重荷,已置人于绝境，已成为人的一桩难题。唯一可指望的是，在独特的个体人格中生出抵抗，进行创造的转化。时下，阶层的或行业协会的各种群体常不乏鲜明的个体性，但却不具有鲜明的个体人格。人若羁绊于这样的社会网络，人的个体人格何以能实现自身？无疑，人的个体人格必须攻克社会群体的决定化。个体人格不是实体，是行动，是创造之举。一切行动都是创造的行动，非创造的行动则显示被动性。个体人格是主动性和抗争，它消解世界的累累重荷，以自由攻克奴役。

害怕努力，则阻碍个体人格的实现。个体人格——抗争、努力，战胜自我和世界。个体人格——解放、拯救，战胜奴役。

个体人格是理性的生存，但理性不能决定它。个体人格仅仅是理性的携带者。理性自身不是个体性的东西，而是共相的、普遍的、非个体性的东西。被康德所界定的人的道德本性和理性本性，具有非个体性的、普遍的本性。视人为理性生存的古希腊哲学，理性在那里纯粹是共相的、普遍的、非个体性的理性。

这当然有悖于人格主义哲学。

人格主义认为：个体人格不仅是理性的生存，也是自由的生存。

个体人格是我的整体思想、我的整体意志、我的整体情感和我的整体创造行动。我在这里所肯定的理性，指涉我这一个个体的理性，尤其是我所肯定的意志，更指涉我这一个个体的意志。

人格主义不能立于柏拉图的和德国的唯心主义哲学基础，也不能立于自然主义、进化论和生命哲学的基础，它们冷冰冰地将个体人格淹没在非个体性的自然宇宙的和自然生命的进程中。过去，舍勒曾对个体人格与有机体、精神生存与生命生存的差别进行过审视，其中不无洞见。

个体人格不是生物学的和心理学的范畴，而是伦理学的和精神的范畴。个体人格也不等同于灵魂。

个体人格具有自发的无意识的根基。人在潜意识里宛如一叶扁舟，任凭原始生命狂涛的颠簸。此间，意识只部分被理性化了。必须区分人的深刻的与肤浅的两个"我"。

一个人太热衷四周的交际，太朝向他人，太沉溺于社会和文明，他所能凸显的往往是那个肤浅的"我"。依从此项"我"，常发生交往，而不发生交会。列夫·托尔斯泰对此实在是了于心，他常描绘人的双重生活：周旋于社会、国家和文明，是一种外在的、虚伪的生活；注视永真，体悟生命的底蕴，是一种内在的、真实的生活。确实，我们见到的在遥望星空之时的安德烈公爵，远比他在彼得堡沙龙中高谈阔论时更深刻。人的肤浅的"我"总烙着社会化、理性化和文明化的印记，它不是人的个体人格，甚至会扭曲人的形象，遮蔽人的个体人格。

在此意义上讲，人的个体人格也就可能泯灭。

当人的个体人格泯灭时，人常混杂使用多重面具，交相扮演多种角色，扑朔迷离，叫人难识庐山真面目。个体人格的这种分裂症更多地猖行于原始先民和心理病患者，而在一个正常的文明化了的人那里，则习成两面性。常常是你不"两面"，反而怪异。

于是，两面性作为文明的标准和自我的庇护者，被堂而皇之地认作虚伪的必要性和正常心态。当然，文明的和社会的洗礼对于原始先民不无裨益，但这并不意味着个体人格的生成。一个文明化和社会化十足的人，很可能是彻头彻尾的非个体性的人，很可能做奴隶而习焉不察。

由此可见，人的问题即个体人格的问题。这远比其他任何问题都更重要。迄今为止，有关人的社会学理论的错误即在于：仅涉及人的客体化表层。按这种社会学的视点，个体人格是社会的一个部分，个体人格同社会的巨大性相比，极为渺小。无疑，这种社会学哲学以及生物学哲学均不能建构关于人和个体人格的学说。可以委以重任的，只能是存在主义哲学。

个体人格是主体，是主体之中的主体。个体人格的源头在生存的内在位置上，即在精神世界和自由世界中；而社会是客体，是个体人格的一个部分、一个社会的方面，这犹如宇宙是个体人格的一个部分、一个宇宙的方面一样。

换言之，个体人格不是客体之中的客体，不是物体之中的物体，倘若把个体人格转注到客体和物体中去，则意味着它的泯灭。客体总铸成恶，唯主体才铸成善。也许可以这么说：社会和自然为着个体人格的主动形式提供材料，个体人格却卓然独立于它们。

个体人格拒斥一切外在的决定，它由内在的所决定。个体人格不由上帝外在的决定。个体人格与上帝之间的关系不是因果关系，不置于外在的决定王国，而置于内在的自由王国。对于个体人格，上帝是主体，不是客体。个体人格与上帝显示生存的关系。个体人格是生存的绝对核心。个体人格内在的决定自身，脱出一切客体性。唯有植根于自由的内在的决定性，才是个体人格。一切被外在所决定和基点设在客体性之上的事物，都是人的无个体性的和非个体性的事物。

在人的"我"之中，凡被外在所决定的都已成为过去了的，都是非个体性的。个体人格是将来的形成，是创造之举。客体化是在被决定的世界中人的非个体性和抛出性。个体人格生存的前提是自由。自由的奥秘亦是个体人格的奥秘。这种自由不是一般意义上的意志的自由，选择的自由其前提均理性化了。

人的价值是人自身的个体人格。唯个体人格才具有人的价值。具体说，人的价值即从奴役中获释，从上帝与人的传统关系中获释，从对宗教生活的传统理解中获释。上帝是个体人格脱出于自然的、社会的、凯撒王国的客体世界的统治而走向自由的护卫者。这一事实发生在精神世界，不发生在客体世界。客体世界中的任何事物都不能作为真正的生存核心。

客体世界中的任何范畴都不能转述这种内在的生存关系。

个体人格作为生存的核心，其前提是体认痛苦，体认欢乐。客体世界中的任何事物，如民族、国家、社会、教会等，均无此种禀赋。或许，它们偶尔也叙及大众的苦难，但那仅滞于寓言的意义。客体世界中的一切共同体都不可能认可个体人格。集体的真实性是真实的价值，而不是真实的个体人格。这些共同体的生存性取决于它们与个体人格的真实性所发生的关系。这里，可以设定"集体的灵魂"的生存，但若设定"集体的个体人格"的生存，则大谬不然。集体的或者"交响乐式"的个体人格的概念是矛盾的概念。这方面，还有待于我们去澄清。追溯起来，人常喜好把自己钟爱和怜悯的那些死寂的对象和抽象的观念实体化。创造神话的历程由此而起。当然，如果没有它，生命和生活定会缺乏张力，但它不是个体人格的真实材料。

个体人格不仅特别敏于体认痛苦，而且在一定意义上，个体人格就是痛苦。个体人格的挣扎和确立何其艰辛！个体人格自我实现的前提是抗拒：抗拒世界奴役的统治，抗拒人对世界奴役的驯服融合。这里，倘若遮蔽个体人格，躬行妥协，顺应奴役，则可缓解和减少痛苦；反之，则痛苦倍增。世界如此沉重，生命如此孱弱，人是很容易本能地趋乐避苦的。

但是，攫取自由即或再度激活痛苦，赢得的自由却可以减少那种因失去自由所招致的更大痛苦。因此，毫不夸张地说，人世间的痛苦即个体人格的生成，即个体人格为着自身的意象而斗争挣扎。动物界的个体性已正在感受痛苦。人的价值即个体人格亦即自由。无疑，这必须体认痛苦，也必须承担痛苦。就我个人的体认来说，我的民族的堕落和我的信仰的沦丧时时叩击着我的心，常令我痛苦万状。但像民族、宗教团体等，因其不拥有生存的核心，所以也就不会进入这种状态，不会拥有这种体认。通常，每一种活体（动物、植物）天性上都固有感受痛苦的能力，特别是人，就更具有这方面的能力。而这对于集体的真实性和理想价值却是另一码事。这是一个重要的问题，人格主义的伦理学正取决于此。最高价值是人和个体人格，不是共同性，不是集体的真实性。最高价值不能像社会、民族、国家、文明、教会那样隶属于客体世界。这是人格主义的基本价值取向，我已强调过多次。另外，个体人格关联于记忆、实证，交织着人的独特命运和独特经历。因此，身临这个混乱不堪的世界，个体人格的生存不能不痛苦万状。

基督教总从两方面审视人。

其一，人为堕落罪孽之物，天性谦恭驯服。

这一观点贬损了人，基督教的初衷并非在此。

其二，人镌刻着与上帝相似的意象，人自身存有使人高于自然和社会的精神源头，存有独立于凯撒王国的精神自由，上帝演化为人并把人拯救至天堂。这一观点特别能提升人。基督教的基石唯有建在这上面，方可用以建构个体人格学说，用以作为人格主义价值重估的导向。

为此，人格主义哲学必须认定精神不能通则化，精神只能个别化。精神创造出来的不是一个彰显理想价值的、超人的、普遍的世界，而是一个同个体人格的质的内涵相关的个体人格世界。在那里，实现着个体人格的形式化。精神源头的取胜意味着共相在个体人格中的拓展，而不是人对共相的屈从。一个人倘若构想自己在心智、天分、姿色、幸福、圣洁等方面分享到了很高的共相的质，这样，他就会转换生存的核心，会把自己的"核心"迁移到共相的质的源头上，其结果即用这样的质把"我"铸成了另一种生存。于是，主体与个体经历的统一被一笔抹去，记忆也不再珍藏个体人格。

由此显见：以理想的存在和理想的价值建构起来的理想主义哲学是一门伪学。

人是提升自己和超越自己生存的。人的个体人格的实现即不断地超越。

人企盼走出封闭的主体性由来已久，归结起来，这种"走出"沿着两相背反的方向行进。

其一，沿着客体化的道路，走入用种种普遍义务的形式来框限人的社会。这条去路缀满种种普遍义务的训诫。由此，人异化了自身的本性，把自身抛到了客体世界中，个体人格再也找寻不到自身。其二，沿着超越的道路。超越是导向超越的主体性的通道，而不导向客体性。由此，发生人与上帝、与他人、与世界的内在生存的相遇。这条道路是生存的交会，不是客体性的交往。个体人格唯有借此方可圆满实现自身。

上述这个问题，对我们理解个体人格与超个体价值之间的关系十分重要。

它们两者的关系如果建构在客体化世界中，人则轻易沦为奴隶；如果建构在生存和超越中，则展现自由的生命。客体化无论如何不是超越，认定客体化是超越的想法，是一种谬想。客体化中的人置身于决定化的统治和非个体性王国中。超越中的人置身于自由王国中，这时，他虽然携有个体性，但他与超个体的（事物）相遇时，超个体的（事物）并不挤压他，而只是提升他。注意：这是基本的区别所在。

个体人格的特性即在于它自身不能自足，不能自身实现自身，它的生存一定需要"他者"。也就是说，它既需要导向卑下寒微的事物，也需要导向高远神绝的事物。倘若抹去它的这一特性，也就无法意识上述的那一基本区别。前面我已强调，个体人格与任何事物（即使高远神绝者）的关系都不发生部分与整体的关系。个体人格自身是一个整体，它不进入任何事物（即使高远神绝者）。

客体化世界中的部分与整体的关系是数学关系，如同器官与有机体之间的生物学关系一样。置身在这种世界中，人则削成了部分或器官。这里，个体人格同"他者"（包括高远神绝音）的生存关系不显示任何普遍性。

超越不指涉个体人格隶属于任何整体，不指涉个体人格作为任何集体真实性的组成部分，不指涉把最高的"他者"和最高的生存作为统治者。超越，是一个蕴含着动力的积极主动的创造过程，是一种深刻的内在体认。具体说，即在自己的生存中体认地狱、深渊、灭顶之灾，勃生阻绝之感，引发创造之举。当然，这一切决非外在化，而是内在化。只有像客体化这种虚假的超越，才炮制超越的幻象，把人向外抛出，摧残并统治个体人格。就生存意义而言，超越是自由，并以自由为前提，使人从自我的位置上获释。这项自由，当然艰难困顿万分，定会承受无数悲剧式的冲突。

个体人格的问题与灵魂和肉体的关系问题相比，全然是另一个层次上的问题。个体人格绝不是那个有别于肉体并系于人的自然生命的灵魂。个体人格是人的整体意象，其中存有统摄人的灵魂力量和肉体力量的精神源头。个体人格的统一在于精神，而肉体隶属于人的整体意象。

但自笛卡尔以来，关于精神与肉体的旧二元论尤显陈腐。这种二元论认为：灵魂生命吸摄全部肉体生命，就像肉体生命作用于灵魂生命一样，是人的灵魂与肉体的自然而然的统一。其实，二元论的存在不指涉灵魂与肉体，而指涉精神与自然、自由与必然。

个体人格是精神取胜自然，自由取胜必然。

人的肉体形式的出现是因为精神治理了自然的混乱。对此，浪漫主义时期的心理学家和人类学家卡鲁斯曾揭示过远比当时被认可的科学更为真确的事实。他说，灵魂不存于人的大脑，而存于形式。

此后，又有克拉格斯承传这一观点。

肉体形式全然不是物质，不是物理界的现象。肉体形式不仅是灵魂的，也是精神的。人这种个体之所以演成宇宙进程的高峰和杰作，绝非仅只得力于自然力量，而应首先荣归于精神力量的运作。倘若缺乏精神力量，人岂能突破自然力量的循环？甚至也可以这么说，正因为人折射出了另一个冰清玉洁的世界，才使人成为生物界中引以荣耀的个体。当然，这即意味着个体人格以自己的独特性、唯一性、不可重复性突破世界进程。总之，在人的这种个体中，我们感受到的不是肉体的生命，而是灵魂的生命。同时，我们认识到灵魂生命远比肉体生命重要。

人的肉体形式是灵魂的与精神的，于其中存有个体人格的整体性。

但19世纪，人们的意识主要着眼于生理学上的肉体，从而遮蔽了肉体形式。这时，虽仍旧奉行基督教对肉体的禁欲态度，但由于人的肉体功能在事实上的不可否认，所以，禁欲态度有所缓和。这时，肉体功能是生理学的，关联到的人是那种隶属于生物界的生存；肉体形式则局限在美学意义上。从前，古希腊人视肉体形式为美感现象，这种看法渗透了古希腊的全部文化。

而现在审视肉体形式,又在重弹古希腊的老调,当然,肉体形式也在开始履行自己的权利。所有这一切均与基督教意识的变化和反对抽象的唯灵论有关。唯灵论视精神对立于肉体,视精神源头为肉体的宿敌。其实,精神自身蕴含着肉体,并把肉体精神化,用另一种质去沟通肉体。迄今,随着对机械论世界观的克服,已不再把肉体看作物质的、物理的现象。只是就唯物论而言,仍旧无法理解和无法释明何谓肉体形式。

在这里,精神沟通灵魂和肉体的形式,促成它们的统一,而不是摧残、毁灭它们。或者说,精神将个体人格这一整体进行形式化,同时,精神和人的特性也一并进入其中。个体人格是精神、灵魂、肉体的结合,它脱出自然界的决定论的统治,不隶属于任何机械论。

人一旦生出感知的亲切目光,人的形式也就不再依赖于物质,而表现为攻克物质,抗拒非个体性的决定化。

于此,人格主义当然不否弃人的肉体价值,只是不能容忍同肉体交往的那种低劣方式和亵渎肉体的那种谬见。面包的问题也是精神的问题,因为肉体的权利与个体人格价值相关。世间那些迫害狂对此颇为明了,他们施于个体人格的暴力,每每肇始于对肉体的摧残,即每每先经由饥饿、鞭笞、暗杀……然后再扩展开去,击垮整个人。但是精神自身长存不灭。

古希腊哲学缺乏对个体人格的清醒认识,其中没有关于个体人格的鲜明思想。这一症结出在斯多葛派,致使后来的神父们阐释教义时遇到极大的困难。具体说,古希腊人应谨慎区分 ύπόδαδις 和 φύδIs,这样,上帝就会有一个本性和三个位格,基督就会有两个本性和一个个体人格。

后来,神父们的思想太沉浸于古希腊思想的范畴、概念,当然,同时也想表达一点不同于柏拉图、亚里士多德、普洛丁的新的精神体认。

从世界思想史的审视点来看,基督教的三位一体的学说对个体人格问题颇具意义。也许可以这么说,人在意识到上帝是个体人格之前，便已意识到人是个体人格。所以，像卡尔萨温那样仅认可上帝的个体人格的生存而否定人的个体人格的生存，确实令人费解。卡尔萨温的学说是以象征化的个体人格来实现上帝的三位一体。这种学说在深层面上悖于人格主义，是奴役人的形而上学的基石。

要释明这个问题，不能取用辩证的概念，必须依赖于精神的和道德的体认。卡尔萨温确实永远无法弄清个体人格与一的关系。由此折射出一个事实，即一元论的形而上学的基石不能建构人格主义。

下面，从词源学的角度来看"个体人格"一词的生成。

希腊语的 ὑπόδασις 表示"移近""置换"；拉丁语的 persona，表示"面具""伪装"，同戏剧角色有关。这两个词用在新的哲学和基督教中，都无法充分表述个体人格的含义。经长期演变，拉丁语的 persona 失去戏剧角色的含义。

从古罗马哲学家波伊细阿斯起，经中世纪经院哲学，persona 的词意逐渐确定为"个体人格"，即表示理性的、个别（体）的生存。

人对个体人格的认识历尽坎坷。

个体人格问题曾是经院哲学的一桩难题。托马斯主义把个别性同物质联系在一起，认定是物质个别化，不是形式个别化，形式仅共相而已。但托马斯主义哲学对个体人格与个别（体）做了重要的区分。后来，莱布尼兹把个体人格的本质界定为自我意识，即把个体人格的意象同意识联系在一起。

到了德国古典哲学时期，康德对个体人格的理解较之以前有了重要的变化：个体人格从理性的领域移到道德的领域。这样，关联于自由的个体人格才脱出了自然的决定论和自然的机械论，不再是诸多现象之中的一桩现象。这样，个体人格不再是手段，而是自身的目的，它经由自身去生存。但是在康德那里，当个体人格的价值取决于道德的和理性的本性时，道德的和理性的本性却是共相——普遍的（东西）。因此，康德关于个体人格的学说不是真正的人格主义。

马克斯·施蒂尔涅尔的哲学不无谬误，但其中也有扭曲了的人格主义真理，即"我"的自我确定的辩证法。他的那个"唯一的"不是个体人格，个体人格已消逝在漫无边际的自我确定中，消逝在拒斥认识"他者"和拒斥向上超越的冷漠中。当然，在他的那个"唯一的"里面也存有部分真理。

因为个体人格在那里是共相，是小宇宙，一定程度上讲，整个世界都是它的部分，都隶属于它；而它却不是整体的和普遍的部分。

舍勒把个体人格界定为经验的统一，亦即各种行动的存在的统一。这里，他强调个体人格与行动相关。我与舍勒的分歧在于，个体人格要以他人的个体人格的生存为前提，要朝向他人的个体人格，要与他人的个体人格交会。

涅斯梅洛夫也不乏关于人的许多深刻见解。

他认为，世界只存有一个谜、一项矛盾，这关联于人的个体人格。他又认为，绝对存在的意象显透在个体人格中，而同时，个体人格又藏于有限存在的条件中——这是人的个体人格应该成为什么与个体人格的现实生存条件之间的矛盾。涅斯梅洛夫对人的生存矛盾做过这样的表述：人作为物理世界的一件东西，自身不镌刻着上帝的意象，但是，人的个体人格又不是物理世界的一件东西。

生命哲学在当代思潮中影响深远。它的有关人的学理全然悖于人格主义，个体人格的原则不可能与它认同。其原因如我前述，即生命哲学把人的个体人格导向并消融在宇宙和社会的进程之中。

还有酒神论、自然主义的泛神的神秘论、神智论以及法西斯主义、自由主义等，均系于资本主义制度，均为人格主义的反动。

要真正理解什么是个体人格，须区分个体人格与个体人之间的差异。尽管法国托马斯学派的哲学基础与我的完全不同，但他们却合理地坚持了这一点。

个体人属于自然主义的、生物学的、社会学的范畴。个体人是关联于某一整体的不可分的原子。具体说，个体人是种族、社会、宇宙这些整体的部分，并且在不停地思维着。

个体人作为整体的所属部分，一方面，一旦脱出整体，也就不再称之为个体人；另一方面，个体人也在利己地进行自我确定。从词源学角度看,"个人主义"正好源于"个体人"一词,想来"个人主义"是携带了"个体人"的后一层含义,即"个人主义"指涉个体人在利己地进行自我确定。当然,它们的这种渊源关系并不意味着个体人可以脱开宇宙的、生物的、社会的进程,可以独立于这些整体;相反,正说明个体人仅仅是隶属于整体的一个部分、一个绝缘体,是一个既欲对抗整体且又力不从心的"空架子"。

个体人的主要形式关联于物质界。个体人由双亲产出,为种族进程的子嗣。无个体人即无种族,反之,无种族则无个体人,这是个体人的生物学的根基。这里,个体人除受种族遗传性的决定,也受社会遗传性的决定。因此,个体人、个体人格总是为着在生物的、种族的、社会的进程中的生存而竞争。

据个体人自身的向度,它在众多的范畴中属于种族这一类。

人是个体人,但并非仅仅是个体人。个体人关联于物质界,受物质界的滋养,不是共相的,不具有共相的内涵。人是小宇宙,是共相,小宇宙和共相不在个体人的质中。人是个体人格,人的观念同个体人格关联,世界由此蔚为大观。

个体人格不是自然主义的范畴,而是精神的范畴。个体人格不是关联于种族、社会或者宇宙这种整体的不可分的原子。个体人格是自由,它卓然独立于自然、社会、国家。个体人格的自由迥然异于个体人的利己的自我确定。人格主义同躬行自我中心的隔绝的个人主义完全不同。个体人格卓然独立于物质界,物质界只不过是精神运作的材料而已。

与此同时,个体人格是共相,它贯注了共相的内涵。在种族和宇宙的进程中产生不出个体人格,父母的交媾也产生不出个体人格。个体人格的诞生因于上帝,它来自另一个世界。

由此可证实:个体人格是两个世界的交叉点,其中横陈着精神与自然、自由与必然、独立与依附等多重矛盾的斗争。

埃思皮纳斯曾说过,真实的个体人是一个硬 ZEQIRCE 壳。这话不假。但是,个体人格不是硬壳,它不需要像部分组构整体那样进入有机体。个体人格自身即一个基本的整体和统一体，它的这种特性显现在关系中，即显现在个体人格与世界、社会、他人的一种不受限于决定化的、创造的、自由的、爱的关系中。于此，个体人格拒斥个别—一部分与普遍—种族的关系，拒斥部分与整体、器官与有机体的关系。人的个体人格不受社会遗传性和生物遗传性的决定，它是人的自由，是人克服世界决定化的一种可能性。

凡真正属于人个体的那一切均反叛所有的自动性。心理的或社会的自动性正在人的生活中蚕食着人。

这样的两种人，即个体人的人和个体人格的人，他们不是各有差异的两种生存，而是人的完全不同的两种质和两种力量。

什•贝玑认定个体人对于每个人都是贪婪的资产者，呼唤人起而战之。

的确，作为个体人的人往往置于隔绝之中，从而受自我中心的蚕食。因此，要护卫生命，就必须攻克时时守伺着人的个体人，以脱出个体人的围剿。

但遗憾的是，什•贝玑为脱出厄境却取用了顺应与调和。人，唯个体人格的人，既能克服自我中心的封闭性，拓展人自身的共相，又能使人在同世界发生关系时持守住自己的独立和尊严。

日常用语极为混乱，往往所用非所指。这里有必要对"个体人格"与"个体的"含义进行一番区分。

"个体的"和"个体性"指涉在自己种类中相互有所区别的、本真的、创造的独特事物。在此意义上，"个体的"携带着个体人格的意思。

两相比较，"个体人格"比"个体的"更具有个体性。另外，"个体的"还常指涉非理性的，与共相——普遍的、人人依从的普遍义务、理性、规范相悖。在此意义上，"个体人格"也指涉非理性，而"个体人"则更指涉隶属于人人依从的普遍义务的准则。

在个体人格意识的历史上，剖析一下浪漫主义者的个体性，会发现它同我们阐释的个体人格相去甚远。浪漫主义者自身不缺乏鲜明的个体性，只是传达出来的个体人格常常孱弱得很。个体性一旦比精神性更生气盎然，精神和自由当然不能凯旋。从法国的普鲁斯特、俄国的安德烈，到别雷的当代小说里，我们时常可见到这一档次人的个体人格分崩离析和个体人命运艰难困顿。无疑，这是一种启迪：仅个体人格才固有内在的统一和整体性，而个体人则只有一副"硬壳"，即或个体性生气盎然，也无法抵御外在世界的力量。

个体人格不可能完全是世界和国家的公民，它还是上帝王国的公民。因此，从深刻意义上讲，个体人格是一项革命的因素。这与人不是属于一个世界的生存而是属于两个世界的生存相关。

人格主义是二元论的哲学，不是一元论的哲学。

个体人格的生存必须以超个体价值的生存为前提。

如果没有比个体人格更高的存在存在着，如果没有一个可供个体人格进入的冰清玉洁的世界，就没有人的个体人格。

如果没有超个体价值，或者个体人格仅作为超个体价值的手段，也就没有个体人格。

个体人格与共相事物的关系完全不同于与种族和与社会的关系。

要阐明这种关系，是人格主义哲学面临的最大难题。

其困难性同我们的思维定式相关，而这一思维定式又源自唯名论与唯实论问题的虚假根基。

个体人格与共同性、客体世界究竟是什么关系？

无疑，uWniver—salia（共相）不在 anterem（事前）——这是唯心主义的柏拉图的唯实论，也不在 postrem（事后）——这是经验主义的唯名论，而在 rebus（画谜）中。这里，让我感兴趣的是：共相的事物在个别的事物之中，即在个体人格之中。这共相的事物并非来自量的体认，不是派生的，而是基质。

共相的事物不置于理念的、超个体的表层，而置于占据着生存位置的个体人格之中。

共相的事物不属于客体性世界，而属于主体性世界。

共相价值一旦客体化，人则沦为奴隶，所以，应该说是宇宙、人类和社会置于个体人格之中，而不是相反。人是人类中个别的、独特的、生存着的人，而人类仅仅是人界中全体人统一的价值，是人这一群体的质。人类不是凌驾于人之上的真实性。共相的事物不是普遍的、抽象的事物，而是具体的、充足的事物。共相的事物同普遍的事物相比较，它不是自足的生存，它置于独特的生存中，用旧有的术语来说，即在 rebus（画谜）中。个别的事物全然不是共相的事物之一个部分，不能把共相的事物同独特的事物对立起来。

个体人格不是与共相的事物相互对立的一个部分，相反，在很大程度上，个体人格就是共相的事物。个别的事物其主要的独特性则在于它内在充满的不是个别的事物，而是共相的事物。

旧有的哲学术语极为混乱，它们关联于概念的客体化世界，同存在主义哲学无缘。莱布尼兹曾想弥合唯名论者与唯实论者的论争。

个别事物中应蕴含着共相的、具体的事物，这样才能克服共相的事物与个别事物之间的矛盾性。共相的事物是主体的体验，不是客体的真实性。观念的客体世界并不存在，但这并不意味着共相的事物（共相的观念、共相的价值）仅仅是主观的。那种为克服主观性，则把共相的观念进行客体化和实体化的做法，是盲人导路，绝非真正意义上的超越。

这里令人棘手的是：经由客体化道路所形成的上帝的概念和上帝的观念。说上帝是共相的事物，或者说上帝是独特的、个别的事物，均有偏颇。因为这样一来，共相的事物与独特的事物之间的区别被安放在了客体化的位置上。上帝不在客体化的位置上。

上帝在生存的位置上和超越的体认中。

如前所述，人与上帝的关系不是因果关系，不是普遍与部分、目的与手段、奴仆与主子的关系。人与上帝的关系同客体世界（自然、社会）中的任何事物和任何关系都没有相似之处。当上帝被作为客体的真实性，或者发生共相观念的客体化时，上帝也就荡然无存。上帝生存着，上帝是生存的相遇，是超越。

在这样的相遇中，上帝即个体人格。因此，必须以全新的目光来感知个体人格与超个体价值之间的关系。

以为超个体价值高踞于人，上帝是目的，个体人格是实现这项目的的手段，皆大谬不然。鼓噪上帝为着荣耀自身而创造人的神学教义，既侮辱人，也侮辱上帝。而更令人吃惊的是，一切侮辱人的学说同时也侮辱上帝。必须重申：个体人格与个体人格（即或与上帝的最高的个体人格）之间，不是手段与目的的关系。一切个体人格都有自身的目的。手段与目的的关系仅存于客体化的即把人的生存向外抛出的世界中。

如果没有超个体价值，没有生命的神性巅峰——上帝，个体人格便不能走出自身，不能实现自身的全部生命。

因此，判定人的个体人格为终极意义上的最高存在，或者否弃上帝，视人为上帝，均是一套落井下石的理想骗局。

这不能提升人，只能致人于奴役的位置。人的个体人格不是任何超个体价值的手段，不是神性力量的工具。当超个体价值把人的个体人格转换为手段时，人也就跌落进偶像的崇拜中。对于理性的思维，个体人格是悖异。它悖异地把两两相悖的事物，即个体的与超个体的、有限的与无限的、留驻的与变化的、自由的与命运的，糅合在一起。

个体人格所发生的与上帝的关系、与世界的关系，不是部分与整体的关系，而是见面交会的关系。

个体人格——上帝，不想充当人的统治者，它提升人，荣耀人；个体人格——人，应成为上帝的荣耀，感领上帝的恩泽，响应上帝的召唤，与上帝进行爱的相遇。

人的个体人格是潜在的一切，是整个世界的历史，世界的一切都随我而生生不息；与此同时，每个人的个体人格又都拥有自己的世界。但是迄今为止，人的个体人格却仅实现了少许，而大部分都滞留于被遮蔽的状态。追究起来，人的这种深层面上的被遮蔽在于人自己的意识，是"我"沉浸在世界生命的汪洋大海中。因此，人要拓展共相内涵自身，而又不至于转换成这项共相内涵的手段，唯有经由认识、爱、理智和激情。

我的意识与我的个体人格和我的个体性之间的关系甚为复杂，且时时对立冲突着。个体人格从深层面上建树自己的意识，就犹如构筑工事和划定疆界以抵御外患那样，因为，意识会阻碍我的个体人格去圆满实现自身的共相内涵，会阻碍我的个体人格同大千世界交会。

意识中存有超个体的因素，意识无论如何不会因其个体性而关闭起来。意识在"我"与"非我"的关系中凸显。这里，意识要走出"我"，同时又可能阻碍从"我"走向"你"的内在的交会。换言之，即意识会客体化，会遏止超越。不错，意识确实是一项"不幸的意识"。意识隶属于法则，亲近普遍的事物，疏远个别的事物。

所以，意识极易跌落进幻象，极易曲解个体事物与超个体事物之间的关系。意识自身的结构极易产生奴役。在此，经常需要意识扮演既封闭着又敞开着的两种角色。

许多哲学家，如莱布尼兹、施特恩、洛斯基以及舍勒的一部分思想，都庇护分等级的人格主义。其实，这一学理的内在矛盾已使它演化为人格主义的反动。

这一学理认为：世界是一个有机的分等级的整体，这个整体由各种不同等级的个体人格组成，而且其中每一等级上的个体人格都隶属于最高等级上的个体人格，并是它的所属部分或器官，要走进它，组建它。然而，更令人吃惊的是这一学理还认为：在这个分等级的结构中，人的个体人格被排列在低等级上，民族、人类和自然宇宙不仅具有个体人格，还具有最高等级上的个体人格。

我以为，只有个体人格认可集体的共同性和整体性，一切真正的统一才可能显示个体人格。彻底的人格主义应承认这是个体人格自身的矛盾生存。分等级的概念强说人的个体人格是分等级的整体的一个部分，人的个体人格所显示的价值仅在于个体人格与分等级的整体的关联，即人的个体人格仅因为分等级的整体才得到自身的价值。这样，分等级的整体便理所当然地具有最高价值，于其中便理所当然地可以寻到共相性、统一性、全面性。这样，人的个体人格不能不隶属于这种整体。真正的人格主义决不苟合这一伪理。那些集体的统一缺少生存的核心，缺少个体人的命运，它们无力体认痛苦与欢乐。因此，个体人格之外，没有绝对的统一，没有全面性。个体人格之外，一切都只是部分。客体化的一切和客体的一切，只能是部分。一切客体化世界和一切客体化社会都担负着客体化自身的沉疴。像这么一个客体化的世界所具有的只能是摧毁个体人格的沉重性，而绝不是整体性、全面性。

生存的核心和苦难的命运在主体性中，不在客体性中。

如果个体人格隶属于分等级的整体中的、排列在最高等级上的那些集体的统一，那么就意味着个体人格隶属于客体化世界。

客体化总反叛人格主义，总敌视并异化个体人格。

客体化世界中生存的一切，像民族、人类和宇宙等，应隶属于个体人格的内在生存，而不是个体人格隶属于分等级整体中的任何核心。

民族、人类和宇宙等放置在人的个体人格中，即放置在个别化的共相或者小宇宙中。相反，如果把它们抛向外在的真实性，抛向客体，则意味着人的堕落，人对非个体性的真实性的屈从，是人的外化和异化。就生存而言，太阳并不位于宇宙的中心，而是在人的个体人格的核心中。太阳的逐外指涉人的堕落状态。实现个体人格，使个体人格力量现实化、集中化，便可以内在地含涉太阳甚至整个宇宙、整个历史、整个人类。在与人的个体人格的关联中，集体的个体人格和超个体的个体人格仅仅是幻象而已。这种幻象源自外化、客体化。这种客体的个体人格实际并不存在，存在着的仅仅是主体的个体人格。唯有反等级的人格主义，才堪称唯一真正的人格主义。

个体人格之外，不存有任何整体性、全面性、共相性。

这些诸"性"仅存于个体人格。个体人格之外，仅存有作为部分的客体化世界。对此，我将在下文不断论及。

人格主义要进行个体人格重心的转移，即从社会、民族、国家、集体等客体的共同性的价值里，转移到个体人格自身的价值上来。

在深层面上，我们对个体人格的理解同自我中心主义相抵牾。自我中心主义扼杀个体人格。自我中心主义躬行自我封闭，专注于自身，所以它不可能走出自身。自我中心主义的首罪也正在这里，即阻碍个体人格生命的拓展，阻碍个体人格力量的现实化。这方面，歇斯底里的妇人堪为自我中心主义的典型。

她们爱自己爱得发狂，以为万事万物皆备于己，这样，她们即便不乏鲜明的个体性，却还是更加悖逆于个体人格，最终仍会把个体人格绞杀殆尽。个体人格生存的前提是走出自身，相互靠近。

封闭的自我中心主义滞留于自身，会因缺乏空气而窒息。

人格主义也许仅仅是有关可沟通性的理论。个体人格走出自身，走向"他者"，但这不意味外化和客体化。个体人格是我与你，即我走进你，与你交会。这个你是另一个我，是个体人格。客体仅隶属于人人依从的普遍义务的法则。这个你不是客体，不与客体发生交会，不与客体具有任何共同性。

凡是个体的，都得进入"他者"。但"他者"不是外在的、异化的事物，个体的同"他者"发生的关系也绝不是外化。个体人格在与他人的交往中，特别是在与他人的交会中。交往即客体化，交会即生存。客体化世界中的交往匍匐在决定化的法则下，它不能解救人脱出奴役的深渊；而生存世界中的交会，不认可客体，它归属自由的王国，这是人脱出奴役的解放。

自我中心主义意味着人受双重奴役：受自我的奴役，——囿于僵死、狭小的自我性；受世界——一个行使外在强制手段的客体的奴役。

这样的自我中心主义者不能不是奴隶。

他对一切都取用非我的屈从态度，只认可非我，不认可另一个我，不认可你，不认可走出"我"并走向自由。无疑，自我中心主义者通常都不以人格主义态度来确立自己与世界、与他人的关系，而极易接受价值的客体定向的观点。这样的自我中心主义者守持不住人性，不喜欢具体的生气盎然的人，独有钟情者——抽象的概念，是这一类东西养活了他们的自我中心主义。任何思想体系，即便基督教的思想体系，都可能服务于自我中心主义。

　　人格主义的伦理学昭示人走出"普遍的"事物。与"普遍的"事物搅混在一起的伦理学，常常也与人人依从的普遍义务的法则搅混在一起。过去，克尔凯郭尔和舍斯托夫便力主扫荡这种伦理学。人格主义的价值重估即在于重新认识被判为无道德的那一切。因为过去评判的标准，只取决于与"普遍的"事物的关系，即与社会、民族、国家、抽象观念、抽象的善、道德准则、逻辑准则的关系，而没有取决于与具体的人的生存关系。所以，凡对"普遍的"法则不再拳拳服膺者，才是真正有道德的人；反之，凡依旧屈从于"普遍的"法则并为社会常态所决定者，恰恰是无道德的人。令人悲哀的是，包括克尔凯廓尔这样的人在内，他们也一并献祭给了反人格主义的伦理学和反人格主义的宗教（即社会常态中的宗教）。

　　悲剧在这些人身上重演，向我们昭示必须进行价值重估的巨大意义。

　　于此，重新阐释个体人格最重要的是：个体人格的确定不取决于与社会、宇宙和客体化世界的关系，而取决于与上帝的关系。再有，个体人格是在这一深刻的内在关系中，为着与世界和与人的自由关系去拓展自身的力量。

　　自我中心主义者常作这样的构想：在与世界交往时，自己是自由的，世界于己是非我。这样一来，他实际上是一个被非我世界所决定的奴隶，一切都禁锢在封闭的自身之中。自我中心主义者被世界所决定，其意志来自外在的劝诫，因为世界就安置在自我中心主义的状态中。两相比较，"我"的自我中心主义比"非我"的自我中心主义更具奴役性。人的个体人格是共相，这仅就对世界不取用自我中心主义的态度而言。

　　个体人格的共相性摄取客体世界的一切于自身，这种"摄取"不是自我中心主义的自我确定，而是爱的敞开。

　　人文主义是拓展人的个体人格的辩证因素。它的谬误不在于它过分地肯定人，敦促形成一条像俄国宗教意义上的人神之路，而在于它未能圆满、透彻、始终如一地肯定人。这样，它当然无力护卫人于世界的独立，无力解救人脱出社会和自然的奴役。

须知：人的个体人格意象不仅是人的意象，也是神的意象，由此才可揭示人之谜和人之一切奥秘。这是神性—人性的奥秘，是无法诉诸理性的悖异。当个体人格是神性—人性的时候，才是人的个体人格。人的个体人格作为脱出客体世界的自由和独立性，其实就是神性—人性。这也意味着个体人格进行形式化时，不凭借客体世界，而凭借主体性，是在主体性中拓展上帝意象的力量。人的个体人格即神的生存。此说定为神学家们所惶惑，因为在他们那里仅耶稣基督才是神—人，而人作为被创造者，断然不可共享殊荣。

其实，他们的全部证据都回归于神学唯理论的樊篱。

退一步说，即便人不是神—人，唯基督才是神—人，那么，人的内在也蕴含了神性因素。人具有两重本性，人是两个世界的交叉点，人自身携有人的意象和上帝的意象。人的意象即是上帝的意象在世界中的实现。

关于人的这一真理，教条的公式无法揭示。这是生存的精神体认之真理。如果真的能传达它，便只能寓于象征，而不能取用概念。神性—人性对理性而言，是矛盾、悖异，因为理性总屈服于一元论或者二元论。于此，不仅人文主义哲学不能理解关于神性—人性的悖异的真理，而且神学、哲学也不能。神学、哲学致力于这桩真理的理性化。一切神学中关于神赐的学说，已演化为关于人的神性—人性和关于神对人发生内在作用的纯粹措辞上的真理。而那些同一哲学、一元论哲学、内在论哲学更无法阐明神性—人性的奥秘。二元论的因素、超越的体认、历经深渊并跃出深渊，是传达这一奥秘的前提。神性的既使人超越，又与人性的神秘地结合在神—人的意象中。据此，个体人格才能矗立于世界，才不被世界所奴役；据此，人的个体人格提升人，使人不再依赖于世界。

人携有世界的意象，但人并不止于这一重意象。人是携有多重意象生存的。上帝的意象与世界的意象常在人的内心争战不已，人无法从中脱出来。其实，这不足怪，人就是既自由又依赖的生存。

上帝的意象凭借象征来传达，一注入概念，便堕入五里雾中。

人即是象征，因为人的内在存有另一种符号。

这里也可以说，人就是另一种符号。唯与此发生关联，人才有摆脱奴役并获得解救的可能。这是个体人格学说的宗教基础。注意：这是宗教的即生存的精神体认的基础，而不是神学的基础。

关于神性—人性的真理，不是教条主义的公式，不是神学伪理，只能是体认的真理和精神体认的传达。

人具有两重本性。这两重本性同时存于一个整体中。人的个体人格在审视社会和历史时，既反映它们，又反叛它们。

个体人格是例外，不可重复，它独立于社会的决定化，拥有自己的天地，携带自己的意象。但与此同时，个体人格又与社会和历史关联，烙印着集体无意识的痕迹。这样，个体人格既是人脱出隔绝状态的出口，又必须在社会和历史之中实现自身。个体人格的可沟通性其前提是同他人交往，分享他人的共同性；但人生命的深层面上的矛盾和困苦却又往往系于这项可沟通性。人在实现自身的去路上陷入奴役，人不断地需要返回到自身的神性—人性的意象上。人驯服于强制性的社会化，人的个体人格又需要自由的交往，需要拥有自由的共同性。自由、爱是可沟通性的基石。

现在，人遭遇到的最大险情是误入客体化的道路，是机械化和自动化。人的凡属机械化和自动化的那一切，都是无个体性和非个体性的，都与个体人格意象相悖。上帝的意象不同于机器和自动机的意象。人要么是神性—人性，要么是机器—人性、自动机—人性。这里选择的艰难即在于：人的内在与外在不能协调、同一，并且，当人从这个世界进入另一个世界时，还缺少与之相应的直接的传达。这是客体化的问题。

这项客体化也危及人类的宗教生活。一定意义上讲，宗教关联于社会，是社会之维。但是，宗教的这种社会性扭曲了精神，其结果：

无限的服从有限的，相对的变成绝对的，人远离启示的源头，远离活生生的精神体认。

因此，必须是：于内在，个体人格通过神的意象和神性的对人性的渗入，来找寻自身的意象；于外在，真理的实现意味着世界、社会、历史服从于个体人格的意象，意味着个体人格渗入并摄取它们。

简言之，于内在，个体人格经由神性—人性，获取力量，解救人；于外在，社会、历史、世界经由人性和个体人格的最高统一，蔚为奇观。人格主义的全部要义正在这里。

个体人格的可沟通性由内向外运动，但这种运动不是客体化，个体人格不隶属于客体性。个体人格应成为神性—人性的个体人格，而社会应成为人性的社会。神性—人性在社会中和历史中的客体化，是伪理。这样一来，会建构起客体的等级论，会因此引出神圣化，人的个体人格价值和自由会被扫荡殆尽。

个体人格关联于个性。强大的个体人格是传达出来了的个性。

个性是人的精神源头的胜利。这一胜利取具体的个别的且关联于人由灵魂、肉体和精神所构成的形式。个性突破自我的奴役，有了这种突破，方铸成突破世界奴役的可能。

当然，个性也首先表现在对待周遭世界的态度上。

一般人把气质与个性做这样的类分：气质更为天赋；个性是抗争、"到达"，以自由为前提。其实，这未免造作并失之肤浅。个体人格的奥秘就在于不可类分。

个体人格的个性指独立性、凝聚性、自由，指人进行选择，展现差异。这项自由不是无差异的意志自由，当然更不是一般意义上的意志自由。这项自由深刻地关联于人的整体生存，是精神的自由，是创造的精神的动能。人的心理生命蕴含着契合于个体人格的创造源头的精神积极性。这是贯注了灵魂生命和肉体生命的精神积极性。正是精神建构个体人格形式，建构人的个性。失却精神积极性，个体人格便分崩离析，人便被碎割为部分，灵魂便灭绝自己的整体性和自己的积极作用力。

把个体人格的自由判定为权利，过于肤浅。

这项自由是责任，是实现使命，是完成上帝关于人的构思，是回应上帝的召唤。人应成为自由人，不应做奴隶，因为人应成为一个人——上帝的全部意志正在这里。

是人喜欢做奴隶，才欣然把做奴隶视为权利，才更换人自身的形式。受奴役的位置激起人对权利的需求。自由不应是人的权利的宣告，应是人的责任的宣告。人的责任铸成个体人格，展现个体人格的个性的力量。

一个人可以拒斥生命，有时也应该拒斥生命，但万万不能拒斥个体人格和自由，不能拒斥与自由相关联的人的价值。

个体人格同人的使命意识相关。每个人都应催生它，从而使自己脱出自然本能的图圈。这是存于不可重复的个别形式中，以回应上帝呼唤，以创造性开掘自己内在潜能的使命。

当人意识到自身的个体人格时，便不再俯首低眉向外，而会聆听内在的声音。人群中那些优秀分子，在他们拒斥与世界合作之际，就常聆听到了这种声音。

个体人格与苦炼同在，以苦炼为前提。具体说，即凝聚内在力量的精神运作，即选择，即人的内在力量拒斥周遭世界的非个体性力量。历史上的基督教曾倡行苦炼，但其中有许多东西都背离了基督教的初衷，甚至敌视个体人格。人格主义的苦炼与这种苦炼的一切传统形式大相径庭。

实际上，苦炼意味着积极抗争，抗争世界奴役的统治，抗争世界对个体人格的摧残，以护卫个体人格形式和意象的完整。唯立足于这一层意义，即苦炼是个体人格对奴役的抗击，苦炼方可践行。

苦炼一旦质变为奴役，一旦转换成它的那些历史的形式，便当立即废止。废止奴役人的苦炼，也是一场抗争，它需要躬行真正的苦炼。苦炼决不是驯顺、屈从。苦炼是个体人格的桀骜不驯，是个体人格实现自身的使命，是个体人格回应上帝的召唤。

当然，个体人格的本性也是桀骜不驯，是抗争，是无休止的创造行动。与个体人格相关联的苦炼，才是真正的苦炼，才是人的英雄主义的源头。

奴隶的苦炼是卑鄙的行动。

个性必须躬行苦炼，必须践行选择和抗争。个性意味着拒斥奴役，拒斥世界奴役的统治。

个体人格是一与多的结合。在解决这个问题时，柏拉图的《巴门尼德篇》有着一小点辩证法。这是关于存在的概念的辩证法。至于巴门尼德的绝对的一元论，则不能解决多的问题。他的学说提供了虚伪的本体论原型，亦即绝对存在的观念的奴役原型。人由此没有任何出路。无疑，一与多的问题确实折磨过古希腊人的心智，它也是普洛丁的思想核心，即一如何演变为多？一究竟怎样到达多？为了一，有"他者"的生存吗？于此，如果一不认可"他者"的生存，这就正好暴露出绝对观念自身的虚伪性，即暴露出它否弃朝向"他者"和朝向多样的出路。

凭借理性不能解决一与多的问题，它与悖异相关。它以深刻的意象关联于个体人格。关于基督不能理性化的这桩奥秘，把一与多悖异地结合在了一起。这里，基督代表全人类，他是一个置身于时间和空间中的共相的人。人的个体人格的奥秘也被基督的奥秘照亮。个体人仅是一项特殊，归属于多样世界；而个体人格却关联于一和多的意象，并在个别、特殊之中。这样，个体人格才不是多样世界的一个部分，一切于其中才是一项特殊。

人的思维和想象喜欢把力量和质进行实体化和人格化。

由此引发大众生活中创造神话的过程：神话的实体化常产生虚妄倒错，并奴役人。唯一真正的实体化是人自身生存的实体化，是把人阐释为个体人格。人的实体化即把个体人格的质给予人。这是关于人的一桩真正的真实的神话。它需要想象。唯有基于这桩神话，人才不再是孤立的部分，而是一的意象和共相。这是人相似于上帝，上帝相似于人——一桩真正的而非虚饰的人神同形论。唯有经由此，人才可能与上帝相遇，与上帝发生关系。认识上帝即对上帝进行实体化和阐释。这如同认识个体人格一样，也需要想象。上帝的实体化同样是一桩真正的实体化，是人的实体化的另一半。人是个体人格，所以上帝也是个体人格。

但棘手的问题是：个体人格须以"他者"的生存为前提，这不仅关联于一，也关联于多；那么，究竟怎样才能同上帝的个体人格发生关系呢？作为生存核心的个体人格能体认痛苦和欢乐，并且特别能体认痛苦，它一旦失却这种能力，也就荡然无存。

可是，一般的神学教科书却否认上帝的痛苦。

要知道上帝缺乏运动，上帝就成为纯粹行动。追溯起来，像这样地理解上帝，主要不是取自圣经的启示，而是取自亚里士多德的哲学。如果上帝是个体人格，而不是绝对的事物；如果上帝不仅是本质，也是存在；如果在上帝中拓展个体人格与"他者"和与多的关系，那么，上帝就具有痛苦和悲剧的源头。相反，上帝就不是个体人格，而是抽象的思想、本质、埃利亚派的存在。上帝的儿子不仅像人那般体认痛苦，也像上帝那般体认痛苦。上帝的痛苦与人的痛苦共存，上帝的痛苦是分领了人的痛苦。上帝企盼自己的"他者"，企盼响应的爱。上帝不是抽象的观念，不是抽象的存在，那些仅仅是由抽象思维造出来的范畴而已。上帝是生存，是个体人格。既然上帝具有爱的能力，那么上帝也就应具有体认痛苦的能力。事实上，无神论所否弃的上帝是那个作为抽象观念、抽象存在和抽象本质的上帝。

说实在的，对那个上帝，甚至连神正论也嗤之以鼻。因此，无神论不无真理。走近上帝，唯经由上帝之子。上帝之子是上帝的爱、牺牲、痛苦，也是上帝的个体人格。

个体人格关联于痛苦和悲剧性矛盾，所以，它是一与多的结合。与"他者"的关联使它痛苦。无论如何，这个"他者"不是整体，不是抽象的统一体，个体人格应进入其内。

这里发生的是个体人格与一项个体人格或与多项个体人格的关系。如果认可一元论对存在的理解，并且把它放置首位，那么，个体人格便无立锥之地，甚至还会弄不清产生个体人格意识的可能性。

个体人格意识拒斥本体论的极权主义，对此，我在本书"人受存在的奴役"一章里将展开论述。个体人格不是存在，不是存在的一个部分，而是精神、自由、行动。

上帝也不是存在，而是精神、自由、行动。存在是客体化，个体人格植根于主体性。抽象的、唯理的、概念的哲学永远无法释明个体人格，它一谈到个体人格，便把个体人格圈在非个体性的普遍的图圈中。

19世纪以来的哲人，如陀思妥耶夫斯基、克尔凯廓尔、尼采、易卜生对此早有洞察，他们都竭力扫荡"普遍的"淫威，扫荡唯理性哲学。其中，尼采对人格主义影响极大，他从另一个极端发展出摧残个体人格的哲学。由此可见：个体人格显示众多的对立性，它自身就是矛盾，我们无法造就出一个关于个体人格的统一的概念。

没有超越的事物，就没有个体人格。

在超越的事物面前，当个体人格实现自身时，它便超越着。此间，人会产生怕和烦。这正是个体人格深层面所执着的状态。每当人感悟到自己悬于深渊，并凭借着个体人格反抗至高无上的集体性时，这种状态就勃然而发，并且一发不可缓解。这里须区分"畏"。

他懂得即便每种语系运用术语都有条件，但术语自身的含义仍不尽相同。

"畏"具有原因，与日常经验世界和危险性相关；"怕"是面临神秘的存在与非存在，面临超越的深渊，面临强烈的不可知所产生的一种体认。例如，死亡激发人产生经验的日常世界的畏，也激发人产生超越的怕。一般来说，畏糅合着对痛苦和厄运的焦虑、胆怯，它朝向低处，囿于经验，不能提升人，不能使人去到那冰清玉洁的另一个世界；而怕是面临永恒和命运时的体认，是关联于超越的临界状态。

人作为体认的生存，不仅体认怕和畏，还体认"烦"。在怕和畏两者之间，烦更接近怕。烦完全不是危险性的体认，也完全不关联于焦虑；相反，它消解和弱化焦虑。烦有自己的质。烦渴求向上，彰显人的最高本性。人体认被抛弃、孤独和世界的异己性。特别是体认世界的异己性，可以说再没有什么比这更令人痛苦的了。个体人格在自身超越的去路上常被这种痛苦状态煎熬着。烦在两层意义上具有超越的因素：一是个体人格体认自身是超越的，是这个世界的陌生人。二是个体人格体认深渊远离最高世界，远离冰清玉洁的另一个世界——那里是它的故乡和乐土。即便尘寰生活中最幸福的时刻，也会催生出强烈的烦。人深层面上的烦源于渴慕上帝的生命，渴慕圣洁，渴慕天堂。这种烦同尘寰生活中任何幸福的一瞬都无干系。个体人格的生存不可能不伴随烦，因为烦意味着阻绝世界进程，意味着终止与世界的合作。个体人格扎根在无限的主体性中，它不顺应也不接纳客体世界的习惯性，只是在其中显透自身。

浪漫主义阶段常常呈现这种情况：个体人格置于主体性与客体性的断裂层，这时个体人格可以体认主体性的跳跃，但却不能超越到另一个世界中去。烦总产生于失去和对圆满生命的渴求。

例如，性就是折磨人的烦。

这性之烦不可能在日常的客体世界中消解，因为客体世界不显示无限的整体性，而性要走出自身的主观性却正需要它。

这里，性一旦导向客体性，则会锐减人的个体人格意识，人则会一味地屈从于种族生活的非个体性的原则。

那些通常被我们称为罪孽、过失和需要忏悔的东西，其实从生存的意义看，它们仅是超越性的产物，是面临超越且又不能超越的临界状态。死亡临头，人体认到最大的畏。这是对死的烦，是死的烦。人作为体认痛苦的生存，最大的痛苦还来自己生命的内在。死对于个体人格是悲剧，而对于一切非个体性的事物则无悲剧可言。一切自然的事物都会死去，但个体人格不朽。唯一的不朽荣归个体人格，因为个体人格为着永恒而创造。对于个体人格来说，死是它的命运中最大的一桩悖异。个体人格不能转注于物，否则，人也因此而转换成物。

一旦发生这种转注，个体人格便不复存在，亦即个体人格已死。死，是在个体人格命运中体认阻断，是突破与世界能交往方式，是突破世界的生存。死不是终止个体人格的内在生存，不是终止个体人格在自己的去路上朝向另一个世界。要么因于世界，我死；要么因于我，世界死，这中间全然没有任何缓冲地带。

死的悲剧首先是告别的悲剧。

对死的这两种态度，都向个体人格显示了积极的意义。在习惯性的日常生活中，在客体化世界中，个体人格无法实现丰盈的生命，它的生存常常意味着失去和残缺不全。个体人格臻于永恒的充满，唯有历经深渊且又跃出深渊，唯有历经死亡和灾难。所以，烦总伴随着个体人格的生存；而个体人格面临超越的永恒性时，也还会生出怕。

通常，唯灵论的形而上学都庇护灵魂不朽之说。

其实，这种灵魂不朽说全然不懂死的悲剧，也无法阐明死。不朽也许仅仅是整体的，即仅仅是整体的个体人格的不朽。

于其中，由精神凝聚人的肉体因素和灵魂因素。肉体隶属于个体人格的永恒意象。当人的肉体因素离析时；当人失去肉体形式，不能再导向个体人格的不朽，即不能再导向整体人时，灵魂也就离开了肉体。基督教反对唯灵论的灵魂不朽之说，它相信整体人的复活和肉体的复活。个体人格经由裂变和阻断，走向复活。没有人的自然的不朽，唯有复活和经由基督、经由人与上帝结合的个体人格的永恒生命。除此，人会被消融在非个体性的自然本能中。

所以，个体人格生命常生出畏和烦，同时还生出渴求。这里，当我把人的不朽与基督的不朽相提并置时，不朽的生存并不完全指涉那些自觉信仰基督的人。

更深刻的问题是：基督生存着，是为了那些不信仰基督的人。

个体人格与爱相关联。个体人格是爱的生存，是体认爱欲和反爱欲的恨的生存，也是痛苦的生存。

诚如匮乏热情就没有天才一样，匮乏热情就没有个体人格。

实现个体人格经由爱。爱分两种：向上超升的爱与向下介入的爱，亦即爱欲之爱与怜悯之爱。个体人格蕴含着向上超升的爱与向下介入的爱。

个体人格在这两种爱中实现自身。

柏拉图所揭示的仅仅是向上超升的爱，即爱欲。柏拉图认为爱欲生于丰盈，也生于贫瘠；它离开感性的多样世界，超升到了观念的一统世界。爱欲不是一种交织着观念世界和感性世界的色彩且导向具体的、活的生存的爱。

爱欲仰望完美、至善、上帝的圆满。那巅峰的重力，那向上的运动，那醉人的颂诗，那对残缺和失去的补足，那贫瘠对丰盈的渴求——便是爱欲之爱。世间男女的爱蛰伏着这种因素，但也掺合了其他因素。性是一项失去，其自身不能补足，不能实现圆满，因此性常常催生人的烦。而爱的悲剧正在这里，即它关联于感性世界中具体生存的爱与观念世界中美的爱之间的冲突。

按照柏拉图的观点，任何一种具体的生存都不可能契合于观念世界中的美。因此，爱欲之爱、超升的爱、颂诗的爱应交织怜悯之爱和同情之爱。爱欲之爱对每个人都是选择的爱，人若不能走近它，也就无法强迫自己去接受它。爱欲之爱存于友爱、乡土爱之中，存于对艺术和哲学的理想价值的爱之中，也存于宗教生活之中。怜悯之爱介入尘寰，它不为着自身的丰盈去寻找什么，它是奉献、给予、牺牲。它置身于痛苦的世界，它在世界中痛苦着。相比之下，爱欲之爱需要互惠，怜悯之爱却不然，而这正是怜悯之爱的力量和财富所在。爱欲之爱凝视着它所爱的上帝的意象和上帝关于人的观念，沉浸在它所爱的美之中；怜悯之爱饮啜痛苦，俯向世界的黑暗和丑恶。

舍勒曾就基督教的爱与柏拉图式的爱的区分，导向具体的个体人格的爱与导向观念的爱的区分，做过有益的思索。

柏拉图主义深深浸润过基督教，这毋庸置疑，但柏拉图主义和柏拉图的爱欲却从未触及个体人格问题，仅基督教触及了。

只是对爱、爱欲之爱和怜悯之爱，基督教的思想和实践又作了非个体性的阐释。这是柏拉图的爱欲所具有的非个体性转嫁给了基督教的。

caritas（博爱）的阐释。这里，拓展爱的生存应理解为个体人格之间的互动，即从个体人格走向个体人格。

非个体性的爱欲导向美和至善，会取代不可重复的个体人格的具体生存；而非个体性的怜悯之爱又导向对非个体性事物的依赖，以至于乞求援助。总之，存于非个体性的观念世界——上界中的爱，以及存于非个体性的感性世界——下界中的爱，都仅仅是爱的主观构想。只有当爱脱出"普遍的"、非个体性的世界时，爱才能导向个体人格意象，才能肯定个体人格意象的永恒性，肯定自身同个体人格意象交会的永恒性。

这样，在个体人格的互动中，这才既是一阕颂诗，一个向上超升的过程，又是怜悯，一个向下介入尘寰的过程。对待他人，这两个过程必须相随相伴，不可亲疏有别。因为纯粹的爱欲之爱携带着魔鬼的破坏基因，而纯粹的怜悯之爱也会贬损他人的价值。由此可见，爱的复杂正在于它同个体人格的关联。

基督教的爱极易被纳入演讲术的形式而受空谈的蛊惑，也极易转向禁欲主义的拯救灵魂的演习而耽于所谓的慈善业。但基督教的爱站立在精神之巅，它不是生命哲学，也不是抽象的精神。基督教的爱是具体的精神，是关联于整体的个体人格的精神和灵魂。

爱的问题和爱欲诱惑问题，对个体人格问题十分重要，因为个体人格即爱的、超越的、怜悯的、同情的生存。

个体人格问题与天才性问题密不可分。天才性不等同于天才。天才性是人的整体本性，是人对生命进行直觉创造的态度；而天才却在这种整体本性中掺合了人的特殊才干。一个人即便未曾造就成为天才，但天才性也潜伏在个体人格的生存中，因为个体人格是整体，是对生命的创造态度。存于人的上帝的意象便是天才性。

但这项天才性也许会被遮蔽，会横遭摧残，仅韬晦之光而已。天才性的问题和天才的问题不与客体化的社会化的等级论发生联系。真正的天才、天才性不归属社会化的等级论，不关联于人的社会地位、社会出身、社会财富，而关联于人的才华的差异和使命，关联于个体人的质。这是人格主义关于社会投射的问题。这项投射不属于社会化的等级论。天才即孤独者，他不攀跻任何享有特权的社会集团，这样的集团塞满了利益分子。

面临世界，个体人格意识与恶的生存相关。恶发挥着社会定型化的作用，个体人格则反抗世界恶的统治。个体人格是选择，选择即抗争——抗争世界奴役，抗争人对世界奴役统治的顺从。此间，个体人格同天才在一起。天才实现选择时，勃生出不懈的意志力，并以他的整体性作战。个体人格的形式化必须经由与恶自身的抗争，也必须经由与世界恶的抗争。这里存有个体人格的一桩悖异：一方面，强烈的个体人格意识以罪和忏悔的生存为前提，对罪、忏悔和世界的恶麻木不仁，意味着个体人格意识匮乏，意味着个体人格消融在普遍的、宇宙的和社会的进程中；另一方面，恶与个体人格、罪、忏悔的关联，又导向恶的人格化，导向确立个体人格意象即被判断为恶的共相体现，这样，恶的实体化则会从相反的方面去削弱和扼杀个体人格的忏悔意识和责任感。

这实在复杂极了。

这涉及如何审视每个人所存有的恶。

应该说，任何人都不可能是恶的化身和恶的人格化。恶在任何人那里都只是部分。所以，人的主要本质不是恶。这是处罚人和审判人的最重要的原则和界限。人不可能不犯罪，但人不是罪人，不是罪的化身。人是整体的个体人格，携带着上帝的意象。人是上帝王国的子民，不是凯撒王国的公民。因此，即使人犯罪，凯撒王国也只能作出部分的、非最后的判断和指责。为此，人格主义力主废除死刑。

人的个体人格不能社会化。

人的社会化致使人贬为部分，致使人无法拓展深层面上的个体人格和良心，无法开掘生命的源头。日益扩展的社会化围剿着人的深层面上的生存，鲸吞着精神生命。

由此足可以见出 dasMan（人类）和社会习惯性的肆虐，以及普遍的事物凌驾于个别的事物。所以，个体人格的原则也应成为社会组织的原则。这样，人置身于社会组织中，人的内在生存才会幸免于社会化。

"谋共同利益"的大旗曾被用来遮掩过无数暴君和奴役，到头来，每个具体的人所得到的不过是无助的、微薄的、抽象的利益罢了。无疑，个体人格不能贴在这样的标志上。

置于客体化世界中的人，只能成为数字的标记。

个体人格要首先审视人的这种悲剧：人不再作为个体性的生存而生存着。于此，奴役的孽根是客体性。客体化是践踏个体人格价值的统治的形成。正是人的本性的客体化、外化、异化，人才受到强力意志、金钱、贪欲、虚荣等的奴役，个体人格才受到致命的伤害。

遏止人的这一悲剧，抗争人的被奴役，唯有通过个体人格实现自身的生存和自身的命运。这种实现，置于有限与无限、相对与绝对、多与一、必然与自由、外在与内在的既结合又对立之中。没有外在与内在、客体性与主体性的统一和同一，悲剧性的冲突便永远不能消歇。

趋达共相性和统一，这不发生在无限的客体性中，而发生在不断超越自身的无限的主体性中。

必须反复强调：人是矛盾生存的，时时都在同自身争斗。

一方面人拼命寻找自由，对自由的渴求常常勃发强烈的冲动；另一方面，人却又极易做奴隶，且喜欢做奴隶。显然，人是主人，也是奴仆。黑格尔曾在《精神现象学》一书中论及统治者与奴仆、统治与屈从。他的论述颇有见地。

二、论奴役

（一）王国的奴役

王国潜伏着巨大的奴役力量，人类历史中最强烈的诱惑莫过于王国。多年来，人一直行进在它的旗帜下，迷不知返。

历史中，王国诱惑的形式极多，且时时乔装更迭。例如，古代众多的东方帝国、古罗马帝国、罗马教皇的神权统治、拜占庭帝国、莫斯科沙皇政体、彼得一世帝国、德意志第三帝国……试想想，人类历史上有哪一个时期不存有王国的诱惑？

由此可以发现，人的本性中确实禀有王国欲，而这正是王国问题最令人惊骇和最令人担忧的所在。人不停地寻求自己的王国，然后终其一生建造这个王国，并施行自己的统治，到头来人也被铸成了它的奴隶。对此，人不仅无所觉察，反而欣欣然，自觉荣耀之至。

其实呢，真是一个甜蜜的奴隶！

在这条去路上，人完全枉费自己期冀共相性的一片热情，人始终误把世界统一和人类有限的统一等同于自己的王国统一。

能够拒斥王国诱惑的，只有在荒漠上行走的耶稣。魔鬼从高山上走下来，指点耶稣说："世上所有的王国都属于他们的光荣。"说完，魔鬼让耶稣臣服于他。

此时，大概耶稣那含蕴着精神的目光扫过了那些王国。正基于这种原因，世上所有的王国，即使是变了形的王国，至今都把自己掩藏在基督教的旗帜下。唯有耶稣拒斥王国的诱惑,摈弃世上所有的王国。后来他的门徒没有跟随他,反而去做了王国的奴隶,甚至还把世界的王国与耶稣的王国相提并置。即便如此,仁慈的耶稣并未抛弃他们,他仍时时召唤他们,启迪他们,让他们首先找寻上帝的王国和上帝的真理。无奈,这些门徒始终聆听不到耶稣的声音,他们找寻的只是他们所期待的东西。

找寻上帝王国即意味着摧毁世界王国,他们惧怕这种摧毁,他们置身在惧怕中。这正像陀思妥耶夫斯基笔下的那位宗教大法官所说,是他们修改了耶稣的事业。陀氏在这里对宗教大法官的精彩描述,揭示出王国诱惑的生存的辩证法。这项辩证法是基督教的无政府主义的最大一块基石。

至于陀氏本人,即便他如此睿智,也没有完全进入自由,而仍受了东正教神权统治的诱惑。

把凯撒的给凯撒,把上帝的给上帝。据此,才能调停凯撒王国与上帝王国的纷争,才能签署两国的协议。耶稣正是为着实现这一目的,劳苦奔波,终其一生。然而耶稣却被尘寰的权杖钉死在十字架上。无疑,要凯撒王国承认上帝王国的自主,这多少有点异想天开。凯撒王国需要的只是上帝王国为它竭诚服务,只企望把上帝王国变成它的工具。唯有当基督教俯首称臣甘为奴婢时,凯撒王国才会签发允诺上帝王国存活的证书,而为着奖赏驯服,凯撒王国还少不了会给出一些各色各样的特权。国家,按其天性就要集权,就不可能给任何人和任何事物以主权。国家还善于掩耳盗铃地宣称自己拥有至高无上的意义,自己能代表一切。集权国家极巴望成为一所教会,以组织和统治人的灵魂、人的良心和人的思想,以摧毁精神自由,以胁迫上帝王国隐退。集权国家蛰伏着人类最大的灾难,这并非某个时代的偶发现象。由此正好揭示出国家和王国的真实本性。

有必要区分国家、王国、帝国。

国家具有某种约束性,它是在人的社会生活中认可自己的疆界、构成要素和功能。但国家受人的强力意志的支撑,它像一头怪兽,一经强力意志的发酵，倾刻便扩张成帝国。当国家演变成帝国时，国家的那点约束性也就随之消失，会更具规模，更显示吞吐一切的万能性。这是国家不可避免的辩证法，国家命定的演变过程似乎也只能如此。例如，英国是一个小国，但它一演变成大不列颠帝国，就拥有普天下的王国。另外，像神圣的拜占庭帝国、俄罗斯帝国以及第一、第二、第三罗马帝国，哪一个不显示这样的万能性？因此，那些时常自诩使命和爵位神圣的皇帝和元首，实际上不过是一些扩张分子。倘若国家企盼演变为帝国，那么帝国则企盼演变为大帝国。帝国和王国的扩张性，与其说为了拓展空间，为了做普天之下的王者，不如说是为了满足人在天性上对扩张的信仰。那些神权统治的国家同帝国没有两样，全都是集权的。还有柏拉图的共和国也在此列。柏拉图的共和国彰显"绝对的"高于一切，否弃人的个体人格的独立性和自由。它同中世纪神权统治的国家和当代集权的国家一样，均从一个模子里铸出。

与此相关联的更重要的问题是世界原则和世界意义。圣经中说，"世界的君主"永远行使权力，他是国家和帝国的首领。的确，"世界的君主"不具有任何中立性，即他不置身于上帝王国与魔鬼世界的中间地带。

他穷兵黩武，极富侵略性，他摧毁精神的自由和上帝的王国。

"世界的君主"在人的客体化、外化和异化的极限上。对于上帝王国与凯撒王国的对立冲突，若用哲学术语来表述，即是主体与客体、自由与必然性、精神与客体化的自然之间的对立冲突。这正是人受奴役之所在。

个人道德，特别是圣经所揭示的基督教的道德，迥然异于国家道德、王国道德以及"世界的君主"的实践道德。同样，对个体人格是道德的，对国家则完全不道德。国家一律把手段判为最高最好的目的。

倘若要问这目的的质是什么，国家会永远无可奉告，并永远不准非议。其实，路人皆知这项最高最好的目的纯属子虚乌有。这里的悲剧是人类的生活充当了国家的手段。在为着实现国家的最高最好的目的时，人忘却了自身的目的。

国家的一切目的都不可判定，不可释明，国家作为断裂的产物，它实在过于抽象玄虚。

任何时候和任何人都不能判定和释明，蛮横、自我中心、贪婪、仇恨、凶残、暴力、虚伪、阴险，它们为什么对于国家和民族是善良、高尚，而对于个体人格却是为难、卑劣。

这是世界历史的最大谎言。

"一切都是可允许的"

——被奉为国家和民族的道德标尺。有谁在什么时候从形而上的或者从宗教的立场上审视过国家道德和集体道德？没有！当基督教的思想家们想做这件事时，却已被虚伪和愚蠢吞噬。我们听到的只是奴隶道德的声音。我实在弄不清，人渴求走进上帝王国，去接受上帝的祝福，为什么却又步入有组织的谎言、侦讯、暗杀、战争、土地掠夺以及不断增长的民族自我中心主义、民族仇恨、社会不平等、金钱等？这难道不是十足的南辕北辙？如果忏悔和谦卑不失为个人的好德行，那么完全可以说，集体的、国家的、民族的、教会的忏悔和谦卑，远比个人的这一德行更有益处。集体应由具有忏悔和谦卑美德的人组成，否则，集体也就坍塌下来。民族的、国家的、阶级的、宗教——教会的傲慢比人的傲慢更令人恐惧。集体的自我确定完全不可救药。

这里的症结是：人不仅没有沉思上帝的王国和上帝的真理，反而驯服于尘寰的力量。基督教意识不允许人俯就强权和虚荣，不允许人傲视并统治他人。但这一切恶习却正好烙印在国家和民族的身上。他们有恃无恐，所干的一切既得到许诺，又得到举荐和嘉奖。当然，如果国家和民族具有或者朝向个体人格，这又当别论。事实上，当国家和民族不彰显人的道德时，人于其中便受奴役，人的个体人格便横遭摧残。

那种以泛神论的意趣诠释国家、社会和民族的理论，通常都把国家、社会和民族放在人之上,这实在令人厌恶。政治总离不开谎言,因此道德的基点不仅要立于基督教,也要立于个体人格。这是政治实践导向道德的需要,这样才能最大限度地减轻政治对人的戕害。

政治总是人受奴役的传达。

善良、高尚甚至智慧均与政治无缘。被誉为国家的和政治的伟大活动家实在无任何睿智可言,他们老朽、保守、唯唯诺诺、套话连篇,重复公众的意见,迎合中档次人的口味。可以毫不夸张地说,就连拿破仑也绝不是什么奇才,只是由于法国大革命,他才有可能攫取到关于世界民主政治和欧洲代表议会的思想。至于拿破仑本人,则居心叵测,他受魔鬼般的强力意志的教唆,做着帝国的迷梦。那种以为拿破仑说了点什么深刻思想的想法,其实大谬不然。列夫·托尔斯泰最知道大历史人物的价值,也最知道伟大历史的渺小。大历史人物的多数以及拥有国家级智慧的大部分人,他们无非仅代表犯罪、伪善、凶狠、残忍。没有这些便造不出政治家,有了这些便产生出国家级的"睿智"。凡此种种,一俟最后审判,定会全部暴露无遗,这类人定会列入末流。当然,他们中间也不乏从事社会改革、力图把人从奴役下解救出来的人,但这是例外。

道德和宗教的问题放在每个人的良心面前。我们可以这样简单地提问:为着国家的安全和强大,就允许处死任何一个无辜的人吗?圣经中有一句话曾涉及这个问题,即"一个人为着全体人而死,总比全体人都去死要好得多"。显然,这句话为国家的实践道德留下了口实。国家至今都爱重复这句话,并把这句话奉为国家信条中的信条;而存活在国家中的人,也毫不迟疑地附和此说。于是,人类的悲剧一次又一次地重演如昨,每每处决无辜,便传出基督受刑的声音。于是,国家凭借着魔鬼般的天性,肆无忌惮地使基督受刑的声音永远回响不绝。

在德莱福斯事件中,这表现的再充分不过得了。此事件竟有这样的潜台词:如果能增进法兰西国家和法兰西军队的利益,就可以处死一个无辜的人。本来,这测试着一个民族的道德良心,而法国人却把这视为荣誉问题，以为不处死德莱福斯，就不能使法兰西荣耀。显然，这向我们表明了价值等级的取向，也就是视国家的生存和世界的生存为最高价值。我以为，一个人，即便是一个最无足轻重的小人物，他的死也比国家和帝国的灭亡更重要，更具悲剧性。

我们完全可以怀疑上帝是否关注世间的伟大帝国的存亡，但我们却丝毫不怀疑上帝时时都在以亲切的目光注视着每个人的死。古希腊悲剧作家索福克勒斯在描写安提戈涅与克瑞翁的矛盾冲突时，展示了个人的人性道德与国家的非人性道德之间的争战。具体说，究竟应维护安提戈涅埋葬自己兄弟的权利，还是扼杀她的这种权利？对此，国家道德当然是践踏这种权利，而个人的道德则总比国家道德更近情理。个人的道德通常都作为人性的生存的道德，以抗拒非人性的客体化的道德。

尼采被当代人塑造成了法西斯主义道德和民族——社会主义道德的奠基者，即塑造成了"克瑞翁"的道德的代言人。

这多少违背了尼采的初衷。要知道，尼采曾说过，国家是一头冷血怪兽，只有在国家消亡的地方人才能存活。

对这个世界，唯有进行激进的革命的人格主义的价值重估，才可能见到它真正发生一点深刻的变化。

国家把自己的强权凌驾于人的生活之上，并倾向于无限制地行使强权。

这就是国家的真实性。

国家不是个体人格，不是生存，不是有机体，不是本质。国家没有自己的生存，生存和生存的核心见之于人。

人似乎无法抗拒政权的催眠术。其实，国家最终也是人自身状态的外化和客体化的投射。国家政权的巨大诱惑之所以不可战胜，是由于人的特定状态和人的生存的某种特性。

准确地说，这是人的堕落状态。是人自身心甘情愿地把自己的创造本能投放在国家的建设中，人不仅企望受国家羽翼的庇护，还担心不能为它竭忠尽诚。人的主要的恶和人受奴役的孽根也正在这里。当然不可否认，国家在公众生活里具有一定的功能。尽管每个时代国家的角色有所不同，但国家都主要具有两重意象：可以解救人，也可以奴役人。

国家的奴役作用归咎于人错误地审视国家，归咎于人自身内在的被奴役状态，姑息政权的催眠术，也归咎于人永无休止地做着王国的迷梦。另外，国家施行的催眠术之所以能长盛不衰，不外乎催眠术不是理性的，而是非理性的。政权总携带着非理性的基因，依恃于非理性的信仰和非理性的生命冲动。国家在实现自己的强力意志时需要神话。缺少非理性的象征，国家则不能实现强力意志。即使那些被公认为是民主的温和型的国家，也一样需要像卢梭所鼓吹普遍意志（volontégénérale）的无罪性神话。这里，最大的险情不是认可国家在社会生活中具有一定的功能，而是有关国家主权的。

观念。例如，神权统治下的国家主权观念、专制政体的主权观念、贵族政体的主权观念、民主政体的主权观念等。主权的观念无论装进哪种形式，它都奴役人。拥有主权是奴隶做的梦，是奴隶的角逐物，是最大的谎言。主权的观念经由客体化世界产生，是奴役人的幻象。任何主权都不复存在，任何人也不应享有主权。

主权即催眠术。

人受主权观念的诱惑，以为主权神圣，殊不知在客体化世界中根本没有神圣可言，在那里横陈着的只是虚拟的偶像和殿堂。精神显现在人与人的交会、人的创造和个体人格的拓展中，不显现在国家和历史中。思想的解救应该由此起步，即承认客体化世界除具有某些必要的功能外，并无任何真实性。主权不属于君主，同样也不属于人民。

君主专制的图腾崇拜的观念是政权和统治的基石。君主就是图腾。对此，早在古埃及便已有尝试。以后人们一味地替政权找寻宗教庇护，即使在20世纪的今天，也未能有所改变。

如拥有主权的人民、拥有主权的阶级、拥有主权的种族，均是变了形的新的图腾形式。元首独裁者就是图腾。弗拉泽尔曾说，术士或巫师在人类历史的早期充当君主。但在当代，领袖和元首却把自己重新装扮成术士和巫师，重新扬起五彩旗，要人们相信他们能点石成金。他们认定天降大任于我，我是神的子嗣；认定自己是民族的神祇、国家的神祇和社会集团的神祇的投射。于是，我们处处都可见到在兜售有关人民的、集体的、政党的、主权的种种神话。这是人受奴役的一桩永在的现象。政权的传统信条在当代即使淫威不减，君主们也不再一味地依恃它。时光毕竟在流转，君主们需要政权的新象征。

他们寄希望于人的内在的无政府主义，醉心于人抛弃统一的信仰，因为在他们看来，人的这种状态远比政权的传统信条更有效。在这种状态下，新政权、新统治以及他们所需要的各种象征，均可乘虚而入，而他们则更能拓展其强力意志，更能使其统治固若金汤。这就是暴发户的特征。

许多思想家都想否弃主权观念，但却十分乏力。如边扎缅、贡斯当、罗伊、科拉尔、基 WSHRlCmHRgJIHnJMCB 佐，他们在否弃主权属于君主的意志或人民的意志时，却又把主权系在理性的脖子上。这样一来，当然就会羁绊于自由主义思想的循环，亦会因此缺乏底气，疲软不堪。这关联于他们拜倒在资产阶级的特权之下。至于无政府主义者们有始无终地否弃主权，究其原因，则由于他们多数都是集体主义者。

无政府主义是关于个体人格与国家的关系以及社会与国家的关系的一种极端的思想。

评判无政府主义应立足于它所具有的正、负两方面的价值。具体说，在抨击国家的主权性和绝对化方面，无政府主义毫不留情地拒斥国家的专横的中心化，并揭发国家的伪善。

这时，它是一个无条件的真理，同时还含有宗教真理。但另一方面，无政府主义又常常拘泥于唯物论，致使它演变成伪理。

人要想获取自由，当然要反抗国家和社会的专制权力，但问题是：自由的基点究竟放在哪里呢？无政府主义政权的大多数理论并不针砭国家和社会扼杀人的个体人格的自由，而针砭国家和社会扼杀人民的那种自发的自由。实际上，人民在那里被供奉在无所限制的统治者的席位上，如巴枯宁的共产主义的无政府主义。无国界的共产主义社会的统治比有国界的统治更为集权，有国界毕竟多少还受自己权力范围的限制。因此，无政府主义既可能相信人的善良天性，从而成为一首优雅温和的田园诗，同时也可能是一枚拉开了引线的疯狂的炸弹。

在众多的无政府主义中，从更深一层意义上讲，我们仅认可马克斯.施蒂纳的无政府主义，仅认可列夫·托尔斯泰的无政府主义的某些方面。

无政府主义涉及形而上的和宗教的秩序。当无政府主义承认加于人的政权与罪恶相关联，承认人的完满状态是无政权（即无政府）状态时，它便蕴含着宗教的真理。上帝王国即是无政权和自由。表述政权的任何范畴都不适用于上帝王国。无政府主义神学的真理，即是关于上帝王国是无政权的王国。

国家、政权与罪恶相关，它们不能把人提升到完美的状态中去。人脱出奴役意味着臻至无政权。人是自我管理的生存。人应该自己管理自己，不应该被他人管理。人的自我管理即指人的内在自由与外在自由步调一致。这种最高真理在民主政体中犹有回光，使其民主政体不乏永在的魅力，只是经验事实的阴影总遮蔽和扭曲它。加于人的政权是恶，甚至是一切恶之渊薮。

在这方面，唯有列夫·托尔斯泰最能明察，他的"勿以暴力抗恶"说把无政府主义思想推到了宗教的深层面。但人们对此所下的注脚却实在糟糕透顶。列夫·托尔斯泰常抨击那些心中泯灭了上帝的基督徒，说他们疏离上帝，精彩地在政权与暴力的血污中干着私活。与此同时，列夫·托尔斯泰始终确信上帝和神性。他确信人只有终止暴力和终止追逐政权，历史的奇迹才肯惠顾，上帝才能走进人的生活，神性才能展示自己的权利。

冲突和暴力阻断人与上帝的交会。

只要冲突和暴力不绝，上帝的福音便始终无法传出。

无疑，这一思想较之唯物主义的无政府主义深刻得多。唯物主义的无政府主义常诉诸暴力,追逐政权,并喜好极端的强制手段。

当然,列夫·托尔斯泰也不无偏颇,对于倒毙在暴力与政权之下的无辜者,他没有给予极大的关注和护卫。

与此相关的是,在人们的强力意志和恶存在的条件下,国家不可能最后消亡。

这里,无政府主义的负面价值和它的虚幻的理想性,与人格主义相抵牾。

护卫人的自由和权利应是国家的公正所在,但国家的一切却被绝对化,这是国家最大的恶。国家政权不拥有任何主权。应对国家政权实行限制和疏导,只允许它存于一定的范围之内。

受强力意志支撑的国家政权需求人的生存的客体化,必须终止这种客体化。专制的国家就是撒旦王国。国家不会关注人的精神和精神生活。像那些神权统治的国家、极端的君主专制政体、神秘的民主政体、雅各宾政体、法西斯主义,无不倾向于扼杀人的精神、创造、自由、思维,无不以强制的手段胁迫这一切臣服于自己。较之国家扼杀精神和创造的倾向,较之国家的强力意志以及国家对人的奴役,有关集权国家的观念完全不是什么新玩意化,它更是一桩长盛不衰的极端的现象。当无政府主义拒斥国家神圣化和理想化,批判把理想价值注入政权的伪学时,它便闪烁着真理之光。正如弗兰克所说,政权增生恶且服务于恶。大凡握有权杖的人,难免不败坏,难免不集大恶于自身。柳多维克便是历史上一桩绝无仅有的现象,他以人的名义把自己的一生都奉献给了社会改革,可是他却不触动自己手中的权杖,不遏止国家和民族的强大意志。个人和集团的私欲常常被掩盖在伟大国家和伟大民族的圣光之下。如果没有堕落,这种私欲就不会冠冕堂皇地被判定为国家的利益,也不会假国家之伟名、政权之淫威,肆虐人民。享有特权的统治阶级被认作国家利益和国家统一的代表,而国家则自诩是"伟大的"目的,公然要求个体人和民族统统为它献祭。无疑,无政府主义的真理之光便灿然闪耀在对此所作的抨击中。国家和帝国再伟大,也不能与人相提并论。国家的生存为了人,不是人的生存为了国家。政权和政府仅是服务而已,仅是人的权利和国家的有限功能的护卫者。即便那种可以为人接受的国家,充其量具有人的价值的象征,而不具有国家的伟大。

为无政府主义所憧憬的无国家存在的安宁闲适的生活,纯系一厢情愿,纯属诱惑。无政府主义乌托邦的哲学基础建在天真的一元论上,它绝不想知道,个体人格与世界和社会之间横亘着无数的悲剧冲突。无论如何,这种乌托邦绝不会给人以解救,因为它的基础不是人的个体人格,而是无国家的社会和社会群体。无政府主义学说不能构建人格主义。无政府主义的乌托邦最终是王国理想的形式之一。王国的理想也许就是无国家的王国理想。在这种无国家的王国中,个体人格倍受摧残和奴役。拒斥奴役人的王国理想,即是拒斥无政府主义的乌托邦。无政府主义的乌托邦与大地上所有的乌托邦一样,都携有奴役人的基因。

人要脱出奴役,首先要弃绝一切强力意志。政权的权利不属于任何人。政权不是权利,而是义务,是向人显示有限的保护功能。国家在某些方面的功能应大大拓展,例如,国家不能姑息经济生活中的剥削,不能容忍社会生活出现饥饿、贫困、失业,否则就意味着国家渎职。杜绝这一切现象的出现应是国家的重要职能。国家主要应是一个发挥保障、监督和检查作用的机构。国家对经济的关注,其主旨不在于扩充国家的经济生活的权力,而在于拓展和保障个体经济生活的权利。唯有根除经济上的特权,才能实现人的个体人格。国家有责任保护个体人自主的秩序。

国家对人所显示的必要性,证实了国家在价值的诸多等级中列于末位。我所论及国家的一切问题都关联于这种价值取向。不错,吃、穿、住在人的生存中不可或缺,但它只是列于低等级的经济价值。同样,国家所具有的也仅是这种价值。

人的一切尊严都关联于对自由的爱,没有什么能比这种爱更深刻。这种爱指涉人的生存的形而上的意义,不属于自由主义、无政府主义和民主一类。国家任何时候都不会听任社会生活无序,不会容忍社会解体，它总在建构某种秩序，即对社会混乱进行强制性的组织，以整饬出社会的分等级的和谐。这样，国家同时也制造出另一种触目惊心的混乱，即人心理上的恐惧。人的这种内在的混乱犹如无底的深渊，更令人无法自持。特别是在高度集权的专制国家中，如此隐形的混乱简直不可言状。孟德斯鸠的民主观念便力主国家要建在德行的基础上。一般来说，民主政体比其他政体形式开明得多，但即使是这样，混乱依旧存在于民主政体中。只要是国家，就必定倾其全力镇压内部与外部的敌对分子。因此在国家中，人对罪恶、暴力、敌人的恐惧，便时常扭曲政治生活。

没有什么比人受恐惧的支配，更令人恐惧，特别是当人受国家政权的恐惧所支配时。国家政权一旦被恐惧笼罩，它便随时勃发出天性中的残忍，随时实施极端的暴力。暴君总被恐惧攫获。国家作恶的孽根既系于强力意志，也系于恐惧。自由即是战胜恐惧。

自由人不受恐惧的侵蚀，也不引发恐惧。

列夫·托尔斯泰曾十分关切并期待人脱出社会生活的恐惧。恐怖手段作为一种恐惧，它不仅见于受害者，也见于制造者本身。恐怖手段是人的生存的外化和客体化的产物，是社会制造的混乱，即人的堕落、人本性的异化和不自由。

政权与人民处于彼此依赖和彼此奴役的状态之中。领袖至上主义同样置于这种状态，同样是这种相互奴役的形式。

从更深的意义讲，领袖至上主义践踏个体人格。受领袖指引的人民与指引人民的领袖并无质的区别，都是一个水准上的奴隶。

国家中的官僚主义产生自国家政权的最根本的原则。国家不能缺少官僚政治，当然，国家更不会剪除官僚政治。随着国家的扩张，官僚政治长足挺进，那些作为统治者的官僚只需要人民为他们服务，而他们绝不可能服务于人民。官僚政治由国家政权的中心化产出。唯有遏止这种中心化，方可摧毁官僚政治发展的危险趋势。官僚政治分裂社会主义政党。

我们见到，社会主义国家的最沉重的负面价值是它自身会不断地扩充和加强官僚政治。即使正在付诸实践的共产主义国家，也同样不乏官僚政治。

官僚政治是反叛人格主义的最极端的形式。官僚政治对个体人格不感兴趣，它感兴趣的只是非人性的单位——数字。在官僚政治那里，这个虚幻的纸上王国拥有金钱在资本主义国家中的那种至高无上的地位。

无论是官僚政治，或是金钱、谍报、谎言、暴力……都只存于客体化的、异化的、决定论的、非人性的世界。这是一个失去自由、爱和友谊的世界。国家特别不乏这个世界败坏了的诸种质性。凡自视为神圣理想或者自诩携带着神圣基因的王国，就更加败坏得不可收拾。国家的思想家们热衷于构建王国理想，常喜欢说"这是国家级的睿智""这是一个禀有国家级才干的人"。

其实，这只是对效忠国家的有志之士的诿谀。这种表达在大多数情况下空洞得像一张白纸。这无非向人表明，他们人性灭绝，熟谙虐杀，把人当作国家强盛的工具。仔细想想，他们的"睿智""才干"除了这些，还能有什么呢？这些偶像的崇拜者，也是奴隶。为着偶像，他们只需要血的献祭。

滥情主义者确实是在起劲地反对暴力、流血、残忍，但这种道德叫卖令人生厌。这是人类最低档次上的情感冲动的游戏。真正的温情应由福音书传出，应认可福音书充溢着真正的温情。唯有以弘扬人的尊严和怜悯人的恐惧为宗旨的伦理学，才蕴含着真正的温情。滥情主义实际上是在出售虚伪的神经质的情感，滥情主义者很可能是最残忍的人。如法国大革命时期的罗伯斯庇尔、俄国的捷尔任斯基以及德国的希特勒，谁能与他们的残忍相匹敌？这里，残忍与滥情是"一体两面"。

伦理学的目光一旦沉溺于滥情主义，它就成为一堆关于人性和怜悯的干巴巴的教条，甚至还会令人战栗。我们呼唤对自由的爱，这种爱确定每个人乃至每个生命的生存价值，并践行同情与怜悯。必须抗击滥情主义，因为它常常成为奴隶所崇拜的偶像。必须首先揭露滥情主义反对残忍和暴力的哲学上的虚伪性。滥情主义也是暴虐者，是扭曲了的疯狂和错乱，应给它穿上一件拘束衣。

一切残忍的人和使用暴力的人都是弱者或病患者。强健的人能够给予，能够爱，能够被解救。奴役者也是被奴役者，只是被装进这种或那种倒错的形式中罢了。

国家的强盛和伟大，其基础建在人的暴虐的本能上，并取用了客体化世界中完全失去自由、个体人格和人的意象的极端形式。这是堕落的极端形式。国家不可能接纳人道的基督的德行，希望国家完全实行人道化和基督化，无异于痴人说梦。当然，国家也部分地实践过这种德行，19世纪便闪现过国家人道化进程的亮光。那时，世界上很多地区至少已有意识地提出了国家人道化的一些原则。但是，始终未能彻底遏止国家的反人道化和反基督化。崇拜暴力和强力被当作国家伟大的基柱，国家的魔性本源被再度挖掘，这样人的权利和尊严也就丧失得更多。一句话，国家越企渴成为强盛的王国，越彰显强力意志，那么国家则越没有人性，越践踏人的权利和尊严。世间的一切王国都仇视上帝王国。谁寻找凯撒王国，谁就不会再寻找上帝王国。凯撒王国的强盛伟大意味着人受奴役。所以，这种王国早该绝迹了！

抗拒国家主义的形而上的伪理，其基石是：自由高于存在，个体人格高于社会。

（二）战争的奴役

强力意志—扩张—战争，国家一直奏着这样的三部曲。战争是国家的命数。社会的、国家的和人类的历史尽可用"战争史"来概括。

迄今，战争已达到全面的总体的阶段。国家不再遵依市民式的温和调子，国家的风格即是战争的风格。战争的种种象征——军队、军旗、勋章、军乐簇拥着国家政权。凡是暴君，便一定是军人。那些人一个个身着军服，一露面，卫队密布，威风不已。而民主共和国的总统常显出一副不太荣耀的平民相——此可谓一大进步，但遗憾的是，总统的背后仍站着军人，总统的助理仍然军服在身。其实，这也不足为怪，因为国家政权的象征便归属于战争。政权是为着加强自己的声威而聚集力量。政权若不导向与外部敌人作战，就要导向与内部敌人作战，否则政权的力量从何显示？国家把庞大的经济预算投给军备，这笔巨资年复一年地轻易地吞食着人的财富，也使人年复一年地背负着魔鬼的重债。多民族的国家尤其奉行人与人之间的豺狼关系的生活准则。在组织化和文明化的国家中，人们更热衷于把自己的力量奉献给集体性屠杀前的准备活动，更心甘情愿为这个无人性的目标献祭。记得有人讲，人的生存不是为着战争，战争的生存却是为着人。

这话难道不发人深省？！

人类社会在战争的循环中流转，在战争中找寻出口。战争堪称集体的催眠术，反过来，战争也有赖于这种催眠术的魔力。在集体催眠术的攻势下，人即便天性上憎恶战争，拥护和平，事实上也很难抗拒战争的诱惑，很难冲决战争的循环。经由国家主权、民族主义和资本主义所构筑的众多军工目标，人类不可避免地被导向了战争。

战争的问题首先是价值取向的问题。当国家和民族的强盛被奉为最高价值，即被视为比人更具有价值时，战争的准则就已确定。

只要为战争所作的精神与物质的准备一旦就绪，战争的到来便只是迟早而已。因此，审视战争问题切忌抽象空谈，战争总与一定的社会制度和社会精神状态相关联。低等级的价值一旦在社会制度和社会精神状态中占据首位，战争就不可避免。此时，抽象的和平主义也就威风扫地。资本主义制度极易繁殖战争，政府总导向战争，在频繁地挥动橄榄枝之后，政府少不了要干些贩卖军火和毒瓦斯的勾当。

战争仅在某种特定的心理氛围中酿造。形成这种心理氛围的方式极多，有时还极为隐蔽。对战争的恐惧的心理氛围会推进战争。恐惧从不引发善良。战争的氛围同战争本身和战争准备一样，都是集体性的和集体下意识的，个体人格、个体人意识和个体人良心于其中被绞杀殆尽。

战争以及与战争相关的一切，不仅是最极端和最无限量的暴力形式,而且也是最极端和最无限量的反人格主义的形式。如果认可战争,那么人不仅丧失自己的个体人格,也丧失其他的个体人格。军队最是一个等级森严的组织。军队中的一切人都趋向整体,都作为整体的部分而被安放在特定的位置上。军队——最酷烈的暴虐者,它首先把人的个体人格挤压在一个模子里和一种氛围中,然后再集体施行暴力和奴役。军队与战争一样,全然不关注人的个体人格,人在那里只是非人性目标的一个部分和一种工具。战争作为特殊的诱惑,最长于刺激人的自然力。例如,国家所煽动的人口生产,便纯粹是立足于制造炮灰以满足军队数量的扩充。但令人奇怪的是,国家的这种犬儒主义往往能自诩为最高价值,然后又能在爱国的大纛下名正言顺地干私活。像国家这种低劣的价值取向,岂有不导向人的道德情感的倒错?!

要大众俯首于战争,唯有麻醉大众的意识;而这又需要经由有系统地催眠,进行心理和肉体的毒杀,经由导向战争的恐怖活动。社会的军事风格意味着向人的心理和肉体施行暴力,意味着人受奴役。过去占优势的是军事风格,现代社会对此并未改弦易辙,它除认可暴力之外,什么也不认可。

斯宾塞曾预测工业型的社会将替代军事型的社会,以为这样一来,人类对战争的兴趣也许会递减。

但斯宾塞实在不明白,躁动在工业社会(即资本主义社会)母腹中的全新的帝国主义战争,将比过去任何战争都更令人恐惧。也许,世界永远无法突破战争的循环,永远会笼罩着战争的劫难。

现代战争和现代的战前准备活动展示了人类的空前残酷,它扫荡个体人格的一切生存。

对战争持浪漫主义态度,等于默许一桩不需要任何根据的有系统的谋杀。现代战争不是恬适的抒情诗,而是一篇恐怖的散文,它会把一切最野蛮的恶习发挥到极限。当代青年钟情于浪漫主义,这实在过于天真。要知道,前几个世纪的战争还关联着人的个性,而现代战争全然不是那码事。现代国家崇拜强力,受魔鬼的强大意志的支撑,战争一旦爆发,便演变成世界之战,人类和文明便毁于一旦。过去的战争分区域进行，有范围限制，而现代战争是无限量的整体战争。以为现代化学战的功劳在于削减世界的过剩人口，这样至少能动摇军队存在的可能，这未免太浪漫。现代战争带有现代文明的习气，已十足地机械化和工业化了。

一场技术战争的扫荡，不再有胜负之分和幸存者。

与现代的军事武器相比，传统的军事武器只不过是儿童玩具。

像这种现代的军事武器一旦操纵在受强力意志支撑和受低等价值诱惑的人手中，有谁能不顾及世界前景和人类命运？唯有凭借精神的抵抗和振兴人类的道德状态，人方可走出血泊。

聚集成伙的匪徒总是小心翼翼地划定圈子，然后严格区分圈内和圈外，并在圈内行使各种道德法则。而导向战争的国家其德行与此极其相近，它们不同的仅是，成伙的匪徒自有所遵循的有关荣誉、公正和道德的种种戒条，但受强力意志支撑的国家却全然没有。现代战争的浪漫主义者喜欢论及战争的悲剧。我以为要认定战争是悲剧，即在于证明战争绝对的丑恶和绝对的残忍。说战争有正义与非正义之分，实在令人不能容忍。这是道德价值的取向问题，即究竟认可哪一个等级的道德价值，或者说，这已超出了道德评判的范围。过去的战争尚存有一息温和与正义，现代战争则完全裸露出撒旦的面孔。因此，战争神圣的观念在过去已是笑柄，更何况今日？

客体化世界中不存有任何神圣物，只存有虚伪的神圣化。

人们所说的"神圣"，是对世界之恶的阿谀，是受了撒旦的诱惑。实际上，当人们谈论现代性和现代战争时，它们作为世界性的灾难已日显征兆，只是人们尚未发觉而已。有关战争的荣誉的概念与基督教、福音书相悖。现代战争的本身不知比荣誉的概念低劣多少倍，它已远不是当年那种明枪明箭的决斗，而是匿于角落的虐杀。同样，集权的国家也与荣誉的概念相去甚远。荣誉的概念仅关联于个体人格。一切反叛人格主义的，皆无荣誉可言。当一切被视为奴隶或者简单的物体时，荣誉便荡然无存。较之传统的军事社会，当今社会更无廉耻，一切都更赤裸裸地凸显了出来。可以肯定地说，我们正在经由一个向着全新的军事社会进发的通道，这种社会迥然异于传统的军事社会。无论如何，我们不能接受对战争的任何恭维。

自文艺复兴时期，人开始思考什么是意义、知识、科学、文化。那时，书的印刷和出版列为首位，后来的人却远遁了这个方向。当今世界最重要的是枪炮，人群中最显赫的是军人。为什么呢？只因为他们是战争最有功效的工具。这是一个怎样颠倒混乱的世界啊！战争的作用无所限制，战争被至高无上的准则指引着，这在中世纪已有前愆，而现在则愈演愈烈。现在，和平状态与战争状态浑然不分，战争的导入也完全不用宣战。可见现代战争的卑劣究竟到了什么程度，而由此所传达出的现代文明人的道德水准又究竟是立于哪一个等级。

军事上的英雄主义依旧诱惑着人，其实，这仅仅是一种虚伪的宣传攻势。任何真正的英雄主义都不可能在战场上建树，因为英雄主义必须以个体人格的生存为前提。现代战争和现代国家不认可个体人格的生存。尼采曾有过纯粹的英雄主义的观念，它不导向任何目的，不是这个世界生活的延续，而是另一个世界的生活，散发着另一番光彩。纯粹的英雄主义摆脱时间的束缚，是沉浸在英勇行动中的瞬间欣喜。像马尔罗便迷恋上了它。

这种英雄主义拒斥崇拜理性，生存在全新的时间里。虽然战争本身从来不具有英雄主义的色彩，但对于纯粹的英雄主义的体认却都与战争（民族的或阶级的战争）发生关系。这种纯粹的英雄主义很快在关联于人对自然力的征服的现代科技发明中觅得一席。

人的好战本能无法根除，它仅仅只能移入某一领域和被升华。从积极意义上看，当毁灭世界的军事科技完全不能控制战争时，人的好战本能也就要另寻出路。很明显，历经这种现代科技战争之后，人类最主要的一切将毁灭殆尽。

勇敢曾被誉为人类社会的第一美德。然而在实际中，它却远离美德，导向了它的反面。勇敢的现象极其复杂。战场上勇不可挡的人，也许是日常生活中的胆小鬼和道德上的懦夫。渴望强盛的集权国家需要军事上的勇敢，因此，它不仅不会应允道德上和公众生活中的勇敢，还会豢养出大批的懦夫和奴隶。

为着力量的集中化而把世界划分成两个阵营，是法西斯主义惯用的主要伎俩。壁垒简单对置，尤能煽起人们的相互仇恨，尤能酝酿战争的心理氛围，因而也特别适用于战争。

对此，可以说这是一种为了达到战争与纷争的功利目的的摩尼教。人类一旦像这样被划分成奥玛兹德王国与阿里曼王国，那么战争便随时可待。人类不应作这样的划分。真正对置的两个王国存于每个人的内心，在那里，光明与黑暗、真理与谬误、自由与奴役常常交织在一起。世界和人类并非像通常所划分的那般简单。民族的、社会的、阶级的、宗教的"敌人"不可能集世界之大恶。他们不是恶的化身，不是被仇恨的"神圣"目标。他们是人，是民族的、社会的、阶级的、宗教的集团中具有人性的人。一切涉及"自己的"便是善良的，一切涉及"别人的"便是邪恶的——这种想法和做法，应立即废止。

唯有福音书传出的"应当爱你的敌人"，才是人类脱出仇恨、报复、征战、邪恶之循环的出路。这意味着世界发生转折，人类进入另一个新王国，意味着彻底否弃客体化世界的一切自然法则和自然秩序。神性的秩序与世界的秩序存在着深刻的冲突，不可能调和它们，只能改变它们。绝对事物与相对事物之间的差别，是抽象思维的产物。福音书启示的不是绝对的真理，而是具体的真理。

这种真理在主体性世界中，不在客体性世界中。这种真理启示上帝王国的自由。上帝告诫我们"勿杀人"，这既为着每一个人，也为着整个人类。若要人类社会践行上帝的这一戒条，人就应迅速脱出人的生存的客体化，以重返人的生存的主体化。为此，必须转变价值的基本取向，予以人格主义的价值重估。

"敌人"的形象在世界历史中发挥着巨大的作用。制造"敌人"这一形象，即是非人性的和非个体性的客体化。在人类社会中践行福音书的道德，即是立足于人的个体人格核心，认可人的个体人格的最高价值。

"敌人"是人的生存的客体化，于其中完全泯灭了人的形象。

所以，基督教的教会祝福战争，胡诌什么"基督爱军队"，这是再凶残不过的了。人，当然应成为斗士，应具备勇敢的精神，但是这与军事集团无任何干系。军事集团是奴役性的和奴役人的最极端的形式。

我这个观点与布尔乔亚的和平主义不同。这种和平主义不仅无力遏止战争，甚至自身的状态比战争还低劣。它喜欢风平浪静、无忧无虑，稍遇灾难，便惊慌失措，怯弱得像只蜗牛。确实，用这种"主义"换来的和平比战争还糟糕，在这里和平随时待沽，一有机会，势必会以各种价钱卖将出去。

拒斥战争也是"战争"，也同样需要勇气、斗志、牺牲。只是这种"战争"，不戕害与自己信仰不同和与自己阶级地位不等的人，不残杀那些被指控为"敌人"的人。它瞄准的仅是建在不公正的私有制和金钱基础上的阶级社会和阶级生存。对于构成这种阶级社会和这种阶级生存的任何个体人，即使已被钦定为不共戴天的"敌人"，也不在它的射程之内。

基督给人和平，也给人刀剑，但不给人仇恨。许多基督徒由于革命发生流血和残杀，从而恐惧革命，抨击革命，但奇怪的是，他们反过来却姑息远比革命更使人流血和更使人残杀的战争。追根究底，这关联于价值的取向。一旦认可国家价值和民族价值是高等级或最高等级的价值，那么为着它而杀戮和流血，不仅理所当然，而且荣耀万分，甚至连这手段的本身也会一并归入同一等级的价值序列中去。

相反，真正的正义、解放和自由以及为此作出的流血牺牲，它们所应具有的社会价值却会被打入冷宫。基督教的良心摈弃这种将国家和民族视为最高价值的价值取向。正义和自由高于国家和民族的强盛。一切杀害和流血都是罪恶和不幸。革命与战争相比，它也可能产生更大的罪恶。唯有从历史的奴役中净化和解救出来的基督教，才能真确地审视革命与战争的问题。

列夫·托尔斯泰在《战争与和平》中曾描写尼古拉·罗斯托夫

怎样遇到一个法国敌人,后来又怎样从仇恨中脱出。

当然,这里的尼古拉·罗斯托夫仍烙印着受战争奴役的心理,仍是一个为战争而存活的人。战争只能瞄准客体,不能瞄准主体。倘若你面前的敌人是一个主体、一个具体的生存、一个个体人格,那就不容许发生任何杀害。战争意味着把人转换成客体。好战的军队不是主体,不是个体人格。保卫战有时并不蕴含仇恨,会从个体人格走向个体人格。但它一经转入渴血的残杀,便煽起仇恨,便不再走向个体人格。那么一个因仇恨而杀人的人还是不是主体呢?显然不是,因为杀人的仇恨已把他人转换成了客体,被仇恨的目标已不再是个体人格。如果充满仇恨、渴望杀人的人能够把自己的敌人看作生存的主体,能够从自己的敌人那里发现个体人格的秘密,那么,他的仇恨会随之消弭,杀人行动也会随之平息。仇恨和杀害仅发生在人成为客体即人的生存被客体化了的地方。

和平与战争、历史的生活与个体人的生活、客体化的生命与执着于主体性的生命,它们之间的冲突永不停歇。

和平环境中的战争,既指突发性的宣战,更重要的还指战争前的准备活动。诸如军事化的心理、军备的扩充、战争意志、恐战情绪等,都会把人类社会掷进血泊。也许,战争不会真正地到来,但战争的氛围一旦形成,人的生命也就不能再自由地呼吸,属于人自己的那一份生活也就名存实亡了。

因此,不仅是战争,而且是战备,正在无声地杀死人的自由。

我们常听见"动员"的号令震天动地,人常处在"动员"之中。这"动员"即意味着人的自主运动受阻,意味着人被外在所操纵而失去了自身的自由。

事实上,战争取决于人的意识结构。遏止战争,必须更新人的意识结构,改变人的意识导向,即必须凭借精神战胜人的奴役状态和奴隶意识。当奴隶意识占据统治地位时,战争就常常是奴隶意识的最恐怖的表现形式之一。

战争所具有的魔性,如渴血、毒杀道德良心、搅乱人的意识等,已毋庸置疑。战争的本性是非理性。战争受人的非理性本能的支撑，但战争生存的前提却是理性化。战备的最高阶段必须理性化，必须实施国家的理性化了的行动。这与战争本性的非理性正好相反。大众极易导向非理性的灵魂状态。战争催生人的爱欲状态。两相比较，战争使人更易呼唤出爱欲的本性，而不是呼唤出道德的本性。恨是爱欲的奇观之一。我们常常发现大众越容易导入非理性，则越容易接受理性化的纪律和机械化的洗礼。这是极端的非理性主义与极端的理性主义的联姻。

战争的神话复苏人的美好的爱欲状态，致使人不能不迷恋战争的神话。常常是：有关美的英雄主义的战争神话和有关英雄崇拜爱欲的神话，一齐糅合进散文式的日常生活。与此同时，也把战争的神话与有关种族的、政权的神话镶嵌在一起。这样，战争神话的奴役功力自然也就更加卓著。

神话在理性化和技术化的文明中扮演着重要角色。它们源自集体无意识，又极巧妙地利用了理性。这些神话背离人格主义真理，扼杀活生生的人性，阻绝福音书的精神，同时还把这一切合理化。

（三）历史的奴役

施予人的最大的诱惑与奴役，关联于历史。人对历史过程中所显示的历史的沉重和巨大最容易肃然起敬。其实，正是历史的这种沉重和巨大挤压历史，把历史的功绩铸成工具，使历史服务于理性的狡计（即黑格尔所说的 Listder Vernun Wft）。

前面，我已论及历史与个体人格的悲剧性冲突，以及这种冲突在历史的极限中不可缓解。现在我从末世论的前景来审视这个问题。

积极地进入历史便称作历史的个体人格。实际上，历史本身不能发现个体人格，不能发现个体人格的不可重复性、独特性和不可置换性。历史即使朝向个别的事物，也仅对"普遍的"事物感兴趣。历史为着中档次人、为着大众谱写。他们对于历史仅是抽象的单位，而不是具体的生存。为了中档次的人类，每一个中档次的人都被转换成了工具。人即使在历史中发挥作用，历史也并不实现人的目的，而是匍匐在"普遍的"统治规律下面，以共相的事物凌驾个别的和部分的事物。于是，人被迫承担历史的全部重荷，人不可能脱出历史，人要在历史中实现自己的命运。

人类历史不是自然界历史的一个部分，相反，自然界历史却是历史的一个部分。不是在自然中，而是在历史中开辟世界生命的意义。在历史中，发生着自由与必然性、主体与客体之间的尖锐冲突。历史中的最大的自由即改变命运。基督教之所以深刻，即在于它是上帝在历史中的启示。上帝走进历史，致使历史的运动显示意义。

历史的形而上学突破历史，历史中一切重要的（东西）都关联于形而上学的这种突破。

但历史的形而上学的（东西）与历史的（东西）相互关联，并显现在历史中。历史是人与上帝的见面和对话的挣扎。

与此同时，历史的大部分都是虚无、非存在和虚幻的伟大，于其中仅有很少一部分才是真正的生存。精神突破历史，并在历史中发挥自己的作用。然而精神一旦浸渍于历史的客体化，则会异化自身和失去自身，转换成与自己面目全非的他物。

历史对于人的意识呈现两极对立，致使人与历史有两种关系。具体说，人一方面把历史作为重荷，与之争战，以实现自己的命运；另一方面，又把历史当作偶像，盲目崇拜，甚至把历史过程中的一切产物神圣化。历史主义的诱惑与奴役也正在这里。当人准备俯向历史必然性和历史命运时，便在其中看见神性的作用。这时，历史必然性成了价值标准，而有关历史必然性的意识也成了唯一的自由。

历史的诱惑即是客体化的诱惑。黑格尔是历史天才和历史精神的哲学体现。在他那里，历史是精神向着自由挺进的胜利的游行者。尽管自由这一范畴于他起着重大的作用，他甚至把精神规定为自由，但他的哲学仍是彻底的一贯的逻辑决定论。这种逻辑的决定论施加于人的奴役，一点不比自然主义的决定论少。

可以说，黑格尔只不过想暗示人的意识：历史的奴役即是自由。黑格尔的历史崇拜影响非常深远，它在很大程度上决定着马克思主义，后者也受到历史必然性的诱惑。另外，黑格尔不仅使人隶从于历史，也使上帝隶从于历史。在他那里，上帝是历史的意识，是实现神的形成。而这意味着应崇拜历史胜利者，应认可一切胜利者的正义性。

历史主义作为一种哲学世界观，会导向与绝对整体的冲突，因为它不可避免地确信相对主义，即确信善的和真理的相对主义。历史理性的狡计统治一切整体。历史主义的道德毒杀也正在这里。人连同人的一切有价值的整体都转注到历史的和历史必然性的材料中去，这种历史的必然性与此同时也是历史的逻各斯。人在历史的目的中生活，即便自己的生存受到历史目的的挤压，人仍会于其中摄取自己生存的意义，以更改自己生存的习惯性。最高的真理为着目的的存活于人之中。历史理性的狡计繁衍最大的虚伪，常钉死真理。在历史中处处是罪，那些"伟大的"事件的基石正由罪愆铸成。

这罪愆折磨着人。这罪愆证实历史非终结不可。唯有通过历史的终结，一切真理才能实现自身。在历史中无意义，这表明意义在历史的极限之外显现。这种无意义常被称为历史的理性。过去，陀思妥耶夫斯基和克尔凯郭尔都奋起抗击历史的共相精神，别林斯基在一段时间里也尤能作战。无疑，历史理性应受到所有人格主义者的反击。

基督教远遁了这条战线，它正受着历史的共相精神的奴役，它竭力讨好历史必然性，甚至把上帝的真理也拍卖了出去。所以，基督教末世主义的锋芒一度被销蚀弱化。当今，基督教的末世主义显出种种不合节拍的笨拙的侮辱理性的征兆。这关涉如何审视末世论与历史的关系问题。

历史的哲学问题首先是时间问题。盲目崇拜历史就是盲目崇拜历史时间。

时间问题跻身为现代哲学的中心。过去，它曾引起柏格森和海德格尔的极大关注。对于存在主义一类的哲学,时间尤具特殊的意义。历史关联于时间。在在相当大的程度上,历史哲学就是时间的哲学。

这里所论及的时间,不是这一种或那一种时间。时间具有各种意义,有必要对此作出区分。总的来说,可分为三种时间:宇宙时间、历史时间、生存时间。每个人都生活在时间的这三种形式中。

宇宙时间象征着圆。

它关联于地球围绕太阳旋转,用天、月份、年来计数,指示在日历和钟表上。这是一种圆周运动,不断地发生着返回,早晨与夜晚、春天与秋天轮番交迭。我们都生活在这种自然的时间里,它就像自然的生存一样。古希腊人主要取用宇宙时间,而几乎完全拒斥历史时间,因为对宇宙的审美沉思在他们那里占据优势。

时间不是某种永远封闭的形式,于其中有着人的和世界的生存。不仅变化存于时间中,而且时间本身也可能就是变化。

这里,也可能出现时间的"脱臼",甚至出现时间的终结,时间将止步不前。时间是生存的标尺,时间取决于生存的性质。

以为发生运动和变化是由于存在着时间,这并不正确。

正确的是:时间之所以存在着,是由于发生了运动和变化。是变化的性质产生时间的性质,而非与此相反。宇宙时间是客体化的自然界发生变化的产物之一。这是客体化的时间,隶属于数学的加减计算。其中,日、时被分割成分、秒,或者又累积成月、年。宇宙时间的秒是数学时间,是被分割的时间原子。这还是一种具有节律的时间,只是与此同时,它阻断了过去、现在和将来,是一种被分割了的时间。客体化世界即是拥有这种时间性的世界。这种时间性意味着时间身患沉疴。阻断了过去、现在和将来的时间,是病态的时间,它损害人的生存。死亡关联于时间的病态。时间不可避免地导向死亡,这是死亡的病态。存于宇宙时间中的自然的宇宙的生命,其基础奠定在生与死的更迭上。宇宙时间认知周期性的生命生产,而这种生产不为着战胜死亡,即不为着把人从死亡中夺出。在宇宙时间中不可能战胜死亡。人在宇宙时间中看不见现在,因为它被挤进了过去与将来,而为着消灭了的将来，宇宙时间又消灭了过去。在宇宙时间里，即便生命包摄着巨大的力量，也只能俯向死亡。宇宙时间不认可个体人格，它对个体人格的命运丝毫不感兴趣，它把个体人格（而不是种族）导向死亡。

人生活在时间的多种向度上和生存的多个位置上。人不仅仅是自然的宇宙的生存，隶属于作圆周运动的宇宙时间；人也是历史的生存。历史生命与自然生命不同，它是具有另一种秩序的真实。历史最终隶属于宇宙时间，认知年、世纪的计数，当然，它也认知自己的历史时间。

历史时间经由运动和变化产生，但这种运动和变化不同于宇宙的圆周运动。历史时间不象征着圆，而象征着一条向前无限伸展的直线。历史时间的特点是聚集将来，在将来中等待意义的揭示。历史时间随身携带着新奇的事物，不寻常的事物在历史时间中会渐变为寻常的事物。在历史时间中是返回和重复，它可以达到惊人的相似。因此，那些发生在历史时间里的每一种事件虽然都是个别的和特殊的，但每隔十年、百年便会播种一次新生命。

抗拒历史时间，抗拒历史的诱惑与奴役，不发生在宇宙时间里，而发生在历史时间里。历史时间比宇宙时间更关联于人的积极性。但是，每当个体人格受到历史时间的伤害和奴役，需要找寻救助时，人便常常从历史的位置迁移到生存的宇宙位置上去。其实，人在宇宙中比在历史中更加远离了神性。人在宇宙中，经由客体化的自然和客体化的时间，朝向宇宙。

当然，这并不否认历史时间也同样是客体化时间，并不否认在历史时间里同样需求从人的生存的深层次上发生突破。

一方面，历史时间由将来产生，指向将来；另一方面，历史时间还关联于过去和传统。如果没有内在意义上的记忆和传统，也就没有历史。历史的事物由记忆和传统建构。历史时间既保守又革命，它始终不能触涉生存的深层次，生存的深层次始终不属于它。历史时间繁衍幻象：寻找过去时，它产生保守主义的幻象，认定过去是美好的、真实的、圆满的所在；而寻找将来时，它又产生渐进的幻象，以为将来是意义的终端，是圆满的完成。其实，过去与将来都同时是某一个现在，但历史时间是分割了的时间，它不认同于任何现在中的圆满。这样一来，人在现在中不能感受时间的圆满，人只能到过去或将来中寻找圆满。每当历史面临巨大的磨难和巨大的转折时，人的这种寻找便表现得更为强烈。这是历史幻象的诱惑。现在的和在现在中的才是圆满完美。这不是时间的碎片，而是时间的出口。这不是时间的原子，而是永恒性的原子——这正如克尔凯廓尔所说。在生存的瞬间的深层面上所体认过的（东西）被留驻，而连续不断的瞬间，因缺少更深刻的真实性，也就走进时间的序列。

除开那种隶属于数字的、客体化的宇宙时间和历史时间，其他的各种时间尽管形式不同，但都是生存时间，即深层次上的时间。

生存时间不能同宇宙时间和历史时间完全隔绝，但它又同时是从一种时间向着另一种时间的突破。蒂利希常喜欢说的"凯洛斯"（Kairos）就是永恒性进入时间，是对宇宙时间和历史时间的阻断，是时间的补足和完成。

立足于深刻的生存时间中的纯粹的弥赛亚意识论及历史时间时，便与此相关。

生存时间之所以深刻，也许在于它不象征着圆或直线，而象征着点。

这正好表明：生存时间也许最少有空间和象征。

它是一种内在的时间，而不是向外抛到空间中去的时间，也不是客体化的时间。它是主体性世界的而不是客体性世界的时间。它不经由数字的计算，不能组合，不能分割。它的无限性是质的而非量的无限性。它的瞬间不隶属于数字，不是客体化时间序列中的一个细碎部分，而是到达永恒性的出口。

注意：生存时间不等同于永恒性，只是在众多瞬间中与永恒性相关。每个人按自己内在的体认，都可以进到那些加入了永恒性的且又属于自己的瞬间。

生存时间的持续性完全不同于客体化时间的持续性，即完全不同于宇宙时间和历史时间的持续性。生存时间的持续性依赖于人生存的内在体认的紧张度。当然，客观地看，短暂的一瞬也可以体认无限性。无限性在矛盾的导向中，在苦难、欢乐和兴奋的导向中。一切心醉神迷的状态都可能脱出客体化的、数学式的时间计算，而走向生存的质的无限性。

这一个瞬间可能显示永恒性，而另一个瞬间可能显示拙劣的无限性。幸福的时刻意味着忘却钟表和日历，意味着人走出了数学式的时间。只是人们的大部分生活都十分不幸，像这样的幸福时刻实在太少，所以，人们极易习惯于进入数学式的时间。

苦难是生存秩序中的现象，但它在数学式的时间里会被客体化，会显示量的意义上的无限性。对永在的地狱般的苦难进行探讨的那些学说，在涉及苦难的生存体认时，往往奇特而又荒谬，这是由于它们混淆了生存时间与客体化的数学式的时间。人历经了地狱般的苦难，这确实折磨人，但最折磨人的还是这地狱般的苦难有始无终。虚幻的无限性完全不具有永恒性，它意味着在客体化时间中的滞留，它不能走进永恒。在这里，是痛苦万状的主体性接纳了客体性的形而上的形式。

凡在生存时间里实现的一切，其运动方式都不是水平线式的，而是垂直线式的。

若参照水平线，这仅仅是一个点，只是于其中从深层次上产生了朝向超越的突破。可以把关联于生存时间的事件看作彰显平顺性的水平线。这种水平线得力于这些从深层次上进行突破的点的运动。这是逐外，不是外化，不是在客体中发生的客体化。一切创造行动都实现在存在时间里，而仅仅投射在历史时间里。创造的热情和心醉神迷脱出客体化的数字式的时间，不发生在变化的平顺性中，也不依照水平线的方式运动，而是依照垂直线的方式运动。创造行动的结果外化在历史的时间流里。生存的事物在历史中发生突破，历史的事物反作用于生存的事物。凡发生在历史中的重要的和伟大的一切，凡真正崭新的一切都是在生存的位置上和在创造的主体性中发生的突破。人的在历史中的一切重要现象都是这样发生的。所以，在历史中是关联于这种突破的阻断性，而不是关联于连续无止境的平顺性。历史的形而上学在历史中，但它不是历史进化论的产物。奇特的事物在历史中，但这不是由历史进化论和历史规律性早已注释清楚的东西，而是生存时间中的事件对历史时间的突破，同时又不与这些发生了的事件混置在一起。上帝的启示在历史中，这是生存时间中的事件的攻入。生活里的事件，凡充满意义的，均是使基督进入生存时间，而在历史时间里它们却仅仅通过客体化这一沉重的媒介显示出来。

历史的形而上学的（东西）不能混同于历史的（东西），因为后者总要扭曲前者，以胁迫它归依自己。历史的形而上学的（东西）对历史的（东西）的最后攻克，生存时间对历史时间的最后突破，即是历史的终结。在宗教的位置上，这意味着基督的第一种现象与第二种现象的重合。在基督的第一种形而上的现象与第二种形而上的现象之间横陈着历史时间，其中，人经受着一切的诱惑与奴役。

按照历史时间的本性，它自身永远不会终止，而永远朝向不能进入永恒性的那种无限性。

脱出历史时间有两个出口：朝向宇宙时间和朝向生存时间。它们正好放置在对立的两极上。第一个出口，即历史时间沉浸在宇宙时间中，这是自然主义的出口，染有神秘主义色彩。在这里，历史向着自然返回，走进宇宙的循环。第二个出口，即历史时间沉浸在生存时间中，这是末世主义的出口，历史向着精神的自由王国过渡。历史哲学即使取用精神的范畴，它仍需面临选择：要么属于自然主义，要么属于末世主义。

历史时间和在历史时间中实现的一切都具有意义，但这种意义必须置于历史时间的极限上，置于末世主义的前景中。

历史是精神的蒙难，上帝王国不出现在历史中。但这种蒙难透显意义，透显人体认受历史诱惑的意义。

缺乏这种体认，人便不能进入对人的自由的体认。乐观主义理论的脚跟没有站在进步的一边，它与人格主义存有尖锐的冲突。进步是脱出导向死亡的时间的统治。

哲学不能严肃地审视历史终结和世界终结的问题，甚至神学也不能十分严肃地审视它。这是一个能否攻克时间的问题。攻克时间的关键在于：如果时间不是客体的形式，而仅是异化了自己生存的产物。只有这样，深层次上的突破才可能导致时间的终止，才可能战胜客体化。

这种深层次上的突破，不仅仅是人的事，也是上帝的事，是上帝与人共同的事，是上帝—人的联合行动。对此，即上帝既在世界中又高于世界的行动场，是使我们最为棘手的问题。一切秘密正在这里：上帝不在客体化的自然的决定论秩序中行动，而只在自由中行动，只经由人的自由而行动。

启示录关联于时间的悖异。最困难的便是对启示录的阐释。公正地说，相当大的程度上，象征式的注解启示录均出自游手好闲的职业。我全然不打算阐释启示录，而仅关注历史终结的哲学问题。

时间的悖异包括：在时间中沉思历史的终结，那么，历史终结所进入的那种时间，既是时间的终结，也是历史时间的终结。历史终结是生存时间中的事件。但与此同时，我们不能脱出历史去沉思这些事件。在生存时间里实现的历史终结，既实现在"此岸"，也实现在"彼岸"。历史的终结不能发生客体化，但困难是：究竟该如何理解和阐释历史的终结。

凡是在生存时间里实现的重要的一切，在历史时间里都是悖异。

对启示录有消极的理解和积极的理解。在基督教意识的历史上，大多数总消极地理解启示录。它消极地预感和等待世界的终结，把世界终结的希望完全托付给上帝，仅由上帝去操办，以为世界终结不过是上帝对世界的审判而已。与此相反，积极地理解启示录，则认定世界终结须经由人的积极创造，须依赖于人的积极性，是上帝与人的共同事业。对世界终结的消极等待，伴随着恐惧的感受。积极准备世界的终结是挣扎，充满胜利的感受。

启示的意识可能常常是保守反动的，但也可能是革命创造的。当然，启示应该成为革命创造的启示。启示的感受是举双臂恭迎世界终结的到来，这会使作恶者感到害怕。一切消亡着的历史时期和社会阶级，都会轻易将自己的死亡系之于世界的终结。法国大革命及遍地狼烟的战争催生了启示的情绪，还有俄罗斯帝国的崩溃也有这样的效果。

索洛维约夫、列昂季耶夫是消极型的启示意识，费多洛夫才是积极和富有创造的启示意识。

这里，尽管费多洛夫的哲学思想不尽如人意，但他对启示录的阐释颇有天才的独见。面临死亡，保守反动的启示意识体认恐惧，因为它自身便是历史的圣物；而革命的创造的启示意识，以积极创造的态度朝向人的个体人格的拓展，也朝向关联于个体人格准则的社会的建构。

积极审视历史终结的前提在于：人的意识结构要经由长期或短期的变革，在历史时间里要实现精神革命和社会革命。

这种实现不能仅凭人的力量，当然也不能没有人的力量，否则会演为消极的等待。变革世界的精神胚芽即是存于人自身的精神积极性。

费多洛夫曾激励人焕发这种积极性，他认为，这意味着基督教意识的长足挺进。但遗憾的是，费多洛夫没有关注到主体朝向客体化的问题，人的意识结构在他那里一成不变。旨在实现终结的精神革命，在很大程度上取决于攻克人的意识幻象。

积极的末世主义是人进行创造的证明。人一旦脱出客体化的统治，便会以全新的视点看历史的终结。历史的终结是生存时间战胜历史时间，是创造的主体性战胜客体化，是个体人格战胜共相——普遍的，是生存的社会战胜客体化的社会。

客体化使人服从有限的（东西），强化有限的（东西），与此同时，也使人陷在数学式的量的无限性前景中。历史的终结是人脱出有限性，是开辟质的无限性（即永恒性）的前景。

积极的末世主义导向攻克客体化，导向攻克客体化的虚伪的化身。基督教是末世论的生存，但不是禁欲主义的末世论，而是革命的末世论。否弃基督教具有末世论性质，便会倾向于顺应客体化世界的条件，向历史时间投降。

客体化繁衍种种意识的幻象，这些幻象有时是保守反动的，有时是革命的乌托邦式的。

像世界和谐在将来的投射，我们从进步的宗教中便常可见到，其实，这是意识的幻象。要在历史时间的断面中沉思将来，那么只有在生存时间（时间的终结和历史时间的终结）里去沉思。如伊万·卡拉马佐夫的天才的辩证法，如别林斯基说的上帝所发的进入世界和谐的返回门票，都发生在这里。这是对客体化的拒斥。以为上帝王国等同于教会、上帝王国的末世论思想等同于教会的历史思想，这是客体化意识产出的幻象。奥古斯丁便是这样做的。其结果不仅产生神圣化，也产生对历史客体化的产物（教会）的盲目崇拜。而教会在事实上早已演变为社会制度、神权国家和生活的僵死形式。

真正的"千年王国说"是既在天堂也在人间企盼上帝王国的光临。但过去，却是天堂与人间断然分隔，信奉一种虚幻的"千年王国说"。它把人和人间的一切过分地神圣化，完全隶属纯粹的历史时间。应该是：发生在存在时间中的积极创造的事件所具有的攻克历史的效果，不仅体现在天堂，也体现在人间。

"客观的世界"垒筑在意识幻象之上，意识幻象在那里节节取胜。变革意识结构的人的创造，也许不仅是这个世界的加固物，是文化，也许还是世界的解放和历史的终结。而这意味着创造一个真实的而非象征的上帝王国。于此，上帝王国不仅意味着赎罪和返回圣地，也意味着创造新世界。毫不夸张地说，人的一切真正的解救行动都汇聚在这里，也都导向这里。

这不仅是另一个世界，也是转化了的这一个世界。

这是人脱出自然桎梏的解救，是动物界的解救。人作为人的保障正在这里。

创造新世界，从眼前开始，实现在瞬间之中。精神性的拓展和求解救的意志是这个新世界的源头。在此，创造行动与创造结果之间没有异己性，创造结果置在创造行动中，它不发生外化，自身的创造就是自身的体现。个体人格抗击共相——普遍的和客体的奴役，抗击客体化繁衍出来的一切圣物，抗击自然的必然性，抗击社会的暴虐。个体人格肩负一切自然的、一切生物的、一切人的命运的责任。个体人格体认世界的一切历史，并把这作为自己的历史。人抗击历史的奴役不应为着自身的隔绝，而应为着一切历史走进自身的无限的主体性。在这种主体性中，世界仅仅是人的一个部分。

人格主义始终如一的需求是世界终结和历史终结。

对此，人不是在恐惧与忧虑中消极地等待，而是积极创造地准备着。

这意味着意识的导向必须发生根本的转变，必须彻底脱出取用了客观真实性的形式的意识幻象。攻克客体化，是现实主义对幻象主义和假现实主义之名的象征主义的攻克。这也是人脱出梦魇般的幻象，战胜奴役人的客体化，战胜置人于客体化时间中的二元论。

人的解救之路经由痛苦、十字架、死亡，走向复活。唯有一切有生命的和活着的都复活，才能与世界进程调和。复活意味着战胜时间。变化不仅是将来的，也是过去的。复活与变化不发生在宇宙时间和历史时间中，而仅发生在生存时间中。赎罪人和复活者的出现正建在这层意义上。

抗击腐朽和死亡，抗争一切生存在过去、现在和将来的消失。这可以铸成人的伟大的荣誉。不是永恒的，便不能转换。生命中一切有价值的东西，如果不是永恒的，也就失却了自身的价值。在宇宙时间和历史时间中的一切，在自然和历史中的一切，都正在逝去。所以，这种时间应该终止。人受时间、必然性、死亡和意识幻象的奴役，可以休矣。一切应走进主体性和精神性的真正的真实中去，走进神性

（准确地说是上帝——人）的生命中去。

这是严酷的挣扎，它需要牺牲和痛苦，除此之外，没有另一条道路。仅凭借沉思，不能走进上帝王国。普鲁斯特曾痛苦地体认过离去时间的问题。他想抛开时间，想经由创造艺术的记忆以及消极的美感沉思来复活过去，但这是幻象，即便也同深刻的主题关联在一起。另外，费多洛夫想战胜死亡，想抛开时间，想凭借积极复活"大家的事"来改变过去，这正体现了基督教的正确思想。但是，费多洛夫没有紧密地同个体人格和自由联系起来，也没有紧密地同战胜意识和战胜客体化联系起来。人仍置于被奴役中，这是人的堕落和人的罪。这种堕落具有意识结构自身的原因。遏止它，不仅经由忏悔和赎罪，也经由人的一切创造力量的积极性。可以肯定地说：当人一旦以此为使命，那时，基督的第二种现象就将降生，崭新的天堂和崭新的人间就将到来，一个自由的王国就将莅临！

（四）革命的奴役

革命在人类社会的命运中是一桩永在的现象。一切时代都留驻着革命的足迹。早在古埃及，革命就蜂涌不息。那时，它携有极强的目的，历经大规模的社会动荡后，产生出一套系统的等级秩序。

在古希腊——罗马时代，革命也频频四起。

各个不同时代的一切受压迫的劳苦大众为反抗奴役和等级制，无不付诸革命。

客体化世界中没有永恒，没有什么是上帝所造。在那里所能得到的，仅仅是短暂的繁荣和偶尔的安定。当然相对而言，人们也赢得过没有失业、危机、战争和革命的和平日子，只是这一切总转瞬即逝。

更多地，人类还是站立在火山口上，感受那巨大的地热的喷涌。

革命在社会生存中永远不可避免，而冲突和流血似乎永远理所当然。每当革命爆发，有人恐惧和退避，就像大雨临头而各自出逃的鸟儿，四下找寻自己的巢穴；也有人从革命中升起对美好生活的憧憬。

然而，革命的结局总轮到暴君伪理统治人类，接下去，伪理猖獗，民不聊生；再接下去，周期性的大众革命又勃发。于是，革命永远顺天应人，势在必行。

革命具有两重意象，或者说具有两个本质：一是不断地趋近时间的终端，实现上帝的最后审判。二是蕴含着魔鬼的基因，显示挫伤、倒错、恐惧。革命的第二重意象向我们证实：社会改革的创造力量总被扼杀，社会习惯性总是取胜。

本来，人寄期望于革命，渴慕革命把人从国家、强权、贵族、布尔乔亚的统治下解放出来，从虚幻的圣物和偶像下解放出来，从一切奴役中解放出来，但是不幸得很，新的偶像、圣物和暴君不断地被造出来，它们不断地奴役着人。

革命家和社会主义者赫尔岑是一位摈弃了乐观主义幻象的自由人。他洞察将来的目光极其深邃，他曾激励人们同所谓的人类解放者抗争，要人们去做自由人。他说："群众是在平等的观念下理解均等的压迫。"

"真理掌握在少数人那里。"

对于将来，他还这样告诫我们：如果宗教的和政治的没有转化为人性的，自由的世界就永远不会在将来出现。他还说："憎恨王冠是小事情，重要的在于迅速遏止对招牌换记的尊崇；清算大人物侮辱小人物的罪行是小事情，重要的在于辨清 saluspopuli 的罪。"由此我们看到，即便赫尔岑的人格主义的哲学基础很薄弱、很天真，但他仍是位人格主义者，仍具有人格主义的革命性。赫尔岑是一个摈弃了革命神话的自由人。他想成为革命者，但与此同时，他对自由保持了十分清醒的判断。这是非常难能可贵的。

人格主义凭借人的名义进行革命，不凭借社会的这种或那种的名义。它比任何革命都更艰辛、更深刻、更激进。迄今为止，人格主义的革命尚未莅临。真正深刻的革命即更换准则，亦即改变人们所依恃的社会的准则。这种革命不促成社会发生流血的暴力事件。这是个体人格的革命。中等次的大众在这种革命中常处于保守状态。革命的自然力总是反叛人格主义的，即总是扼杀精神的个体人格的自由和个体人判断的自由。当然，它也导向对专制和暴君的反抗，但在适当的时候，它又会产生新的专制和暴君。革命是战争，它每每把社会划分为两个简单对峙的营垒。革命也可能喊出民主的口号，但民主只适合于和平生活，在战争和革命状态中全然没有民主。

革命意味着社会发展的断裂。不间断性，或者人们喜欢说的发展的"有机性"，即是乌托邦。

两相比较，"有机的"比革命所造成的断裂更虚幻，更令人恐惧。

在社会"有机的"过程中，在和平生活中，传统的信仰极易得到庇护。因此，从某种意义看，人类的灾难或许更给人以依稀的微明。极端的革命会造成死亡。但为了生，需要死。人类社会的自身发展需要经由死亡，因为十字架上背负着人类过去的罪愆。革命是部分的死，是以部分的死换取全新的生。这全新的生绝不是革命者们所构想的那种，它需要人和人民遍历痛苦的深渊。

黑格尔说的"苦恼意识"，对此倒十分真确。除去这种痛苦，便不能臻于生命的和谐圆满。在这个世界中不可能以和平与无冲突的方式长入幸福。阶级所利用的那种幸福和繁荣，垒筑在相对的不幸和牺牲之上。无限幸福和无限繁荣的幻象是最虚幻的幻象之一，特别当它置于不正义的基石上时。在这个世界中没有人性的正义，有的仅是残酷的非人性的正义和命运的正义。

以理性和道德的观点审视革命，未免天真，因为革命总显示非理性和无道德。按革命的非理性的本性来说，于其中发挥作用的是自然的，甚至无理性的力量。这类东西极易蛰伏于大众。当然，反革命也与革命一样，因为人们具有刺激邪恶本能的潜能。

这里存有革命的悖异：革命是非理性的，受非理性的本能的支配；但同时，革命又隶属于理性的意识形态，于其中发生理性化的过程。例如，为了实施理性的标语口号则利用非理性的力量。

非理性的东西经由长期的积淀，常常融进了过去的传统，它完全有可能包裹着荒谬和不公正,以阻碍生命的拓展。所以革命一到来,便要更换和摧毁理性的机制。创造出来的总是革命的将来,总是理性的将来,在将来中应该是理性的胜利,只是这种胜利要经由同非理性力量的抗争。关于革命的理性的与非理性的悖异,从法国和俄国的两次大革命中均可得到佐证。

革命的积极性总抓住人的情感。

这种情感也许是鲜明的,但常取用自发的、非理性的,甚至无理性的形式。于是,革命不可缺少敌人,也不可缺少对过去的仇恨,否则革命便无法存活。

恐惧的心理在革命中有着不同凡响的作用。那些屹立于革命顶峰的领导者,其内心常骚动不安,忧虑和恐惧与他们形影不离。唯有遭受这种病态心理折磨的患者,才会如此疯狂地向人施行报复,阴谋、逮捕、刑讯、宗教裁判所、断头台、火刑柱、枪毙、暗杀……真是应有尽有。像这样疯狂地迫害和摧残异端,追究起来,多多少少是由于恐怖分子自己受到忧虑和恐惧的折磨,致使他们别无二法,只能这样来缓解自己。因此,在被一定信仰和世界观所认可的恶中,忧虑和恐惧是人类历史和人的生命的大恶。忧虑和恐惧扭曲人的本性,遮蔽人的良心,把人降格为兽类。人的心理在战争中更易被扭曲。人,一旦被纯粹的负面价值所支配,被恶的意识钳制,以为唯一的共相由此显现,那么后果定将不堪设想。

革命爆发的原因也许是,要彰显人的价值,否弃旧生活,激发个体人对生活的判断。但在革命的自然力中,个体人的价值、判断和良心会受到削弱,甚至会被集体的价值、判断和良心所取代。这时就会发生客体化过程,发生人的本性的异化,即人的本性被抛入客体世界。真正深刻的革命应遏止人的本性的异化,应把自由的主体性转注给人。忧虑和恐惧源于生存向外抛出,把人强行划归为彼此敌对的两个营垒。

敌对世界显示客体的共相化了的特性,其内部貌似自成一体,但人于其中能遇到的不是"你",而仅仅是"非我"。纷繁多样的世界被镶嵌在敌对的"非我"中。忧虑和恐惧类似于摩尼教意识。摩尼教为扩充争斗的张力,在凝聚人的意识即进行意识的核心化时,把世界划分成了奥玛兹德王国与阿里曼王国。这样,人内在的邪恶本能(如残忍、狂妄)和人性的本能(如怜悯、善良),都或多或少地发挥作用。这是邪恶攻占美德。

没有什么比狂妄的观念更能扭曲人。

如果观念攫取了人,所有的恶栽赃给犹太人、传教士、布尔什维克、异端和有产者,那么最善良的人也会变成兽类。人受观念的支配是人受奴役的一桩重要事实。

马拉也许永远是一头凶兽;而罗伯斯庇尔如果生活在和平宁静的时代,他也可能成为妇孺皆敬之的道德楷模,成为充满人性的公证人。同样,捷尔任斯基如果生活在另一个时代,他不仅不会残忍,还会爱心切切、温柔、怜悯。同样,众所周知的托尔克玛达在天性上则更近于善良和慈爱。

革命旨在把人从压迫和奴役中解救出来。投身革命的那些人极富牺牲精神,常充满英雄主义气概。但不幸的是,他们忠于一项观念而肝脑涂地。本来,革命旨在实现自由、正义、平等、博爱,以及攫取胜利的力量,但这一切却轻易地转换成了恐怖。关联于革命的恐怖,它不是目的,但被当成了目的。这时的逻辑是:革命寻找胜利→胜利给予力量→力量即暴力。

究其原因,这在于革命者曲解了时间,即纯粹把现在当作手段,把将来当作目的。他们以为为着将来的自由、人性、欢乐,现在便可以不择手段。或者说,只要将来是一片乐园,现在何妨是一个废墟?一句话,目的既然高尚,手段便无可非议。其实,这里遮盖了手段远比目的重要的秘密。手段和道路证实精神的生存,而人们贯注着精神。通常,循着手段和道路,就可以认清人的精神状态。在将来才应实现的伟大的目的,事实上是永远不能实现的目的,因为伟大的目的一进入将来,又同样被转换成了手段。暴力不导向自由,仇恨不繁殖友爱,对人性和个体人格的否弃不能铸出人的尊严、平等、自由、博爱，只能得到无数个充满敌意的部分。目的与手段在客体化世界中相互分离，它们的真正的生成，只能是在主体性的世界中。

革命的天意正在于此：它不可避免地导向恐怖，而恐怖意味着失去一切人的自由和为着一切人的自由。

革命伊始，高擎自由之炬；革命发展到顶点时，命定的辩证法于其中发挥作用，自由消逝，王国矗立。于是一方面，革命遏止反革命恐惧；另一方面，革命又使人从理智堕入恐惧。恐惧在革命胜利时酿出，在革命胜利后则趋达极限。

这是革命的悖异，也可以说是胜利的悖异。人实在不幸：他不为失败者感伤，而为胜利者感伤。胜利者并不基于胜利而表现得宽容仁慈，而是更加冷酷残忍，肆意摧毁一切。人们平常只看见被战胜了的人是奴隶，从更深层面上却没有发现胜利者同样是奴隶。

甚至可以这么说，胜利者更匮乏自由人的气质，其良心、人性和理智早被魔鬼劫走。恐怖的主要形式是由集体有组织地施行，以胁迫人们归顺政权。这种恐怖堪称人生活中最卑劣的行径，标志人的堕落和人的意象的沦丧。恐怖扼杀个体人格的生存。恐怖产自忧虑和恐惧。在恐怖中，总是奴隶的真理告捷。没有卑劣的谎言，恐怖便无法生存。恐怖总倾向于象征性的谎言。革命的恐怖与反革命的恐怖同是一个规格，只是反革命的恐怖更卑劣，更易被人识破罢了。忧虑和恐惧不导向善良，只酿造专制、独裁和暴君。迄今为止的所有革命都不是精神的革命，而是依恃客体化，背离自由。客体化世界的本性即在于陈腐的邪恶的势力吞噬新生命。因此，发生在这个世界中的革命，即便每每声称除旧布新，也仅仅是幻象而已。它终究无力与客体化世界作战，终究是给旧的奴役再穿上一件新衣裳。

革命总不能缺少神话，它靠神话来运转。神话不仅由大众制造，而且学者也在此列。人需求把各种力量和质进行人格化，这似乎势在必行，于是革命被人格化，被构想成一项生存，以至被神圣化。其实，对革命的神圣化与对暴君的神圣化都无更大的区别，都是发思古之幽情。神圣的事物只生存于主体性世界，客体化世界中无任何神圣可言。人摆脱奴役不经由这种人格化和神圣化。革命也许是必须和正义，但无论如何不是神圣。

革命一方面缓解人的极度紧张的心理，当人的心理负荷趋达极限时，便爆发革命。但是，一旦进入革命的高热状态，革命的破坏力就大于创造力，而积极的建设总要留待以后。有关革命主权的神话同世间所有的主权神话一样，都是欺诳。

审视时间是革命的形而上的最重要的问题。如果时间本身即悖异，那么革命与时间的关系则指向悖异的顶端，即显示悖异的最大的张力。革命确实发生在现在，革命者理所当然地听命于现在。但是与此同时，由于革命太关注过去和将来，所以它并不认识也并不拥有现在。革命可以摧毁从前不平等的奴役人的一切，摧毁属于历史时间的一切，甚至摧毁历史；但革命无法摧毁属于生存时间的一切，无法摧毁"后设历史"。革命伊始，为引发人的斗争热情，常拼命刺激人的记忆，极期望人走入过去。这时，历史由记忆整形，失却记忆则意味着历史的消逝。但令人吃惊的是：革命忘记自身的历史，忘记人曾经举双臂恭迎它，为它奉献和牺牲，做它的先锋、斗士、鼓吹者、创造者。革命记不得这一切，更不知道感恩戴德，于是成批的仁人志士被它杀死。试问：在革命之际，特别是在革命胜利之后，有谁可以被允许撰写一部真正的革命史？无疑，在革命与时间的关联中，革命败坏了时间。革命只注重行程，只需要对行程有利。它对过去极端悲观，对将来又极端乐观，套一句话来说，即认为将来一定是"从必然王国飞跃到自由王国"。如此审视过去和将来，这在马克思主义那里也不难发现。可以肯定地说，像保守派那样乐观地支付过去，或像革命派那样乐观地恭迎将来，都不可取。因为事实上，无论过去或将来，它们都仅仅是残缺不全的历史碎片。

我们只能乐观地朝向永恒，即战胜时间的碎片。

革命的真理即在于清除毒杀生命的腐败的过去。革命总显示真实性，但这不是真实性，因为它为着真实性已出卖了自己。革命摧毁旧的幻象，又造出新的幻象。革命否弃不合理的法，又转铸出暴力。

二、论奴役

在这里，革命是法与暴力的悖异。

革命之所以把陈腐的法转换为暴力，然后再以暴力施于人的意识，是因为它匮乏力量。当革命想创建新的法时，它则拥有力量。然而，像法的形式主义那样，视法为永远不可更迭的神圣之物，并以此来反对革命，这也荒谬之至。事实上，这样的法属于破碎的过去。

革命是组织新协会，这像蒲宁说的那样有道理。只是伴随新协会的诞生，也会产生破坏，即产生旧的协会。革命的反对者喜欢高谈宏议革命的恐惧与革命的恶，但他们大多都不能正确地审视这个问题。论责任，这恐惧与恶应首先由革命前的旧生活和它的庇护者们承担，应由社会的上层而非平民百姓承担。但我想强调，革命的恐惧也来自人对那种变了形的专制制度的恐惧，旧的毒剂也能在革命中发酵，从而形成革命的恶。因此，反革命的力量总是仅仅助长革命的恶，而永远不助长人的解救。

一切浩大的革命无不宣称创造新人。的确，创造新人远比创造新社会更紧迫，更激越。创造新社会可以搁在革命胜利之后，而创造新人须臾不可延缓。然而，在革命的悲剧中，创造新人永远是徒劳之举。

从某种意义说，所有的革命都是被衰老的亚当枪毙的，即这位衰老的亚当总是穿上一件新衣，出现在革命的帷幕落下来的时候；而反革命也同样由这位负罪者定夺。因此，即使经过了无数次革命的洗礼，人的奴役状态仍亘古不变，能变的仅仅是人的奴役的形式。但是，这并不指革命自身已失却意义，革命已全无作用；相反地，革命在人民的命运中是透显意义的重要因素。革命是使人贫乏也使人丰盈的一种重要体认。最大的贫乏会铸成丰盈。革命将荡涤奴役人的某种形式。新的人民阶层总赋予历史创造的积极性，只是人受奴役的"根"子往往很难完全灭绝。新人不是产品，也不是社会组织的产物。创造新人须凭借新精神。为此，基督教展示过奇观，它呼唤新精神和新亚当的出现。不幸却在于新人总被新人的象征和标志所取代，总被改了装的衰老的亚当所枪毙。

因而，也就尽是些旧人。

在所有历史生存的这种悲剧中，一切都不是真实化，而是客体化。客体化即象征化。象征化不显示任何真实。遏止这一悲剧需要历史的终止。真正深刻和具体的革命发生在人的意识中，即需要更新人的意识结构，更新人与客体化世界的关系。历史的革命终究无法成就这一奇迹，因为历史处在决定论的位置上，它受命运主宰，不受自由的引导。革命的重大意义即在于它蕴含着末世论的因素，但这种因素却常常笼罩在历史决定论的阴影下，走进历史时间。

生存时间在革命中仅瞬息一现，随即便被滚滚的历史时间所鲸吞。无怪乎革命的开局总振奋人心，革命的收场却总令人沮丧。无怪乎革命总是决定论攻克自由，总是历史时间制胜生存时间。一言以蔽之，革命的精神总对抗精神的革命。

革命铸造中档次人，也为着中档次人谋利益。这些人不期冀更新人的意识结构，不期冀新精神，不期冀创造新人，不期冀自由彻底攻克奴役。据此，革命者即便每每抛头颅，洒热血，能不收效甚微？降生到这个世界上的生命也确实太廉价了。

我真不知道，那些高谈历史进程与世界进程和目的性的，究竟有什么作用？

目的论者所相信的世界的客观和目的性，退一步说，即使它确实存在，也与主体的人的生存的和目的性没有任何共同点。它贬损人，胁迫人反抗自己的主体的和目的性，反抗自己的自由。

上帝仅仅出现在自由和主体性中，上帝不在客观的决定论的世界中起作用。客观的和目的性是对人的奴役。人要赢得自由，必须阻绝客观的和目的性。

（五）文明的奴役

人不仅受自然的和社会的奴役，也受文明的奴役。这里我是在广义上使用"文明"一词，即把文明联系于人的社会化过程。关于文化价值的论述,我放在本章的后面。

为着从自然的自发力之胁迫下解放出来,人创造了文明。

人发明和制造工具,把工具放置在人与自然之间,以作为人抵御自然的一块盾牌。但接下去,人则无止境地改进和完善这些工具。于是,理智被奉为人的最强大的工具,在理智中展示了人的巨大的史无前例的精明性。人的本能也因此被削弱,人的有机体开始离析,因为在与自然的争战中,有机的工具让位给了机械的工具。每个时代的文明人都见到:当人走出自然时,人却失去了自身的整体性和自身的原始强力。

人不能不沉思文明的价值。

人彼此结成一体,是为着战胜自然的自发力和文明社会的有机化,但人也随之迅速制造出人压迫人的大量事实,迅速确立统治者与奴隶的关系。文明长足挺进,置大多数人(劳苦群众)于被压迫和被剥削的深渊,而这一切还得到文明的客观价值的认可。我想,如果文明的产生务必经由恐怖的社会压迫和社会不平等,那这样的文明大可不必再来。我对这个重要问题并非现在才感兴趣。许多思想家为它早已殚精竭虑,像卢梭、列夫·托尔斯泰便抗击过文明,他们的抗击向我们提出了更深刻的问题。

卢梭一直怀疑文明的合理性。

的确,文明并不合理,这不仅在于文明造成社会的不平等和剥削,还在于文明阻止人拓展自身的整体性和自身充足的生命,把人贬成了奴隶。无论如何,文明不是人生存的最后目的和最高价值。文明应解救人并给人以解救的手段,但文明是人的生存的客体化,所以文明携带着奴役的基因。文明不仅奴役人,把人造成文明的奴隶,文明也奴役自身。

现在问题是:如何抗击文明?

当然不能像强悍的野蛮人和善良的自然人那样,凭借自然的本性去抗击。那基点取于自然主义,而自然主义的"枪炮"早已老得不能再老。自然本性中的善良和自由均无法遏止文明的恶和文明的奴役。自然不能战胜文明的本质，唯精神方可制胜。

文明存于自然王国与自由王国之间，它是中间王国。这里需要的不是从文明返回自然，而是从文明进到自由。像浪漫主义者想返回的自然，像卢梭、托尔斯泰所企盼的自然，均不再是一个受规律性和决定论统治的客体化的自然，而是另一个革新了的自然。它极贴近自由的王国，是"主观性"的而非"客观性"的自然。

"自然"的含义在列夫·托尔斯泰那里特别清楚，即指神、上帝，不指充满生存竞争、弱肉强食和机械必然性的那个自然。

自然在他那里是生成转化的自然，是神的、上帝的自身。另外，列夫·托尔斯泰还视自然为土地、庄稼人和使用简单工具的体力劳动等，即赋予自然以淳朴和返回原始状态之义。凡此所述，都说明列夫·托尔斯泰想躬行物质生活的简单化，以及为了摆脱文明的羁绊而转向精神生活。

人总滞留于与文明和与文明技术的某种联系，因而，人从未彻底否弃过文明和文明技术，甚至还把这种"否弃"装入最简单的形式中去。具体说，即仅凭借意志的导向来进行解救，企图以此脱出多样世界的钳制，趋达与一的结合。这确实散发着人对走出破碎性和走向整体性的期待。但是，凭借"自然的"和"有机的"指引，也就遮蔽了人的脱出文明世界的破碎的多样性，从而臻至神的生命的整体性的要求。

人感受到自身被文明世界的破碎的多样性所挤压，人被置于一种特殊工具的统治下。

这正是人受到的奴役和人面临的困境。

当今，在人每天的生活里，物质的多样性与日俱增，致使人更无法摆脱物质的诱惑和统治。复杂化了的文明给予人的仅仅是：人栖息于文明的种种规范和条件之下，人自身也被规则化。换言之，在文明中，人的一切生存被客体化，即外化和向外抛出。显然，这不仅因于自然世界，也因于文明世界。

人受文明的奴役是人受社会奴役的一个方面。

没有什么比资产阶级的思想家们对文明福祉的庇护更平庸，更令人厌恶。他们沉溺虚荣，喜欢把自己打扮成不朽文明的携带者，喜欢攻讦被他们称为"内部的野人"——无产阶级。只是他们也害怕无产阶级，因为无产阶级作为一种生存，它远离了文化的一切价值和文明的福祉，按马克思所说，即发生了人的本性的异化。问题是：对无产阶级这种不幸的生存以及这种不幸的生存在数量上的持续增长，究竟谁应该作为被告？无疑，正是那些诬蔑"内部的野人"威胁了文明的、专营私利的统治阶级。没有什么能比资产阶级对文明的庇护更值得摈弃！文明化的野蛮早令人怵目惊心，早不再散发丝毫"自然的"气息，人早就完全笼罩在机器和技术这头怪物之下。

工业技术文明就是不断增长着的文明化的野蛮，就是人的质的堕落。在这里决不会发生返回自然的奇迹。众多野兽和暴君周期性地出现在种种扭曲了的文明的形式中，便是一具铁证。其实，人的文明化过程肤浅得很，人本可轻易剥去它的伪装，但人不断地利用着文明化的一切工具。人贪利，沉溺于其中。

卡莱尔的关于衣裳的制作与保存的深刻论述，对我们极有启发。这是一个如何审视能见性与真实性关系的问题。

原始主义与文明盘根错节。

文明的内部存留着原始主义，只是它经由文明的改装，已失去自身的朴素、新鲜及强悍。

野人与高文化的人都可以利用技术文明，这是技术文明自身的特点之一。

与此相关的还有，群众生气勃勃进入历史与文化的问题。

历史与文化按自身的原则，总是贵族式的，对此，奥尔捷戈撰写过《群众的反抗》。但是，鉴于此，以为凭借群众的数量优势和数量骤增，就可以改变历史与文化的性质，就可以复苏精神生活，这未免天真之至。

把群众的数量视作一笔财富，不失为最伟大的偏见。

必须澄清这样的误会，即把"群众"等同于"无产阶级""人民"。群众是数的范畴，它不能确定最高价值和最高的质。群众拥有各个阶级（阶层）的分子：资产阶级的、小资产阶级的、小官员的……一切阶级（阶层）的分子均可以组成群众，甚至还有法西斯匪徒。因此，群众主要不取决于由哪种社会分子构成，而取决于构成者的心理素质。

通常，群众反抗的对象不是某个阶级，而是个体人格。

群众奴性的主要特征是：个体人格晦暗、匮乏个人独创性、亲近给定因素的量化力量、极易于感染的盲动能力、模仿、重复……具有这些特征的人即是群众的人。群众不隶属于某一个阶级。列·波温曾说，群众比个体人更能慷慨激昂，更富有牺牲，也更残酷无助。确实，在暴动、革命与反革命的游行示威、宗教运动中，常会发现群众很快地被鼓动起来，但又很快地比任何革命者都趋向保守。另外，"人民"不是"群众"。人民有质的界定，他关联于他的劳动、他的宗教信仰、他的一定的生存方式。

群众进入历史与文化只是量的进入，并没有传达出个体人格，也没有质的规定，常显示巨大的被激发性和做奴隶的心理准备。

这一切，正好蛰伏下文明的危机。

群众极易适应技术文明，也极乐意用它来装备自己，但是，群众却很难认同精神文化。人民群众过去所拥有的自己的精神文化，其基点都建在宗教信仰上。

当今这个转折时期，群众更加摈弃一切精神文化，支撑着他们的剩下的便只有神话和象征，即那些关于民族、社会、种族、国家、阶级……的种种神话和象征。偶像崇拜对他们万不可少，价值被轻易地注入偶像。当然，文明自身也像国家、民族、种族、阶级、社会制度一样，也会被转换成偶像。

文明与文化的区别仅仅是术语的不同吗？

自施本格勒以来，区分文明与文化的含义成为时尚，但这种区分并非肇始于他。

使用术语都有条件。法国人喜欢使用文明，在文明的总括下去理解文化；德国人常用文化；俄国人过去爱用文明，20世纪以来又转向文化。在俄国，斯拉夫主义者列昂季耶夫以及陀思妥耶夫斯基等曾区分过文明与文化。施本格勒是从年表的意义上进行的区分，即文明与文化仅指涉年代学上的不同，亦即仅存有年代的转换。这是他的偏颇之处。

文明与文化总同时存在，但从某种意义看，文明比文化更古老和更原始，而文化的形成则迟得多。发明和创造技术工具，包括原始人的制作，就是文明。文明是社会的全过程。

拉丁语的"文明"一词显示社会性，它用"过程"来表示。于此，文明更应指社会的集体的过程，文化更应指个体人的趋达深层面的过程。例如，可以说这个人具有高文化，但不可以说具有高文明；同样，可以说精神文化，不可以说精神文明。总之，文明意味着客体化和社会化的重要阶段；而文化意味着精神活动对物质的加工，意味着形式取胜物质。文化更贴近个体人格和精神。

犹如所有的分类一样，文明与文化的区别也是相对的。

一个时代占优势的是群众和技术，便可以把它称为文明的时代。

通常，文明的时代即指我们这个时代。只是文明的时代里依旧会存有文化，像文化的时代里存有文明一样。在文明的时代里，一方面，技术遮蔽一切，毫无例外地也遮蔽文化，将文化非人性化。

但另一方面，也不乏对技术长足挺进的反驳，例如，浪漫主义者所扮演的角色。无论如何，即便文化环境、文化传统和文化氛围的基点置于模仿性上，像文明所显示的那样，也仍会存在着文化的主要创造者。当然，我们也不难发现，那些颇具文化素养并被誉为文化风范的人，常表达模仿性的意见，常占据中间的位置，干"喉舌"的差事。只是模仿性一进入文化上流或高层集团，就会远比我们想象的要复杂得多。当文化上流人士接纳模仿性，顺应传统时，他的一切行动的基点便转移到社会，他就不再是真实的个体人格。

天才绝不会融入文化。文化销蚀天才的火花，把猛兽驯化为家畜。社会化不仅降服野人，也降服天才。社会化把天才创造行动中的野性和蛮力客体化，然后再转注于文化。

文化界于自然与技术之间，它常受自然与技术这两股力量的夹击。客体化世界中不存有整体性与和谐，因此，文化价值与国家价值和社会价值的冲突永远不会停歇。国家和社会总企图铸成集权主义，总喜欢为文化的创造者们立法，总需要一切都竭诚服务于它。当然另一方面，文化的创造者们也总在护卫自己的自由。但令人惊心动魄的是，创造者及其创造出来的一切常轻易被社会的统一化所销蚀。低价值（如国家）总企图奴役和统治高价值（如精神生活、认识、艺术）。舍勒曾对诸种价值进行过这样的排列：优美、高贵的价值高于愉快的价值，精神的价值高于维他命（生命、生理）的价值，而神性的价值又高于精神的价值。但在现实中这一切却正好相反：神性的、精神的价值所显示的力量远不抵愉快的、维他命的价值力量强大。

前者如区区一芥，不值一顾；后者如高高在上的君主，受万人景仰——这就是客体化世界的结构。

审视文化中的贵族原则与民主原则的关系十分重要。

文化的基石建在贵族原则上，即建在质的选择的原则上。

文化的创造尽可能地趋向完满，并达到高质，这表现在认识、艺术、高尚灵魂的铸造和情感传达中。真理、美、正义、爱不取决于量，而取决于质。

选择的贵族原则会造出文化精英、精神贵族。只是他们断然不能拘于封闭的自我，不能孤立地躬行自我确定和自我欣赏。

否则，他们因为远遁生命源头，其创造力会枯竭、蜕化，甚至消亡。一切集体的贵族主义总难逃脱蜕化、消亡的厄运。当文化价值的创造不能很快地传播到无质的群众中去时，文化的民主化过程便应运而生。

真理散发着贵族气息，这指涉真理渴求质的到达和认识的圆满，指涉真理不依附于量，不依附于人的量上的意见和需求。当然，这并不表示真理仅仅为少数选民和贵族集团所有；相反，真理的存在是为着一切人，为着能与一切人沟通。

没有什么比那些封闭的文化上流人士所践行的自我欣赏和鄙薄大众更值得摈弃。

伟大的天才不进入这个档次。

他们知道，人的精湛、丰厚的文化素养，一旦缺乏同具有深度和广度的生命过程的联系，便黯淡无色。那些封闭的文化上流人士常言自己承受着孤独，其实这仅仅是托词而已。这孤独只不过是被隔绝了的动物向往群居的孤独，而绝非天才和先知的孤独。天才和先知贴近本真，朝向真实的生存，而这些自我封闭的上流人士却驯服于社会化和客体化的法则，专事文化偶像的生产。文化偶像是奴役人的众多的偶像形式之一。真正的精神贵族主义与自己的服务意识相连，不与自己的权益禄位相连。贵族主义渴念进入精神的自由，卓然独立于周遭世界，不苟合于人的数量，而只聆听内在的即上帝的和良心的声音。贵族主义是个体人格的一种现象，不能把它混淆于无质世界的奴役。当然，人界的圆融和丰盈仍不能奠定在贵族主义之上，因为它有自身的致命弱点，如隔绝、封闭、傲慢、鄙弃劳苦大众等。

那种由社会进程产生的种姓的贵族主义，即虚伪的贵族主义。

也许可对文化中的贵族价值与民主价值作一番区分。宗教价值、社会价值以及关联于哲学、艺术、神秘主义者的文化激情的价值，应得到民主价值的认可，也应得到贵族价值的认可。记得塔尔德说，交谈是交流的一种形式。我以为交谈是高质文化的产物。

据此，可把交谈分为两类：礼节的、约定的、功利的交谈和理智的、无害的、真诚的交谈。准确地说，第二种类型的交谈方为高质文化的启蒙者。

高质文化极易夭折，绚烂之花，一夜之间便片片散去。

高质文化总是无法拓展自己的前途，而文化的悲剧也正在这里。

文化传统的构成指涉高质文化，它包括文化的创造者，也包括文化环境。文化传统一旦结出坚硬的外壳，文化的创造也就随之被扼杀。

文化消亡于僵死，这是它不可逃脱的厄运。

创造的客体化意味着创造火花的熄灭。文化上流人士的自我中心主义与他们创造出来用以改变生活的文化成果，两相比较，前者更富于消费性和毁灭性，因而也更能奴役人。文化氛围会导致人们成为虚幻的幽灵式的生存物。文化的人沦为文献的、技巧的奴隶，美感判断就不再是个体的活动，而是文化上流人士和某一集团的私货。

人的创造之举产生文化和文化价值。人为此投注自己的巨大能量，展示自己的天才性，但与此同时，人也造成了创造悲剧，即创造劳动、创造动机与创造产品相悖。

具体说，创造是火花，文化却是火花的熄灭；创造行动是向上腾飞，攻克客体化世界，突破决定论，创造产品却是向下沉沦，仅作为一种"触觉"；创造行动展现在主体性中，创造产品却移到了客体性中。

一句话，人的本性在文化中发生了异化和外化。

这亦是人受文化产品和文化价值奴役的原因。在此，文化自身不是生命的转化，不再塑造新人，而是把人扭送回人的创造前的晦暗中，打入客体化世界。无怪乎，客体化世界总长盛不衰，伟大的天才总要凭借自己的创造来反叛客体化世界和决定论世界。

19世纪伟大的俄罗斯文学已进入这一主题，它突破了文学和技巧的限制。在欧洲，自奥古斯丁开始，存在主义型的哲学家也常常沉思这一主题。下面，我试着用这一主题来区分古典主义与浪漫主义。

古典主义确信在客体化世界中可以创造出圆满的作品，其实，随着这个作品的完全外化，已远离了创造的本身。另外，古典主义对创造者的生存性不感兴趣，不屑于把它引入自己的作品。因为古典主义需要创造产品中的有限性，是以有限性作为圆满的标志，甚至还对展现在生存的领域中而不展现在客体化世界中的无限性充满恐惧。无限性是形式的充满。从来不曾有过纯粹的古典主义，最伟大的创造者从来不是纯粹的古典主义。古希腊悲剧、柏拉图对话、但丁、塞万提斯、莎士比亚、歌德、列夫·托尔斯泰、陀思妥耶夫斯基、米开朗基罗、伦勃朗、贝多芬是纯粹的古典主义吗？

浪漫主义不相信在客体化世界中可以创造出圆满作品的神话。

它企盼贴近无限性并传达无限性，也企盼融进主体性。

在它那里，生存的创造激情和创造灵感远比作为客体的作品更有魅力。当然，同样不曾有过纯粹的浪漫主义。浪漫主义精神较之浪漫主义流派的影响更深远。通常，已不再在某一特殊意义上来使用"浪漫主义"一词。浪漫主义也潜伏着病灶，也同样匮乏力量。但浪漫主义的永在的真理是，它痛苦地体认过虚伪的客体化，它意识到了创造灵感与创造产品的分离。

为消解根本的误会，需要弄清楚什么是文化价值中的创造的客体化，以及我们在什么意义上拒斥它。创造的不仅向上腾飞，也朝向"他者"、世界和人们。哲学家不可能不在自己的论著中传达自己；同样，科学家的成果、诗人的诗、音乐家的交响乐、画家的画、社会改革者的社会改革……样样都是在传达自己。但是，当创造行动找寻不到自己的出路时，它不会窒息于创造者的内心。因此，有必要对实现创造行动与客体化作出区分。客体化世界仅仅是世界的状态，创造者不能不在其中生活，而创造行动所传达的东西也会从外抛入其中。认识创造者的这种悲剧境遇和由此产生的创造悲剧十分重要。拒斥客体化世界的奴役，重新点燃在创造作品中的创造火花，并不意味着创造者在自己的创造中停止传达自己，停止实现自己；而意味着挣扎，即在创造的最大生存性中，在最大的主体性对世界客体性的攻克中，创造者凭借创造行动，突破客体化的封闭的循环。创造的意义即是迫使世界转向，而不是在对客体性的完善中去加固这个世界。创造即拒斥世界的客体性，拒斥物质，拒斥必然性。这是奋斗和挣扎。

这一挣扎也反映在文化的重大现象上。文化总用自己的价值和成果诱惑人，总企图永远置人于客体化世界中。文化堕落了！

一个早已僵硬的外壳包裹着它。

创造的火花即突破、转换、超越。这需要在文化的外域点燃。现在的问题是：当人创造出来的文明和文化奴役人时，如何才能从客体化的歧路上转向超越？

简单地否弃他们，并召唤人进入前文化状态，这同简单地否弃社会和历史一样，未免荒谬。这里，重要的是要认清文化自身的矛盾，认定最后审判文化、社会、历史势在必行。对待文化和创造，我们不持苦行僧式的态度，而持末世论的态度。准确地说，这是革命的末世论。当然，在文化自身的极限中，也很可能出现创造的突破和转化。其中，音乐是最璀灿的艺术明珠，它最富有冲力，尤能进入认识与思想——一旦如此，它的力量则更加磅礴无比。另外，凭借自由和爱，在社会自身中也可能出现突破，在客体化世界中也可能出现超越，在历史中也可能出现"后设历史"，在时间里也可能趋达永恒性的融合。只是必须清醒地认识到，在历史的漫长过程中，在文化的封闭传统中，在社会僵死的有机化中，客体化一直节节取胜，客体化诱惑和奴役着人；人对此不仅无所察觉，还犹如享受美味佳肴一般，乐不可支。

人正受着科学法则和艺术法则的奴役。学院主义是这种奴役的得力工具。它系统地有计划地熄灭人的创造火花，它需求创造的个体人格俯首于社会集团。对"客观性"的需求，完全不是对真理的需求，而是社会化，迎合中档次人对习惯性的屈从。另外，人还受文明化的理性的奴役。这理性不是神性的逻各斯，充其量是中档次人的社会化了的和规范化了的意识。它适合中档次人的精神水准，奠基在人的低等次的精神共同性上。

所以，整体的个体人格无时不受它的挤压，超理性的力量从来不能崭露头角。

再者，文明化的善也奴役人。

这种善已转换成社会化的法则，服务于社会习俗。

除此以外，人还受理想的文化价值的诱惑。人把科学、艺术以及文化的所有的质都塑成偶像，其中，文化性的唯美主义、绅士主义等是奴役人的主要形式。当然，不可否认，在理想价值的后面确实常常矗立着先知和天才，常常贯注着巨大创造的激情和灵感。但是，动辄便建造纪念他们的牌坊，以他们的名字来命名街道和广场，这无异于扼杀了他们的创造生命。再说，这种做法无论如何也不能形成高质文化，不能产生新的先知和新的天才；有的顶多是衰落的中档次的文化，以及文化的规则性和文化的伪善。正是这种文化激起了精神的抗争。

文化是伟大的财富，是人的必由之路，我们不能像野人那样简单地否弃它。文化必须接受最后的审判。文化必须是启示的文化。这种启示的文化如同大地孕育新生命一样，生机盎然，蓬勃向上，而不沉溺于自身的平庸，更不禁锢在自身冷酷的法则中。我在本书的最后一章将继续论及这一点。

文明与文化显示虚伪，并胁迫人投向虚伪。蒲宁曾把这种虚伪称作"秘而不宣的系统化了的闹剧"。从表面上看，虚伪也具有某种统一性，因此，即便真理转瞬就刺穿它，毁灭它——真理总有害于虚伪，虚伪也要扯起旗帜同真理抗衡。

虚伪用手段取代目的，或者说虚伪把手段转换成目的，不如此办理，虚伪则无法实现自己的目的。文明有史以来就是让人使用的一种手段，但是，文明却被转换成了目的。文化自身的价值也在于它是精神生命和人的精神超越的手段，但也被转换成了自身的目的，从而反过来奴役人和摧毁人的创造自由。客体化颠倒手段与目的，这是客体化的命定产物。

文明的实现需求人焕发出巨大的积极性，但人却被人对文明的需求所奴役，被转换成了机械。人一旦转换成了技术和工业的非人性现实过程的手段，文明实现的结果就不再是为着人，而是人为着文明实现的结果。因此，精神必须抗击文明。对真理的需求即意味着沉思。沉思即阻断和突破，即找寻脱出绵延不绝的奴役性的时间流的瞬间。留存在古老文化中的那些无功利的沉思，对我们十分有助。只是无功利的纯粹的文化会成为人的债主,会否弃人在现实世界的积极作用,所以我们不能单纯地静观。要以沉思与介入的积极性携手共进。

当力量的准则重新确立,当力量重新注入最高真理和最高价值,文明也就终止。这需要企盼强大的震撼人心的新信仰,需要企盼能以深刻力量彻底攻克奴役的新精神热潮。

三、论诱惑

（一）民族主义的诱惑

民族主义比国家主义更能诱惑人和奴役人。因为在所有"超个体"的价值中，人极易隶属于民族主义价值，极易把自己许配给民族这个整体。民族似乎是人奉献激情冲动的永在的青春偶像，甚至一切党派都会毫不犹豫地将民族主义镌刻在自己的旗帜上。

民族主义十分复杂。

民族和民族性的观念都是理性化的产物。19世纪80年代，俄国著名思想家索洛维约夫曾激烈抨击野蛮的俄罗斯民族主义，并严格区分利己主义与人格主义。遵照基督教的审视点，索洛维约夫认定民族的利己主义即民族主义，并认为民族的利己主义同个体人的利己主义一样不道德，一样应受到谴责。

而一般人却把民族的利己主义认作人的道德责任，以为它彰显人的牺牲性和英雄主义，同个体人的利己主义不一样。其实，它是客体化的最重要的产物。当人的邪恶注入那种被判为理想的和超个体的价值，即集体的真实性时，邪恶就转换成善良，甚至还转化成责任。例如，利己主义、自命不凡、傲慢、强力意志、仇恨、暴力……当它们从个体人那里迁移到民族的整体中，就堂而皇之地成了美德。用人性的观点所审视到的罪恶，假民族之名，似乎就可以为所欲为，民族的道德似乎就无须昭示人性。追究起来，这大概是由于个体人的生命短暂，倏忽即逝，而民族的生命系于时间，绵延数千载，于是个体人感到自己的生存若要与祖辈发生关系，则非经由民族的生命不可。这样，"民族的"以其令人生畏的根源性存在漫长的岁月中。

这里问题的症结是：生存的核心和良心究竟在什么地方？

是在个体人格中，还是在民族中？显然，人格主义否弃把生存的核心和良心植根于民族或者任何集体的非人性的真实性，而认定它们只能植根于个体人格。个体人格不是民族的一部分，民族性却是个体人格的一部分。民族性在个体人格中，是个体人格的质的内涵的一项元素。民族的走进具体的个体人格，这是那个真理——共相走进个体人格而非个体人格走进共相的又一阐释。

有必要对民族性与民族主义作一番区分。民族性可以成为个体人格的培养基，即可以成为一种促进个体人格拓展的环境。民族主义却是偶像崇拜的形式之一，它产自客体化和外化。爱欲关联于匮乏与贫瘠。民族主义之所以奴役人，是人走出了共相，是它自身携有爱欲的因素。民族主义既受动于爱欲，也受动于对爱欲的拒斥。按其本性，民族主义背离道德，因此，凡企图把道德价值注入民族生命，以铸成民族主义的人，实在是煞费苦心。这是精神气质与爱欲之间的冲突。民族主义在自己的深层面上受爱欲的诱惑，以至于靠谎言滋补自己。民族主义最宠爱谎言。民族的自负、高傲和愚蠢已转化成谎言。完全可以这么说，民族的自我中心主义和自我封闭性一点不比个体人的逊色，它同样会把人的生活导向幻象。民族主义是人的自我炫耀的理想化了的形式。

民族与人民是两码事。对自己人民的爱，显露人的善良情感；而民族主义则需要仇恨和鄙视其他的人民。民族主义是潜在的战争。当人们谈论经由民族主义产生的众多的沸沸扬扬的谎言，如民族的理想、民族的幸福、民族的统一、民族的使命等时，那"民族的"仅仅指拥有特权并占据统治的少数人和拥有财产的阶级。

"民族的"已不是人们所理解的那种含义。在"民族的"魔障之下，不再存有任何具体的生存，而仅存有使某些社会集团受惠的抽象的准则。民族与人民的区别是人民关联于人。

民族的意识形态即阶级的意识形态。在朝向民族的目标时，它毒杀了那尤能感受痛苦与欢乐的人的生存，因为人在这里被当作了民族整体的一个部分。同所有的偶像一样，民族性转换成的偶像也需要人的献祭。民族的思想家们引以为荣的是，他们居然构想出了一个整体——民族。这种构想暗合于当代泛起的尊崇阶级的思潮。事实上，把阶级利益誉为整体利益，这是自欺，也是欺骗。在这种审视中，阶级的意识形态总与民族的意识形态调配在一起，常常会有一种既高于阶级、又高于民族的更大的利益被铸造出来。阶级的意识形态极易显出令人厌恶的外在性，极易被人识破；而民族整体的东西毕竟存活了数千年，这同那些不存于过去、也不存于将来的阶级相比，实在不乏大价值。因此，人们会认定俄罗斯的、法兰西的、德意志的民族到底是一个历史的整体，到底比俄国的、法国的、德国的无产阶级更具有真实性。但是，当人们作这种认定时，难道能这样提出问题和这样解决问题？

我以为，在某一特殊的历史阶段中，正是为着民族的生存，阶级问题也许比民族问题更尖锐，更急待解决。原来无人问津的民族生活中的阶级一体化的问题也许会重新提出来。阶级利益在客观实际中或许比民族利益更近人情。

在阶级利益中，也许更容易谈及人的尊严和个体人格的价值；而在民族利益中，大部分都是与人的生存毫无关系的普遍事物。

但在这里，人们常认可的还是，个体人格中的民族因素比阶级因素更深沉，因为，"我是一个俄罗斯人"比"我是一个贵族"更有分量。

民族主义的价值和社会主义的价值与此相关。这里，我不评判异教产物中的民族主义和基督教产物中的社会主义。

社会主义如果不被虚伪的世界观扭曲，那么，它会显示出对人和人的价值的关注。民族主义却不关注人，它视客体化的集体的真实性为最高价值。其实，这项真实性纯属子虚乌有，不过是抽象的原则而已。如果社会主义旨在促使人与人成为兄弟,而不像"民族的"那样,常把他民族作为豺狼,那么,社会主义就比民族主义更具有精神性。凡民族主义者都不关心他民族的生活,也不期待更加公正和更加人性的生活。民族主义一旦凯旋得胜,强大的国家就会统治个体人格,有产阶级就会统治无产阶级。法西斯主义和民族——社会主义需要群体生活,需要以给定的民族性来作为群体内部的聚合力。当然,这每每失败,而失败又导向更巨大和更凶残的国家主义,更以豺狼的目光看待他民族。在民族——社会主义中,也许其社会主义因素更近人性,其种族因素和民族因素则更反人性。

民族主义不是爱国主义。爱国主义是对自己祖国、故乡和人民的爱。民族主义主要的不指涉爱,而指涉集体的自我中心主义、自命不凡、强力意志、暴力等。说实在的,民族主义纯属臆想出来的东西,充其量是一种意识形态。在爱国主义中没有民族主义。

民族的自我中心主义、自命不凡同个体人的这类东西没有任何区别,全都是恶和愚蠢。甚至民族的这类东西其后果更具毁灭力。家庭的这类东西也比个体人的这类东西更能奴役人。即便是那些大思想家,也常常存有德意志民族的弥赛亚式的自命不凡。

例如,费希特在这方面的观点就令人不能接受,甚至可笑之极。

个体人的恶和罪,一经客体化和外化而迁移到集体,便繁衍出更大的恶和更大的罪。

人民与民族的区别,人民的与民族的区别,这绝非仅限于术语。这从其他语系中也可得到证实。

与民族相比较,人民更是一项基本的自然的真实性,于其中存在着某种超理性的因素;而民族是历史与文明的复杂产物,同时也是理性化的产物。其次,人民指具有一定的统一形态和特殊的质的大多数人;而民族指统治人的那些原则和观念。也许可以说:人民是具体的和真实的,民族是绝对的和理念的。此处言及"理念",不带褒意,不指某一特定情景下的理念,而指人的本性在更大程度上的客体化和异化,即更大程度上的非人性化。另外,人民性具有反国家主义和无政府主义的倾向；而民族在深层次上更维系于国家，民族主义常倾向国家主义，常企盼国家强盛，常珍视国家甚于文化。

还有，人民建构习俗和风范，渴求在自身中传达自身；而民族垒筑凯撒王国，渴求在强国中传达自身。最重要的是，人民比民族更具人的真实性。

像法西斯这一类的民族主义，早已把民族的自我形象丧失殆尽，早已不存有任何一点民族的气息。它的生存即意味人民生活的极端理性化和技术化，也意味文化的灭绝。

一切现代的民族主义都不外乎套用这么一个模子：专政、由政治警察组成的机构、机械装备、处于高度运动中的各种组织。

德意志的民族—社会主义在未取得政权之前，它多少还含有一点人民性，甚至还反对国家组织和干预人民的社会生活，即反对为着联盟（Gemeinschaft）而拒斥公社（Geselschatf）。

但是取得政权后，在国家强大意志的诱惑和支配下，它的人民性便大大削弱，德意志的文化传统也因此被摧毁。

当然，这不足为怪，因为民族主义对精神文化从来不感兴趣，总是迫害精神文化的创造者，最终总导向暴政。

民族是一个偶像，是奴役人的孽根之一。

人民在一定程度上更趋向于劳动，就像社会生活的基础更接近自然一样。但人民也可能被塑成偶像，从而成为奴役人的孽根。人民性是一种诱惑，极易接纳诸如"人民之魂""大地之魂""人民的自然力"等神秘形式。在精神和个体人格意识尚未觉醒之前，这也不失为原始集体主义的一笔遗产和体认。

人可能完全沉溺于这种自然力。

人民性是灵魂的，不是精神的。唯有作为生存的、意识的和良心的核心——个体人格，才能拒斥人民中的负面价值。个体人格凭借精神和自由，攻克人民的自然力。人受人民的奴役，以至于发生这样的情形：当人类的儿子和上帝的儿子站在人民面前时，人民却叫嚷着："钉死他，钉死他！"在这里，人民需要用自己的手杀死伟大的先知和导师。显然，良心的核心不能放置在人民那里。人民面对集体，会阿谀集体，会把人的个体人格拍卖给集体。那些判定人民性含有自己的真理的人，实在太虚伪。真理在个体人格之中，在质之中，在少数人那里。人民的生活唯有经由这种真理之光的照耀，才异于蜗房里的营造，才不再是幻象。必须谨防民族主义的救世主论调，这也是一种诱惑。这与基督教的共相主义是两码事。相信自己的人民具有使命，只能相对于人民的历史生存而言。

"民族的"与"人民的"常被混为一谈，公社与联盟也常搅混在一起。

"民族的"与"人民的"都受集体无意识和强烈情绪冲动的支配，都导向人生存的外化，只是"民族的"比"人民的"包含着更大程度的理性化。

人必须遏止世界的异己性，必须找到走出孤独的路径。

这种创造之举发生在家庭、民族性和民族的共同体中。一般来说，个体人不太直接感受得到自己隶属于人类，但在小范围内会有自己比较亲近的具体的圈子。个体人感受一代与一代的承接，感受过去与将来绵延一片，便常寄希望于民族的生命。人类并未脱出人的生存，它存于人之中，这是人类最大的真实性。人性与此项真实性相关。当然，民族也同样存在于人之中。民族的客体的真实性即是外化，即是客体化的产物。只是不同程度的客体化，表现出不同程度的相近性、具体性、圆满性。

人类尽管显得邈远和抽象，但同时却携带有人性；而民族主义始终压迫人和个体人格，也始终压迫人类。

在那里，施行压迫的不是存于人之中的"民族的"自身的质，而是这项质的客体化。

"民族的"自身的质经由客体化，已转换成压迫人且高踞于人的实体。

"民族"和"人民"极易被尊为偶像，这一过程即是巨大热情的客体化。此间，人早已被它搅得昏昏然，即使最平庸和最愚蠢的人，也自信自己分领到了民族的和人民的圣光,会顿觉自己顶天立地。

这种奴役与诱惑之所以具有如此魅力,原因之一是它给了人以强烈的拔高感。

造一个崇拜偶像的奴隶,最有效的莫过于使他能感受到自己站在光芒四射的峰顶上。

当人失去人体人格,失去任何共相内涵的启迪时,客体化的各种奴役便乘虚而入,给予人以圆满实现的感觉。唯有个体人格凭借精神的内涵,才能与客体化的奴役抗争。

"民族的"无力抗争奴役,它会轻易败下阵来,这种情形常常可以在不显示任何质的价值的群众那里看到。于是,"民族的"拼命地煽动人的那些负面价值的情感,如仇恨、仇视犹太人、仇视异民族。大凡被称为民族的问题,实际上总涉及这样或那样的争斗,总得不到公正的解决。

一切历史都是不公正的倒错。

民族性受不公正和暴力的铸造,这与铸造历史的贵族政体异曲同工。若要真正解决民族问题,必须否弃民族国家的主权神话。

"民族的"是民族国家的一个方面,是客体化的一个阶段;而民族主义则是特定阶段上的客体化的绝对化。

在这里,非理性的被理性化,有机的被机械化,人的质迁移到了非人性的真实性中。与此同时,像民族的和人民的进入具体的共相那样,像一切进入个体化阶段那样,民族主义不仅敌视共相主义,而且还反叛共相主义。

当然,它也反叛人格主义。

应以个体和共相的名义废止民族主义。这种废止不意味在个体的与共相的之间缺少关联,而意味走进民族的阶段应是个体的与共相的联合,不应是两者相互的吞食。无论如何,"民族的"都远不如"人民的"更重要。

基督教是人格主义的和共相主义的宗教,不是民族的和种族的宗教。当民族主义发表这种宣言——德意志为着德国人,法兰西为着法国人，俄罗斯为着俄国人，这时，它便显示自己异教的和非人性的本性。人之所以是人，在于人具有人的意象和上帝的意象，在于人携有精神的源头。民族主义绝不可能认可人的这种本性和这种价值，它与人格主义正好相悖。

情感冲动在民族主义那里泛滥成灾。情感为人所有，从这点上看，情感是人性的；但另一方面，情感也最反人性的，最具外化的力量，最容易把人模塑成奴隶。

认为护卫了德国人、法国人或俄国人，就算护卫了具体的生存，就算护卫了人或者护卫了一切人，这失之肤浅。一切正好相反。无论护卫一个人，或者护卫一切人，其所以如此，因为他（们）是人，这才是对人的绝对护卫。仅护卫民族的人，实际上常常是护卫人的抽象特征。

在人的人性中，或者以人性的名义去护卫人，即指涉护卫人自身所携带的上帝的意象，亦即护卫人自身的整体意象。这是人之所以为人的深刻所在。据此，才不会错误地庇护那些外在于人的东西，如民族性、阶级性等；才能真正护卫一个人，护卫一个具体的、独特的、不可重复的生存，护卫个体人格。要知道，人所具有的社会的和民族的特性都可以重复，都可能被普遍化和抽象化，从而转注到奴役人的实体上去。

人的更深刻的核心往往就是这样被遮蔽的。

人必须找寻自身更深刻的核心。

对人的深层面的护卫，即护卫人性。民族主义反叛人性和上帝的意象，实在是对人这一意象的罪孽。谁不能视其他民族（如犹太族）的人亲如手足，谁就不仅不是基督徒，甚至也泯灭了自己的人性和自己更深层面的生存的核心。民族主义的激情由于冲动地把人抛向表层，所以人沦为奴隶。它与社会的激情冲动相比，更少人性，更不能证明人是由个体人格铸成。

（二）集体主义的诱惑

人由于无助感和被弃感，会很自然地找寻集体的庇荫。

即使放弃自己的个体人格，为了安全地生活和更少的恐惧，人也愿意在人群中找寻伙伴。这或许是人的天性。

在人类社会中，原始部落生活首先与集体和原始共产主义结下不解之缘。图腾祭祀也关联于社会集体。而在文明鼎盛的20世纪，集体的形成同样需求祭祀，需求体认原始图腾。

涂尔干在倡导社会宗教时就力主体认原始图腾，并力主引进原始部落生活，按原始部落的风格来建构文明社会。

无疑，集体主义的奴役与诱惑在人的生活中占据着重要的位置。

西姆梅尔曾说，社会仅是个体人之间的相互作用。人确实是分属于像家庭、行会、阶层、阶级、教会、民族、国家等各种不同的社会群体。当这些群体发生客体化时，人同它们便仅具有某种功能上的关系，人受它们的主宰，是它们的一部分。一个时代，如果作为部分的且有等级之分的社会群体被普遍化、绝对化、共相化，那么，这个时代便是集体主义的时代。这时，最高价值和一切真实性都由核心化了的群体显现。于是，集体主义的诱惑与奴役开始徜徉上市。

集体开始扮演教会的角色，但区别是，教会总认可个体人格价值和个体人的良心，集体主义则需要将它们外化，移植到集体的"器官"上去。

这里须区分集体主义与群聚性，也须区分教会的群聚性与基督教的群聚性。教会的群聚性常取用历史上奴役人的形式，常是幻象；而基督教的群聚性其根本原则是人格主义。群聚性同发生在主体而非客体中的精神的交会一样，指涉主体的质和共相性在主体中的拓展。群聚性一旦客体化，转换成社会制度，它便奴役人。而集体主义的奴役与诱惑却是另一种情况，它是精神的共同性、可沟通性、共相性从主体迁移到客体，人生活的全部或部分功能被客体化。集体主义总是权威主义，意识与良心的核心在其中已脱出个体人格，向外抛入大众的、集体的、社会的群体中。

例如，在军队和集权政党的统治中便不乏这种事实。集权政党的干部其个体人格意识滞塞甚至瘫痪，也属于此类。

繁殖各种类型的集体意识总是靠个体人意识。人拥有个体人的意识和判断，但与此同时，这会受到集体的情绪和判断的限制，甚至奴役。大众的激情可以引发残忍和渴血、宽宏大度和自我牺牲精神。

面临危险，在集体中可以削弱恐惧，以满足人对安全的需求，这也正是集体主义能产生诱惑的原因。然而，对人的更大的险情，却由此潜伏了下来，即为了把最终的目的导向某个团体，个体生命则被认定为手段和工具。这从耶稣会、某些秘密社团、集权政党、法西斯主义那里可以得到佐证。扩展开来看，一切强大且有影响的团体都具有这种潜力，而当它们取用共相的集体之形式时，集体主义对人的诱惑与奴役便趋达极限。所有的团体都要求拥有一定的纪律，当纪律一旦摧毁个体人的意识和良心，它也就成了集体的杀手。教会、国家、民族、阶级、政党都可以演成集体的暴政。

因此，集体的生存总以个体人格为前提和动力。

面对强大的集体的暴政，隔绝的个体人格很难为着生命而拓展自身。

集体主义实际上来自人的贫困和无助。越合乎正规，则越少无助和痛苦。这种状态导向个人主义化。指责劳工不懂得个体人格的最高价值和人格主义的真理，太依附于集体，其实是不了解封闭的劳工个体最无助，最受剥削，常常只能在职业的协会或社会政党的庇护下苟活；他们一旦要为改善自己的地位而斗争，则需组织起来，才有力量。经济的社会化必须护卫劳工的个体人格，必须导向社会的人格主义。这是社会中进步团体的悖异。

人们的共同性和互相性具有多种层次：人类的、民族的、阶级的、个体人格——人性的。其中，人类的这个层次和个体人格——人性的这个层次高于其他层次。这意味着个体人格的价值和尊严高于客体化的集体。人应该臻至这一状态，这样人才不会被类分，即不再被某一团体所钳制。这首先需要遏止民族的、阶级的、种族的、职业的、家庭的、军队的骄傲。

当今，这一类骄傲远甚于个体人的骄傲，甚至把个体人的骄傲导向了对人的外在条件的骄傲。社会群体可以拓展个体人格，也可以摧毁个体人格。社会群体和社会群体的决定论一旦占据优势，人最终便会丧失自由的个体人格，便无法拓展出生命的共相的内涵。

这里，我们仅仅是形而上地谈及社会意识、民族意识和阶级意识的生存。

意识具有生存的核心，它存在于人之中，存在于个体人格中。意识在客体化过程中发生外化，产生集体意识的幻象，准确地说，这里所产生的实际上是集体无意识的幻象。谢尔盖·特鲁别茨科伊曾把群聚意识视为意识的社会化。这种现象也确实存在。群聚意识仅仅是共相的个体人意识的质的阶段，是可沟通性的到达。社会不存有个体人格，不可能始终如一地融合，它生存的前提是社会成员的分离性。只是这种分离性与可沟通性、群聚性并不对置，也不相互排斥。以为在集体中没有任何真实性，没有任何生存的（东西），这是错误的。但要警觉，真实性在集体中会被外化所扭曲，系于人的共同性的这种生存的（东西）会被客体化消解。认定个体人行动与社会行动之间存有绝对的区别，也不正确。这项绝对的区别在基督教意识中酿出一种服务于不公正的理由，甚至还为社会制度的反基督教活动提供口实。

人生活中的一切个体人的行动同时也是社会行动，于其中不可避免地存有社会投射。人不是封闭于自身的单子。人的个体人格总受社会的投射，这给人解救，也给人奴役。同样，一切导向社会和社会群体的行动也是个体人的行动。那些国家首领、党派头目、厂主和家长的社会行动均是个体人的行动，在这些行动后面，他是一种抽象物。一个人不可能同时是暴君、独裁者，又是虔诚的基督徒或者日常生活中的普通人。

社会的事物总脱出个体人格。集体的诱惑与奴役即在于社会的事物向外抛出，使人成为这个向外抛出的社会事物的一个部分。例如，民族的、种族的和阶级的骄傲也是个体人的骄傲。

人视这些骄傲为美德，其实是弥天大谎。这已充塞了人的生活。民族的、种族的和阶级的自我中心主义是个体人的自我中心主义。仇恨的民族主义是个体人的罪愆。人常常盗用集体的名义去犯罪，并混淆个体人犯罪与集体犯罪的本质。这是奴隶崇拜偶象的犯罪。拓展个体人格与拓展各种群体之间存有尖锐的冲突。群体总轻蔑和摧毁个体人格价值，并把它转换为自己的功能。诸如民族、国家、阶级、政党、教派、协会、家庭，便如此办理。

集体主义通常都受虚伪观念的支配。例如，受抽象统一和集权主义观念的支配。这种统一是对人的奴役，而不是对人的解救。

人的解救依靠公社和每个人的爱。精神的联合应拒斥精神的中心主义。

另外，抽象的正义的观念也是虚伪的观念。

这是正义的悖异。按其本性，正义不是个体的，它确信"普遍的"、共相的事物和人人依从的义务。

这种抽象的非个体的正义导向"普遍的"统治个体的，会铸成非正义。真正的正义是个体的正义。正义的动力可能成为集体的动力，以至凌驾于人，但正义的动力，不能成为个体人格的动力。正义神圣，但正义可能遮蔽集体的诱惑与奴役，可能成为普遍的非个体性的（东西）。正义不应把个体人格的良心外化。当正义不关联于整体的个体人格、自由、爱和怜悯时，它也就演变成了另一种（东西）。另外，平等的观念在一定时期内可能具有实际的意义，会为着人的解放和人的价值而斗争。

但是，平等的观念其自身却是空洞的，它不能提升人，倒常常激起人的嫉妒。

"在上帝面前人人平等"，是人格主义对平等的最基本的阐释。

革命的真理关涉每个人的价值和自由，不关涉"所有的一切"。

"所有的一切"是普遍的事物，"每个人的"才是个体的和个体人格的事物。社会生活具有两方面的目的：消除人的恐惧、贫困和弘扬人的创造价值。

这两方面存在有矛盾冲突，不过它们最终仍可以联合，因为"消除"也意味着"弘扬"。

我惊异地发现，每个人对尽善尽美的生活都有着无尽的幻想，伊甸园、上帝王国被构想得那么晶莹。在每个时代中，人建造了各种类型的乌托邦，期待着它的莅临。其实，乌托邦本身比它所显示出来的东西要更真实得多。

从某种意义看，最极端的乌托邦也比人类社会规划的那些僵死的理性蓝图更有积极意义。

中世纪，在变了形的基督教中存有柏拉图的乌托邦。教皇政体不拥有乌托邦，但教皇社会和教皇文明却常被东方（俄罗斯、拜占庭）和西方奉为乌托邦。一切重大的革命无不旨在实现某种极端的乌托邦，因此，即使不排除革命的负面价值，革命也比陈腐的观念形态更多一点真实的和实践的意义。例如，法国大革命的胜利者不是吉伦特分子，而是雅各宾党。雅各宾党却企图实现卢梭所构想的乌托邦——一种完美的、自然的、理性的秩序。又例如，俄国革命的胜利者不是社会——民主主义者、社会主义者和一般的民主主义者，而是共产主义者。共产主义者的理想即为了实现马克思的乌托邦——一种完美的共产主义制度。注意：我所说的乌托邦的实现，不指涉最真实意义上的实现，而指涉在教权国中、在雅各宾党的民主中、在马克思的共产主义制度中的实现。这种实现仅仅导向了一种与原设想的乌托邦不相符合的社会制度，因此严格说来是失败，是空想。对此，除法国革命和俄国革命之外，凡在历史中实现的乌托邦皆属此类。当然，乌托邦自身确实蕴含着生气勃勃的动力，它能凝聚和增强战斗性，每临意识形态斗争的高潮，那些不是乌托邦的都多少显得疲软。两相比较，乌托邦自身含有对生活建设的整体的集权的规划，而其他理论和流派的乌托邦总给人以部分的意义，所以也就更少有激情。乌托邦的魅力正在这里，同时也正是在这里彰显了它随身携带的奴役力量。

集权主义总奴役人。唯有上帝王国中的集权主义，才是对自由的确信。在客体化世界中的集体主义总奴役人。客体化世界作为部分，它不可能实现整体的集权的建设。乌托邦是上帝王国在人的意识中的扭曲。如前所述的王国诱惑，它则是乌托邦的源头。乌托邦总意味着一元论，而客体化世界中的一元论又总奴役人，因为一元论总是强制性的一元论。

唯有上帝王国中的一元论不是强制性的，不奴役人。凡是在这个世界中实现的理想社会的乌托邦，都是关于神圣王国和神圣政权的乌托邦，都是实现人民的或者无产阶级的绝对普遍意志的乌托邦，也是与个体人格的最高价值、良心、尊严以及精神的自由和良心的自由相抵牾的乌托邦，即有关绝对正义和绝对博爱的乌托邦。精神的自由与个体人格的自由存在的前提是二元论的因素，是上帝与"凯撒"的区别；乌托邦总力图排除二元论因素，总把凯撒转换成上帝。这便是神权政体的乌托邦和神圣君主的乌托邦之本色所在。因此，人的解救必须否弃客体化世界中的一切神圣性。

神圣的（东西）仅存于生存的世界，仅存于主体性。

真理存在于主体性中，并常常属于少数人。真理的这种贵族主义不能客体化，不能转换成任何一种贵族主义的分等级的社会制度。贵族主义的乌托邦不比其他乌托邦好，也同样会奴役人。

真理的贵族主义不显示任何特权，而显示责任。

赫尔岑说过存在着苦难的真理，他这样发问："为什么信仰上帝就可笑，信仰人类就毫不可笑？

为什么信仰天国就愚蠢，信仰尘寰中的乌托邦就聪颖？"

无疑，赫尔岑在这里拒斥一切乌托邦，但同时又告诉我们乌托邦中也存有真理。

人的确不能不追求完美，即不能不向往上帝王国。但迄今为止，人所追求和所向往的乌托邦却实在糟糕得很，仅给人以美感的眩晕，而一付诸实践，便演为貌似的完美、自由、合人性，便以幻象欺骗人。追究起来，这是乌托邦混淆了"凯撒"与上帝，混淆了这个世界与另一个世界。这样，乌托邦想建设完美的生活，想养成人的应有的善良，想实现人的悲剧的理性化，但由于它匮乏人与世界之间的转换，最终总是既没有新的天堂，也没有新的尘寰。

乌托邦关涉末世论的问题。

社会主义的反对者声称：社会主义是乌托邦，并违反人的本性。此论具有两种含义。我们不清楚社会主义不能实现的原因是本身即乌托邦，还是受到人为的阻碍？显然，认为社会主义的理想体现了平等和正义，却遗憾它不能实现，或者认为社会主义理想本身就是一个谬误，这些看法都不正确。

资产—资本家集团混淆了两方面的因素，只注意到其中的这一方面或者另一方面。

认为社会主义是美好的、完满的理想，却遗憾它不能实现，这跟认可奴役是一回事。无疑，确实存在过社会主义的乌托邦，而社会主义也确实具有乌托邦的因素。

这与民主主义的、自由主义的、君主主义的和神权主义的神话一样，是社会主义的神话。但社会主义不是乌托邦，而是铁的真实。

如果19世纪的乌托邦被认作是社会主义，那么20世纪的乌托邦则是自由主义。

有人判定社会主义不能实现的原因是，作为社会主义存在的前提的道德水准与人们的现实状态相去甚远。然而我以为，社会主义之所以能够实现，即在于此二者确实"相去甚远"，而社会组织应解除对人的压迫。

自由主义经济在人的多种利益中发挥自然的作用，其基础建在极度的乐观主义之上。

社会主义自身含有悲观主义的因素，它不愿意相信社会和经济生活中的自由调节力，它悲观地评判经济生活中的自由所导致的最终结果。社会主义不坐等强者道德日臻完善而改变强者自身的习性。社会主义重在行动，即以行动扶助弱者和改革社会。对于实际的社会生活，任何抽象的道德信条都是伪善。如果社会尽由圣贤和道德楷模组成,那么也就无须乎再采取社会行动来保护弱者和反对强者,或者保护被剥削者和反对剥削者。社会主义社会不由圣贤和道德楷模组成,相反,而是由满身携带着罪愆与缺陷的人组成。所以,社会主义不"坐等"人和社会的完善。

社会主义问题只有世界意义,很复杂,它涉及到各方面。

至少,我们可以审视它的形而上的精神的方面和它的社会的经济的方面。第一方面,在占优势的形式中,社会主义的形而上是一种彻头彻尾的虚伪。它的基础即以社会凌驾个体人格,并确信个体人格由社会赋予形式。这是集体主义的形而上,它视普遍的事物比个别的事物更真实,视阶级比人更真实;它否弃精神的源头,把人最深刻的东西普遍化了。第二方面,社会主义更符合真理,是基本的正义。在此层含义上,社会主义是基督教人格主义的社会投射。唯有人格主义的社会主义才能够解救人。有人指责社会主义劳工运动囿于唯物主义,劳工易被塑成唯物主义者,但这些人忘记了劳工的基本生活条件和劳工对物质的强烈需求。公正地说,社会主义文化同民主主义文化一样,都匮乏高质,极易被粗俗化。劳工问题向我们表明:人类社会向前发展,必须满足人生存的基本物质需要。

自由和面包是社会生活中的两大基本难题。世间还有什么比这更棘手呢?莫非只有丧失面包,才能获取自由?这种把石头换成面包的诱惑,早叫沙漠中的基督发怵。这里是面包在奴役人。对此,陀思妥耶夫斯基通过他所描写的宗教大法官作过天才的表述,但大多数人都误解了陀氏。人们以为面包问题并非那么紧迫,以为世间生存着不需要面包的自由;其实,人沦为奴隶就常因为失去面包。面包,是一个重大的象征。社会主义问题、和平问题与面包戚戚相关。人不应该沦为面包的奴隶,也不应该为着面包而出售自己的自由。这是关于社会主义的两重性的主题,是关于两种社会主义的主题。

须区分集体主义的社会主义与人格主义的社会主义。前者视社会和国家高于个体人格,视平等高于自由,并以此作为拥有面包的前提。事实上，这意味着获取面包须以自由和良心为代价；而后者弘扬个体人格，以个体人格高于社会和国家，以自由高于平等。在此，面包既属于每个人，同时也护卫每个人的自由和良心。

另外，还有人划分出自由的民主主义的社会主义与反自由的集权主义的社会主义。我认为这种划分不能进到问题的深层面。民主仅是一种相对的形式，个体人格和自由的价值才具有绝对的意义。一方面，民主表示人民的主权和大多数人的统治；另一方面，民主还表示人的自我管理（自治）、人权和人的自由。唯据此，民主方透显永在的意义。

18、19世纪，大多数人都从社会中寻找人的解救，即相信社会能给予人自由，但事实上一切却正好相反。人的解救不应在社会中寻求，而应在上帝那里寻求，亦即人的解救须脱出社会奴役。

为此，必须摈弃社会一元论，必须确信二元论的因素和社会不能酝酿新精神。

使用现代术语，也许可以把社会主义划分为奴役的社会主义与自由的社会主义。前者指集体主义的国家主义的社会主义，即法西斯主义的社会主义。

它的源头在世界进程中，由世界进程产出。它受帝国主义的强大意志的支撑，其中，共产主义是它的"左翼"，民族——社会主义是它的"右翼"。完全可以说，正是社会主义中的这些法西斯主义的因素，败坏了社会主义，也败坏了人。

这些法西斯因素全然不显示正义，应摒除它们。奴役的社会主义不可避免地要走进官僚政治的王国。这种官僚化不仅发生在法西斯主义的社会主义中，也发生在民主主义的社会主义中。当今，欧洲的社会——民主主义政党和社会主义政党已日显官僚化和中心化。面对如此险情，唯有在人类社会中辟出崭新的进程，而这一进程的基础则要建在人格主义的价值和人格主义的互爱上。这是真正的而非表面的民主，即人的自我管理，即自由。社会主义之所以演化成奴役人的王国，是在于客体化。唯有在主体中而非在客体中的自由，方能拒斥客体化。

社会主义能接受人格主义的社会投射,能成为人格主义的社公主义吗?仅从词的组成看,这似乎就很矛盾,而且极容易被误解为自由主义。社会生活和经济生活中的自由主义即资本主义的意识形态。

人格主义正要否弃资本主义制度。

人格主义不允许把人转换成物或商品,也不允许把劳工作为工业进程的手段。

这里,人格主义还否弃奴役人的工资体制,不以非人性的金钱驾驭人的生活,不认可与资本主义制度相适应的扭曲了的价值等级。这种价值等级对人的衡量是,人有什么和人在社会中占据什么样的位置。如衡量工人,则纯粹看其生产地位如何。社会主义最糟糕的就是以经济凌驾精神,不承认个体人格为最高价值。

这也正是资本主义的私货,是资本主义摧毁个体人格的继续。虚伪的集体主义压迫个体人的良心,也属于资本主义工业化的产物。两相比较,依存于土地的生活会比依存于工业化的生活更给人以温馨和宁静,更少残忍。当然,人也会因此而受土地的奴役。问题在于:人脱出了土地的奴役,则又受到解救人的工具的奴役。

人格主义的价值尺度同真正的未扭曲的基督教的价值尺度相似。只有良心泯灭的基督徒,才会容忍富人对穷人的欺凌。基督教是穷人的宗教,不可能把它转变为资本家和金钱的庇护所。资本主义作为拜金的宗教,理所当然地偏爱资本家和金钱,但令人震惊的是,却认定它是无私的护卫者,具有纯正的意识形态。资本主义不但欺凌和压迫穷人,而且还首先欺凌和压迫人的个体人格。当然,有产者的个体人格也同样受它的欺凌和压迫。在这个社会中,无产者和有产者一起被非个体化和非人性化,一起丧失精神的自由——它们都是奴隶。

社会主义关涉无产者,这是一个具有世界意义的问题。

有产者的生存意味着贬损人的尊严和人的个体人格价值,无产者的生存同样如此。无产者的生存是非正义和恶愆。无产化即人的本性的异化。马克思对此尤为关注,他曾尖锐地揭示过这个问题。这是他的功绩。无产者低下的社会地位不能与个体人格的最高价值相混淆。无产化之所以能愈演愈烈，是由于劳工被视为生产工具，被迫像商品一样出卖自己的劳动。

说实在的，资本主义社会的道德水准远比关联于工匠和行会的中世纪社会更败坏。

两相对比，农民更接近于世界的源头，而无产者则更指向世界的终端。无产者含有末世论的因子。

在人类罪的历史上，无产阶级的出现与资产阶级密切相关，它是社会化和客体化的产物。世界上竟有着如此无产化了的人的生存，这确实是桩不容推卸的大责任。无产者无家可归，无人关照，他们只得与自己的同伴抱成团，在自己的群体中感受生命的安全。当然，无产者中也有善良的与败坏的区分。马克思在青年时的论著中曾说，劳工不具有人的高质，他们是更加非人性、更加丧失人的本性的生存。

但后来，在马克思主义的历史中却产出关于无产阶级的神话，其影响甚大。

这种弥赛亚论认为，劳工群众比有产者群众更优秀，更少堕落，更赢得同情。其实，劳工也一样被依赖感、仇恨和嫉妒所支配，一旦胜利，他们也会成为压迫者、剥削者。这在人类历史上已一再重演，甚至人类历史就是这么一出荒诞剧，即富人盘剥穷人，尔后，穷人去杀富人。此间，唯少数人持守住自己的理想、信仰，而大部分人都受限于经济利益和阶级地位等。马克思的无产阶级缺乏经验的真实，仅是知识分子构想的一项观念和神话而已。就经验真实来说，无产者彼此既有差异，又可以类分，而无产者自身并不具有圆满的人性。那种以为社会主义社会应是无产阶级的社会，社会主义文化应是无产阶级的文化，是十分矛盾且荒谬的观念。

在社会主义社会中根本不应该生存无产者，而应该生存充满了人的尊严和人性的人。

这是人道主义对非人道主义的攻克。

在此，贵族的特权与骄傲不应该转让给无产者，否则，受统治意志支撑的无产者会成为新的有产者。

无产者不仅属于社会—经济范畴，也属于心理—道德范畴。

一方面，社会组织应拒绝无产者作为社会—经济的范畴。

人不能发生劳动力的异化，即不能发生无产阶级化，每个劳动者都应拥有生产工具。另一方面，世界的精神运动应拒绝无产者作为心理—道德的范畴。无产者不应继承过去的恶和不公正，整体的人应找到自己的生长点。

无产者的意识形态是奴役人的意识形态。它偏爱奴役人的过去，拒斥对过去的批判。

无产者应怀疑自己的无产性，确信人的个体人格的价值尊严。无产者不应回到无产者的文化中去，而应走进人的文化。无产者的革命性彰显一切人的受奴役和堕落，人的革命性才是一切人都可能得到的解救和超越。过去的不平等、非正义和屈辱制造出被压迫者的意识幻象。这些幻象对于大众是十足的麻醉剂。在害怕失去自己特权位置的人那里，在被压迫者那里，意识呈现萎缩状态。

"资产阶级性"同"无产阶级性"没有更大的区别，都显示意识的萎缩和贫乏。

"资产阶级—资本主义的"世界和"无产阶级—社会主义的"世界都是抽象的东西，而且这两个世界相互渗透。资本主义不可能占据一切生活和一切文化。有产者世界与真正的基督教世界之间，客体化的决定论的世界与人格主义的自由的世界之间，存有尖锐的矛盾。于此，"无产者"与"贫困者"是两个完全不同的概念。福音书中的"贫困性"指精神的优势，恰恰不指无产者的状态。无产者不具有精神的优势。

以上论述会把我们引入另一个基本主题：阶级社会与无阶级社会。

阶级社会的基础建在对个体人格价值的否弃上。人格主义反对阶级社会，它需求无阶级的社会。这里存有社会主义的和共产主义的真理。但是，当社会主义企盼成为纯粹的无产阶级的社会时，它也就跌落进阶级社会的奴役,也就不再是真理。人格主义的社会主义应是无阶级的、人民的、人性的,即自由的,亦即远离产生新的奴役的阶级社会。

阶级重新确立了人的不平等和各种类分。这种确立其基础设在关联于人的出身、血统、财产和金钱的种种特权上,而没有设在个体人格的价值、质和使命上。阶级类分的基础不是人的原则,而是反叛人性的原则。社会当然不可避免地要类分,但它不是在社会阶级的含义上进行类分。类分、差异、不均等只应该是人的和个体人的,而不是社会阶级的和非个体人的。贵族分子之间存有较大的差异和不均等,但每个贵族分子都拥有贵族的价值,面对社会时,他们都一律平等。

社会的组成也应如同贵族的这种组成。无产阶级与资产阶级的区别,是虚伪的、无人性的、无个体人差异的区别,应立即废止。一切人都应成为工人,应成为贵族分子,而不应成为有产者和无产者。社会平等化过程不应为着人们的平均化和非个体化,而应为着类分和差异,为着崭露被社会的阶级等级制所遮盖和所扼杀的个体人的有差异的质。

无阶级社会不是乌托邦,而是不可避免的现实。它涉及社会的人性化。贵族形态的社会不掩饰阶级(阶层)的生存,原则上维护种族—血缘的不平等,这多少还显出它在这方面的坦诚。而资本主义社会抹煞阶级的生存,它的思想家们信奉在公民的平等中趋达无阶级状态,指责社会主义者构想阶级和阶级斗争,这足可以看出资本主义社会的虚伪。阶级生存着,阶级斗争不仅由无产阶级引发,也由资产阶级引发。

人们的阶级生存以及把阶级凌驾于人之上,是社会的大恶,特别是现代私有制社会的大恶。

无产阶级的真正优势在于渴求更新,渴求自我消灭,渴求融合于全人类。这项观念曾经被马克思主义的社会主义认可。在实践中,无产阶级的自我确定总不免阻碍新社会的创生。一切阶级的心理都充满了罪,都拒斥个体人格价值。当资产阶级训斥无产阶级要克服自己阶级的心理障碍，要终止阶级斗争时，这往往是它进行争斗的一种口实而已。真正人性的社会是互爱的社会，于其中不存有阶级的等级之分，仅存有人的取决于另一种标准的差异，存有人的不取决于权利而取决于责任的优秀的高质。互爱的社会不再是一个外在的组织，它需要人矗立于精神的高地。在这里，个体人的质的选择任何时候都与经济的优势无关。人格主义社会的根基不建在有关公民和生产者的观念上，也不建在政治的经济的这类观念上，而是以个体人的、精神的、个体人格的观念为基石。

这意味着精神高于政治和经济，意味着人拥有整体性。

整体性属于人，不属于社会。整体性在人之中，不在社会之中。

有关公民和生产者的观念都是抽象的东西，它肢解整体人，使人裂为碎片。大部分人（无质的群众）都享受着阶级的特权。

唯有少数人（精神的贵族）享受质的选择的特权，这不是阶级的特权，不引入社会的客体化。社会中常存在着具有各种质的群体。

群体的质关联于职业、志向、才华、高文化等，但其中却没有任何阶级的质。这里首先应以职业取代阶级。社会不可能是丧失了质的差异的、大众的社会。迄今为止，每种社会形式中都暗含着不平等的倾向，都可能导向堕落和统治。人格主义洗刷对人进行阶级类分的屈辱。提升人首先是提升人的精神，进而也关心人的物质条件的改善。这里，对人的物质条件的改善，与其说是"提高"，不如说是敦促"平均化"。

资本主义社会结构的优势关联于人的金钱优势。社会主义在实际中也常倾向于文化的平均化，常用经济人的眼光审视精神。追究起来，这并不取决于社会主义的社会体系和经济体系，而取决于虚伪的精神。正是这种精神致使社会主义中邪。同样，共产主义随身携带的奴役因子也源于精神，而不源于经济。对精神的否弃总是精神的现象，总是由于精神的错误取向。至今仍未把社会问题与精神问题结合起来进行审视，其错误便存于精神这方面。在19世纪的社会沉思中，俄国的赫尔岑和西方的蒲鲁东都十分接近人格主义的社会主义，但他们的哲学思想却断送了他们。青年马克思曾拓出过许多新思想，本可沿此路拓展开来，但后来的马克思主义却走向了他的反面。我撰写此书，并不旨在提供一个解决社会问题的具体方案。作为哲学家而非经济学家的我，所感兴趣的仅仅是社会问题中的精神因素。这是人的自由与奴役的主题。当然，审视社会问题总要具体化，总要涉及面包、劳工、劳动。一切人和每个人的面包应该得到保障；人不应该生存为无产化的、反人道的、反人格的人，即不应该生存为无产者；劳动不应该被剥削，被转换成商品，而应拥有自己的价值和意义；劳动者不能失却生存的起码条件。对这些社会问题的解决，不是指在这个世界上辟出一块净土。倘若如此能行，那未免过于省事。

认定这些问题在人的生存中无法解决，显然太悲观。当然，也不能把解决问题的希望寄于经济的自然规律。经济的自然规律根本不存在，这些规律——法则完全是出自资产阶级政治需要和经济需要的构想，是以大部分人的贫穷和不幸为代价的。当年，在马克思否弃这些东西并指出建构社会必须依赖于人的积极性时，他有过深刻的真理。

解决社会问题委实复杂，任何前定的教条都无济于事。教条的本性即是以暴力施于个体人格，阻扰社会问题的解决。无论如何，必须拒斥社会的一元论。历史地看，社会的一元论如不转变成暴君的形式，就转变成奴隶的形式。

暴君与奴隶，不过是"一体两面"。人格主义赞成经济的多元制，即实行民族化经济、社会化经济与个体经济的多方联合，而绝不允许发生资本化和剥削。经济也许只能社会化，而不能见之于精神生活、意识和人的良心。

经济的社会化应伴随人的个体化。

人的互爱是精神的主题。这不由社会组织操办，不是抽象——普遍的结合，而是存在于具体—个别之中，并以人的和人民的个体性为其存在前提。人格主义拒斥中央化这头怪兽。解决社会问题不能放在政权的逐鹿中。当代许多学派所构想的法西斯主义、议会代表制的民主主义等，都无济于事。政权的争战意味着政治挂帅，这是国家主义的另一种形式。在政权进入紧迫阶段时，高踞于人生活之上的政治功能便会异乎寻常地发挥到极限，这时，政治宛如金钱在资本主义社会中一样重要。解决社会问题应取决于人民生活中的个体人的质的提高过程。解决的希望是在下层，不是在上层，是经由自由，不是经由权威。社会问题一旦交给烙有专制印记的政治和权威去解决，在紧要关头便给人以幻象，根本无法造就新社会。

当然，也不能寄希望于正义。正义的实现常取用强制性的社会行动。实现人的互爱的共同性和可沟通性，依赖于自由和个体人的质的提高。再有，民主的虚伪也无助于社会问题的解决。

自由的根子在精神中。自由对社会进行投射时，会产生出许多令人困惑的悖异。社会生活中的劳动常具有形式上的自由，这导向奴役。

资本主义社会的劳动自由便属于此类。

自由存在着很多层次和不同的发展阶段。最高的自由应建在精神生活、良心、创造、人与上帝的关系中。自由一贴近物质生活的边缘，就受其钳制，就降格。因此，为着人的和劳动者的真正自由，应限制经济生活中的自由，否则强者将欺凌和奴役弱者，甚至将夺去他们的最后一块面包。经济的放任自流是虚伪的肤浅的低层次上的自由。一元论或者集权主义会把对经济生活中的自由的限制转换成对自由本身的限制，进而摧毁精神生命。这是集权体制最大的恶，它通过政权把这种体制"转换"和这种体制"摧毁"并从经济生活中扩散到世界。

世界不认可劳动的真自由，或者说仅认可劳动的很少的一点自由，而更主要的是限制和摧毁自由。社会运动都始发并羁绊于反抗施给劳动者的沉重的经济剥削，而对更深层面上的问题，即劳动的精神的形而上的问题，从未触及过。古希腊贵族形态的唯理论轻视劳动，推崇理性的和美感的世界观。

在中世纪，基督教的禁欲主义虽然认可劳动的价值，但不是主要认可创造劳动的价值，而是立足于赎罪的观念。

20世纪初，达尔文主义特别推崇理性的劳动，由此酿出了特权化的资产阶级和资本主义社会体制。现代世界则推崇社会主义的劳动神话，并为此举办过丰富多彩的种种封神仪式。毫不夸张地说，所有这一切并没有揭示出劳动的意义，最多仅仅使劳动者脱出过分繁重的劳动罢了。

劳动者脱出劳动权力的奴役，实现正义的解放，这还是一个如何支配劳动者工余时间的问题。这似乎比所有时间都被劳动占据还更棘手。资本主义制度中，经济的理性化和技术化给人带来失业的威胁，这当然是对这个制度本身的惩罚。

有些较合理和较人性的社会组织也可以把人从高强度和长时间的劳动下解放出来，为人赢得自己的闲暇。那么，是不是可以说，脱出繁重的劳动并拥有娱乐的闲暇即是社会生活的全部目的呢？当然不可以。如果承认这种说法，即等于否弃尘世生活的艰苦性和严肃性。显然，社会生活的意义还更在于它的艰苦性和严肃性。

劳动应使人脱出奴役和压迫，但它不可能使人获得最后的解救。当然，劳动堪称尘世中人的生活的最基本的和最大的真实，作为幻象的政治和金钱根本不可与之相比。世界应是劳动的真实性的成果，人的创造的真理、建设的真理和救赎的真理（在汗流满面的每一个人那里将有自己的面包），均在劳动中展现。劳动具有两方面的作用：一是使自然人性化，证实人在自然中有着自己的伟大使命，但恶与罪扭曲了人的劳动使命。二是产生劳动的反人性化的过程和劳动者的人的本性的异化，这是旧的奴役与新的资本奴役的恶和不公正。

人不仅贪恋征服自然，也贪恋征服自己的骨肉同胞。劳动奴役人，人也奴役劳动。这是人生存的客体化的极端形式。可以看出，马克思说的"拜物教"指的正是这类事实。

如果劳动应解救人，那就不应把劳动神圣化，以至于转换成偶像。人的生活不仅仅是劳动，劳动的积极性也需要沉思。

沉思可替代积极性，但却不能把沉思强加于人的生命。

凌驾于人生活之上的劳动的积极性会用时间流来奴役人。沉思也许可以走出时间的奴役,而朝向永恒。沉思也是创造,是不同于劳动的另一种创造。有产者的世界沉思,除包孕着他自己的利益外,它不认可劳动具有其他的动机。通常,无产者参加劳动仅仅是为了解除饥饿和失业,这实际上是受劳动的奴役。

有产者反对社会主义的理由之一是,社会利益不能建造成功的经济,成功的经济其基础设在个体人的利益上。对此我们要问:在私有经济中,为什么无产者的劳动没有赢得自己的利益呢?这是否意味着成功的经济其基础是建在无产者担忧自己会沦为道旁饿殍的恐惧心理上?是否意味着在资本主义社会中奴役已被视为劳动的正当理由?

在经济生活中,个体劳动者的主动性跟资本家的主动性不同。资本家占有生产工具,不必亲临厂房。工程师和专家即使作为企业和工厂的头,他们也不是占有者,他们的利益仅包含在企业和工厂里。

如同社会活动家一样,他们也是进行创造的人。经济的主体是个体人格,不是掌握生产工具的个体人,否则,对他人奴役的可能性将永远生存着。无论如何,人格主义不允许个体人利益和经济生活中的冲突占据统治地位,因为他们显示人与人之间是豺狼的关系。

资本主义的经济基础并不是都建筑在个体人的利益上。

它是经济生活和社会生活既过分理性化、又过分非理性化的产物。在实际中,人的下意识的本能发挥着巨大的作用,常需要与理性化的利益划清界限。资产阶级在社会倾轧中对自己利益的意识,与其说出于理性,不如说出于下意识的本能和非理性的偏见。人在自我中心主义中常受非理性的控制。

例如,准备战争的人,也时刻准备在战争中毁灭自己。

又如,那些经由下意识产生的梦在生活中颇有作用,那些呓语、梦景不一定不是真话和真相。在政治舞台上,便时可见到白日做梦与梦话连篇的丑态。还有,人渴求死亡并想毁灭世界和颠覆社会,从而标举自己的厄运。

创造新世界和新社会,需要重新体验严肃的禁欲主义。

以为禁欲仅见之于个体人的生活,这大谬不然,其实这也发生在社会生活和历史生活中。

为着攻克集体主义的诱惑与奴役，为着扫荡新的社会诱惑与奴役，人必须遏止世界的客体性。这意味着用个体人格的精神的坚定性去抗拒世界对个体人格的奴役与诱惑。

于此，个体人格从积极的意义上应更显示社会性，从消极的意义上则应更少社会性。具体说，即个体人格要弘扬在自由中的社会性，要力拒受决定论所钳制的社会性。

世界应是精神的坚实强大的联邦，应由劳动的交会来组建。

（三）个人主义的诱惑

人受奴役的最后一桩真相即是人受自我的奴役。人陷入客体世界的奴役，这是自身外化的奴役。人受各种偶像的奴役，但又有哪一种偶像不是人的作品？人总成为奴隶，这在于人把自身向外抛出，异化了自身，而最终的孽根还存于人的内在。

自由与奴役的争战虽然发生在客体化的外化的外在世界，但从存在主义的观点看，这也是内在的精神斗争，因为人是小宇宙。另一方面，发生在个体人格中的自由与奴役的争战，会投射到外在的客体世界。

人不仅受外在力量的奴役，而且在深层面上人姑息自己做奴隶，奴隶式地顺应外在力量的奴役。人在客体化世界中的社会地位奴役人。例如，集权国家中几乎所有的人都是奴隶，深究起来，这只不过是现象而已，其根源还在于人的意识结构。这里，是"意识"决定派生的"存在"，是"意识"的过程把"存在"放在奴役的位置上。奴役人的社会产自人的内在的奴役状态。人长期受幻象的统治，幻象为何如此拥有力量？

不外乎它是规范化的意识。人受外在力量的奴役，同时又受内在自我的奴役，于是幻象每每出现在意识的常态中，人早已习焉不察。人奴隶式地审视"非我"，首先因为奴隶式地审视"我"。我们绝不能苟合于奴隶式的社会哲学,它赞成人应忍受外在的社会奴役,而只求内在的解放。这种哲学显然完全误解了"内在的"与"外在的"关系。须知:内在的解放也需要外在的解放,也需要拒斥外在的社会奴役。

自由人不能忍受外在的社会奴役。

自由人即使一时不能攻克社会奴役,自由人的精神也是自由的。

这是一场拼搏,它也许非常痛苦且漫长。自由必须遏止一切阻力。

人的原罪是自我中心主义。自我中心主义毁坏了人的"我"与"他者"、上帝、世界的关系,也毁坏了个体人格与共相的关系。自我中心主义是虚幻的倒错的共相主义,不具有感知任何真实的能力,由它所勾勒的世界前景和世界真实性纯属子虚乌有。自我中心主义者浸渍在客体化中,他仅想成为自我确定的一种工具,其依附性极强,会永远陷在奴役的位置上。这掩盖了人生存的最大奥秘。人之所以沦为周遭世界的奴隶,是由于人首先沦为自我的奴隶,即人崇尚自我中心主义。换言之,人奴隶式地屈从于外在的客体化世界,是因为人自我中心式地躬行自我确定。谁做自己的奴隶,谁就失去自己。像这样的自我中心主义者实际上是一个空架子。个体人格抗拒奴役,而自我中心主义毁灭个体人格。

人受自我的奴役,不仅受低劣的动物本能的奴役,也受美好天性的奴役。两相比较,第一种奴役形式最沉重,第二种奴役形式则更具魅力。大量事实证明,人常跌进自己美好天性的精致了的"我"的陷阱,成为自己美好的观念、情感、智能、才华的奴隶。而每当此时,即人把最高价值转换成了自我中心主义的自我确定时,人还全然无所发现,无所意识。

狂热便属于自我中心主义的自我确定;谦卑也可能转换成极端的骄傲,由此产生的骄傲最无可救药。在这方面,可列举法利赛人作为代表。他们恪守善良、纯正的准则,并始终不渝地为它竭忠尽诚;像善良、纯正这一类美好天性的观念,在法利赛人那里已转换成了自我中心主义的自我确定和自我满足。再有，圣洁也一样可以繁衍成自我中心主义的形式，甚至还可以蜕化成虚伪的圣洁。美好的理想的自我中心主义喜欢偶像，喜欢用虚幻的观念取代活脱脱的上帝。自我中心主义的一切形式，或来自人的动物本能的，或来自人的美好天性的，一律会奴役人。人受外在世界的奴役，首先是因为受内在自我的奴役。自我中心主义者是被奴役的生存，也是奴役着的生存。

在人的生存中具有观念的奴役辩证法。这是生存的辩证法，不是逻辑的辩证法。

没有什么比人受虚幻观念的支配，以及人基于虚幻观念而施行自我确定，更令人恐怖。它犹如暴君，既奴役自己，也奴役别人，甚至还可能支撑起整个国家和整个社会。扩展开去，宗教的、民族的、社会的以及革命的、反革命的观念，均可扮演这种角色。通常，这些观念经由奇特的方式服务于自我中心主义的本能，而自我中心主义的本能又委身给这些虚幻的观念。

不幸得很，人受外在的奴役，又受内在的奴役。自我中心主义者总在客体化的钳制下，总把自己抛到外在的世界中去，即使分析世界，他们也依附于世界，也把世界作为自己的工具。

人受自我的奴役常采用个人主义的诱惑形式。

不能简单评判个人主义这桩复杂的现象。至少，个人主义有正（积极的）和负（消极的）两方面的意义。

因术语的不确切，人们把人格主义称为个人主义。

例如，一个人若独立思考，自由判断，或者自我隔绝，不好交际，躬行自我中心，便会被认作个人主义者。从词的严格意义上讲，"个人主义"源于"个体人"，而不源于"个体人格"。

凡确信个体人格的最高价值、护卫自由、渴求完满以及认可人有权实现生命的可能性，便不能划归为个人主义。关于个体人格与个体人的区别，在前面我已有分析。

易卜生的《皮尔·金特》曾揭示出个人主义的天才的生存的辩

证法。易卜生这样向我们提问：那构成我的究竟是什么？是什么使我确信？剧中的主人公皮尔·金特想成为他自己，想成为有根源性的个体人，因为他曾经丧失并毁灭过自己的个体人格。

但实在不幸，最终他还是做了自己的奴隶。

那种被文化上流人士所标榜的美感化了的个人主义，已进入当代小说的视域。

于其中，整体的个体人格被个人主义肢解，整体被扯成碎片。个体人格是人的内在的整体和统一，唯凭借此，才能攻克自我，攻克奴役。一旦个体人格被肢解成自我确定的、理智的、激情的、感觉的……众多碎片，那么它作为人的生存核心也就随即消亡。唯精神源头可以整塑灵魂生命的统一，可以重建个体人格。抗击奴役不能取用个体人格的碎片（部分），而要取用统一的个体人格（整体）。

否则，人最终仍无法脱出奴役人的各种形式，仍会身陷囹圄，得救的奇迹仍不会出现。这里，人受奴役的孽根是人失却了自己的内在核心，听凭众多碎片占山为王，各行其事。

这样一来，人还会勃生出神经质的恐惧，这比什么都更容易置人于奴役中。

遏止这种恐惧，不能凭借人的理智的、激情的、感觉的碎片，只能凭借作为整体和核心的个体人格，凭借个体人格价值的凝聚力。唯个体人格（整体），方可攻克客体化世界（部分）。

人需要认识自己是一个可以从各方面抗击客体化世界的整体，需要认识整体的个体人格是生存的最高形式。人受自我或者"非我"的奴役，都透显人的破碎性。自我对人的奴役，无论是卑劣的情欲，还是美好的观念，都意味着人丧失了自己的精神核心。那种关于灵魂生命的原子理论是伪学，它从心理化学的特殊角度来导向灵魂过程的统一。这样灵魂过程即使能够统一，也是相对的，会轻易地被击碎。统一灵魂的过程，须委以元气充沛的精神源头。这是个体人格的杰作。

具有核心意义的不是灵魂的观念，而是整体人的观念。

它蕴含着精神、灵魂和肉体的本源。剧烈的自然生命过程摧毁个体人格。强力意志扼杀人的肉体，扼杀强力意志的主体自身，扼杀受这种强力意志支配的人。尼采便立足于强力意志和自然生命过程，这完全背离了人格主义的基本取向。强力意志对真理的认识不给予任何可能性。任何真理都不趋向于强力意志，即不接受强力意志的奴役。强力意志是人的离心力，无法帮助人战胜自我和客体化世界。自我的与客体化世界的奴役，是奴役的"一体两面"。对统治、强力、功业、荣誉、享乐的企盼，即是被奴役，即意味着用奴隶式的态度观照自己和世界，并把自己和世界奉献给统治者（即奴隶）的淫欲。

个体人实在太孱弱，如果以为个人主义会使个体人强健起来，会给予个体人以独立于世界的自由，这是人的幻象。

事实上，个人主义是客体化，它关联于人的生存的外化，而且每每隐而不显，难以被人识破。

个体人是社会的、种族的、世界的部分，而个人主义是部分——脱离了整体的部分——的幻象，或者是部分对整体的反抗。

整体中的任何一个部分，纵然反抗整体，但置于个人主义中，也只能是外化的事物。整体与部分的关系仅存于客体化世界，即仅存于异化的、非人性的、决定论的世界。对于共相，个人主义者躬行自我隔绝、自我确定，并把它纯粹视为暴力的角逐场。

从这一角度讲，个人主义也反叛集体主义。

当代精致了的个人主义早已远离彼特拉克，远离文艺复兴时期的那种个人主义。

现代人把个人主义作为一副甲胄，以为披挂在身，便可抵御世界和社会的进袭，则可走进自我，走进灵魂，走进抒情诗、叙事诗、音乐，这实在大谬不然。

人的灵魂确实十分丰盈，但也需要拓展。拓展灵魂之际，不能离析个体人格。

个体人格自身所蕴含的共相不在客体性中，而在主体性中，即在生存性中。个体人格朗照人，使人意识到人自身的源头在自由（即精神)中,由此攫取奋力挣扎和积极创造的力量。

这意味着人要成为个体人格,要成为自由人。

个人主义者本质的源头在客体化世界中,即在社会和自然中。

凭借个人主义来抗拒奴役,实际上只能隔绝自己,只能屈从于外在世界。无怪乎,个人主义者都是社会化了的人,所感受到的大抵是暴力、封闭、无助这一类社会性。这是个人主义的悖异。譬如,孱弱的个人主义仅在较宽松的社会制度下才能存活,一旦进到资本主义制度,遭受经济力量和经济利益的围剿,顷刻便会覆灭。个人主义扼杀别人,也扼杀自己。

人格主义具有群体的亲密的聚合力,期待建立群体的兄弟般的友谊,这迥然异于个人主义者把社会生活中人与人的关系视为豺狼关系。

凡持有伟大创造之举的人都不是个人主义者。个人主义者自我隔绝,孤芳自赏,投机钻营,追逐实惠,并把个人主义的封闭性合理化,没有什么能比这更虚伪的了。进行伟大创造的人踽踽独行,不苟合于四周的环境,特别是不苟合于那些早已定形了的集体的意见和判断。

他们的服务意识极强,时时肩负着天下的使命。由此,孤独亦可分为两种:创造的个体人格的孤独与个人主义者的孤独。前者体认内在的共相主义与客体化的共相主义之间的争斗;后者也反抗客体化的共相主义,但他底气不足,终究要败下阵来。

这两种孤独,也可以区分为内在丰盈、充实的孤独与内在贫瘠、空虚的孤独,或者区分为英雄主义的孤独与"败北者"的孤独,大气运作的孤独与匮乏底蕴的孤独。

一个人若以静观的美感抚慰自己,填补自己的孤独,这属于个人主义者的孤独。列夫·托尔斯泰强烈地体认过孤独,即便在自己的亲人挚友中间,他也无法脱出这种孤独。无疑,这是创造的个体人格的孤独。另外,个人主义者的孤独和异化性往往导向对虚伪的共同性的屈从。个人主义者会轻易变成教徒,隶属于他完全不能反抗的世界。

这类例子在革命与反革命中，在集权主义的国家中，屡见不鲜。

像个人主义者这种自我的奴隶，太受自身的"我"的诱惑与奴役，因此完全无力抵御来自"非我"的诱惑与奴役。

唯有个体人格，才是脱出"我"与"非我"奴役的解救。人沦为"非我"的奴隶，总经由"我"和"我"所在的状态。客体世界的奴役力量能铸成壮士的个体人格，但不能铸成一个教徒。教徒的调和顺从作为奴役人的形式，时而利用这样或那样的本能，又时而利用这样或那样的"我"。

荣格划分出两种不同的心理类型，即朝向内在的内倾型和朝向外在的外倾型。

这种划分当然是相对的、有条件的。

实际上，一个人很可能同时具有内倾型和外倾型。现在使我感兴趣的是：内倾型在多大程度上就是自我中心主义，外倾型在多大程度上就是异化和外化。换言之，一个人内倾到什么程度就成为自我中心主义者，外倾到什么程度就发生异化和外化。扭曲的内倾型即泯灭了的个体人格，这是自我中心主义；而扭曲的外倾型即是异化和外化。按其本性，内倾型也可能触及自我的深层面，从而进到精神的深刻启示中去；外倾性也可能导向创造人和创造世界的积极性。但这里要谨防外倾型把人的生存向外抛出，发生客体化。这种外化和客体化的产生取决于主体的一定导向。人受奴役也许是人太沉溺于自己的那个"我"，太专注自己的状态。当人与世界和他人不再发生任何关系时，人也就完全被抛入外在，被抛入世界的客体性，以致丧失掉对自己的"我"的意识。无论是扭曲的内倾型，还是扭曲的外倾型，均是主体的与客体的相互断裂的结果。当人的主体性太锁闭自身时，"客观的"就疏离、厌恶、否弃和奴役人的主体性。客体对待主体一旦发生这种异化和外化，即发生了我所讲的客体化。被自己的"我"完全吞噬了的主体与完全抛入客体的主体一样，均是受奴役。

这两种主体的个体人格都被摧毁，或者说，它们都不能再进行形式化。这在文明发展的不同时期各有表现：文明乍起，主要是主体抛向社会群体、环境、宗族等客体,即主体的抛出性占优势;文明进到顶峰时期,更多的则是主体沉溺于自己的"我",当然,也不乏回归的潮动。

自由的个体人格是世界生命的奇葩。

但在大多数人那里,它要么滞留于潜在状态,要么分崩离析。个人主义不能拓展和启示个体人格,仅虚伪地搬弄辞藻。个人主义是自然主义的哲学,人格主义是精神的哲学,唯人格主义,方可承担重任。

人要脱出世界的和一切外在力量的奴役性,必须脱出自我的奴役,即脱出自我中心主义的奴役。为此,人应成为精神的内倾化的和外倾化的人,应在创造的积极性中走向人们和世界。

(四)贵族主义的诱惑

人受贵族主义的诱惑,像渴望吞食糖块一样。通常,人们认定贵族主义指涉正面价值,贵族分子都是优秀的,贵族由经过选择的优秀分子组成。于是人常巴望跻身于其中。但实际上,历史的贵族都并非如此模样。这是一桩极复杂的现象。

精神意义上的贵族与社会意义上的贵族完全不同。

社会意义上的贵族显露社会的习惯性,隶属于社会习惯性的法则。在此意义上,这种贵族不自由,受决定论的钳制。

贵族分子在种姓历史中的定型,便使人成为更加受限于外在的奴隶。这种贵族分子受种族传统和遗传性的决定。社会生活的贵族准则也就是遗传性的准则。遗传性即凌驾于个体人格的决定论,它的奴役力远甚于种族的血统的决定论。社会贵族主义是种族的贵族主义,不是个体人的贵族主义,即具有种族的质,不具有个体人的质。维系于这种特性的种族的傲慢是贵族的主要恶习,最无可救药。贵族的特性由遗传给定,它标志种族的精选过程。在这层意义上,贵族主义完全与人格主义相悖。人格主义彰显个体人的准则,不具有种族的质。种族的质依据于遗传性的决定论。

精神贵族主义迥然异于社会贵族主义。

精神贵族主义是个体人的贵族主义，拥有个体人的质，凝聚着个体人的高贵及才华。人格主义必须以这样的贵族主义为前提。自由的贵族主义拒斥混同于无质的大众，也拒斥种族和种姓的决定论。

社会贵族主义不相信个体人的质的不均等，而相信种族的、种姓的和社会阶级的不均等。它极欣赏取决于血缘遗传性的贵族和取决于金钱遗传性的有产者，认定他们的个体人的质高于那些不崇拜血缘遗传性和金钱遗传性的人的质。因此，为着占据一种优势，它渴求不均等。其实，人的才华从上帝那里得来，而下受惠于种族和财产。人们的个体人的质的不均等与人们的社会的不平等各有其准则，甚至大相径庭。

社会平均化过程始终朝向社会的和阶级的特权，始终更倾向于推进社会的不平等。而人们的个体人的质的不均等，则意味着个体人的贵族主义的形成。

较高的质总归于少数人所有，不可能一下子在大众那里迅速养成。质的选择一开始便发生在小群体中。这少数人拥有高文化的水准，拥有敏锐丰富的情感和健康的道德，甚至连他们的体态和面容也透发出高尚的气息。于是，文化便经由这种贵族主义的道路，得以形成、传播、提高。当然，社会贵族主义并非只具有恶，其中也不乏某种正面的价值。贵族主义中的优秀品格即是豪爽和勇于牺牲，这与喜欢向上爬的 parvenu（暴发户）完全不同。

通常，贵族分子的这份野心都更少些，因为他们的出身使他们一降生世间就感到是站在了社会金字塔的顶端，是社会的上流。

在此意义上，贵族选择的原则抗拒贵族的命定性。选择依从自然的法则，是生物竞争的产物。基督教不承认这种选择。基督教宣告它是反叛这个世界的法则，它确信最低微的将成为最高贵的，最高贵的将成为最低微的，确信一切古老的价值都将被革命颠倒过来。

社会贵族主义中的令人厌恶的东西是：养尊处优、傲视寒门、鄙薄劳动、血统优越感（无视个体人的质）、等级的封闭（无视世界活的运动）、关注"从哪里来"（不问"将向何方"）。

可以肯定地说，封闭的贵族群体力图保持昔日的尊位，但"保持"不是抗争、进取，最后断然不能保持得住。社会基础越拓越宽，新的力量将一一打入特权的贵族。于此，会发生民主化，质的水平会下降，所以接踵而来的一定是质的重新选择。衰竭了的血统必须新陈代谢，贵族群体的封闭性一定会被突破。在民主化和平民化过程之后，贵族的选择将朝向另一个相反的方向，将不可能滞留于种族遗传性的评判标准。

种姓的贵族主义会很快地消亡，新的贵族将登上舞台。这种新贵族，既可以产生自资产阶级，也可以产生自工农大众。

它烙印着另一种全新的心理特征。

在社会进程中，群体的形成往往通过选择和分化的途径。

每个贵族化了的群体都具有自己的奴役人的形式。每个经由组织和建构了的群体都可能产生官僚制。这种官僚制会向社会和国家扩散。官僚制极具强化自己意义的潜力。官僚制的形成是按照职业的准则和国家化了的社会功能的准则，这与形成贵族的准则完全不同。只是官僚制自命不凡，喜欢自视为贵族。

官僚制在发挥对大众的服务功能时是一种扭曲型的，它常常自我确定，认定自己放之四海而皆准，俨然以生活的主人自居。这样，在它的自我的无限制的膨胀中，它轻易地蜕变成一条寄生虫。任何社会制度都会产生官僚制。革命也一样会产生官僚制。当革命铲除了旧的官僚制时，又很快建构起新的而且更具规模的官僚制。旧官僚制的全班人马可以服务于任何政体，革命会照样启用它们，发挥它们的功效。

塔列兰的命运和富歇的象征意义便是这种写照。

dCMHIBCR 俄国革命按照自己的尺度已建立起了庞大的官僚制。这意味着新的资产阶级或者新的普罗贵族的形成。相比较，历史上真正的贵族保守而封闭，不喜欢无限制地扩张，讨厌条件和环境翻新变样；而官僚制却嗜好扩张，适应性极强，全无真正贵族的那种"保持"的性格。当然另一方面，资产阶级的上层人士仍竭力东施效颦，想把自己装扮成真正的贵族。只是我们并不能认可他们的这种"效颦"，因为资产阶级具有另一种灵魂结构。（关于这方面，留在后面再论。）

真正的贵族政体靠刀剑铸造，是战争的产物，而不是凭借集聚财富、权力，拓展国家功能。

洛伦茨·斯泰因（hJBHR`）曾说，种姓是社会战胜了国家。的确，贵族作为种姓阶层，它往往很难适应国家的法规。在此意义上，贵族政体是反国家化的。国家化的专制政体常与封建制争斗，也常与拥有特权自由的贵族制争斗。这里也许可以这么说，贵族化关联于自由，不关联于民主。

自由曾经首先是贵族的特权。

在那些古老的城堡里，封建君主曾以自己手中的刀剑捍卫过自由和独立，请看那吊桥曾经是多么出色的自由卫士啊。自由不在国家和社会中，自由脱出国家和社会。过去，奥尔特加曾对这一主题有过精彩的描述。然而，人们却常常记住自由在社会中，而忘记自由正好远离社会，忘记社会不认可人的个体人格和人的自由。

人民大众很少关注和体认自由。自由是精神贵族主义的特性。中世纪的骑士在道德意识方面曾立下过汗马功劳。在人类社会中，是贵族分子第一次感悟到个体人的价值和荣誉，但遗憾的是，他们把这仅仅圈给了自己的种姓。第一次感悟到个体人的价值和荣誉的贵族，应把这馈赠给全人类，馈赠给每个人，因为他们都是人。对此，只有少数的贵族分子有所意识。

现在面临的问题是，具有正面价值的贵族的质如何才能转注给大众，人的内在如何才能贵族化。在古埃及，人的不朽价值仅集于国王一身，其余的人瞬息灰飞烟灭。到了古希腊，神、半神、英雄和超人均被认为不朽，其余的人仍不可不朽。唯有基督教认可一切人的生存都具有不朽的价值，即倡导关于不朽观念的民主化。当然，即使民主化，也不能把一切人机械地、均衡地并置在一个水准上，不能否弃质。这种民主化即贵族化，即把贵族的质和贵族的权利馈赠给人民大众。每个人都应成为贵族分子。此间，无产者最不能自足，社会革命要提升的正是他们。

基督教不依从古希腊—罗马的文化准则，它确信每个人都具有价值，每个人都是上帝的儿子，都携带着上帝的意象。

唯有基督教，可以把在上帝面前人人平等的准则与个体人格的贵族化准则结合在一起。

个体人格的精神的质独立于社会，也独立于大众。基督教的精神的贵族主义同种姓的贵族主义相悖。纯正的基督教从更深的意义上拒斥种姓的精神，因为人置于种姓的精神中，既受贵族种姓自身的奴役，又受那个匍匐在种姓之下的想成为统治者的人的奴役。种姓的贵族主义封闭而局限，基督教的精神的贵族主义开放而趋向于无限。

实现个体人格意味着人成为贵族型的人。这样的人不容许自己混同于非个体性的世界，他具有独立的、自由的内在，既朝向生命的更高的质的内涵，也步入悲戚苦难的尘寰。这种贵族主义的主要特点不是自命不凡和炫耀，而是具有丰富的内在和超越的原动力。它极富牺牲性、宽恕、怜悯，不妥协，没有敌意、嫉恨。历史上的种姓的贵族与此完全不同。

这种贵族受过去、祖先、传统以及习俗的奴役，讲究仪式，醉心"保持"，对自由的价值缺乏充分的估量，没有那种作为原动力的自由。相反，个体人的精神的贵族却正好补足这一点。

与此相关的是贵族主义具有两重意象，即个体人的贵族主义的意象与社会群体的贵族主义的意象。前者实现个体人格的质，但会发生社会化，会被转注给社会群体，而且转注的形式极多。后者或许是祭司阶层，是教会各等级中的上层人物，甚至还可能是特殊意义上的种姓，是种族的贵族。他们的内在也许不再经由贵族的选择，而是经由资产阶级或者农民的选择。他们人数不多，会依照理性的和精神的某种特征聚在一起，从而形成贵族的社会集团。像学院的文化上流人士、科学家、作家等，就常充当它的基本成分。知识分子层喜欢自我炫耀，自我隔绝，这时会形成一个携带着种姓的一切特征的贵族等级。这种贵族等级钟情于文化勋章，也熟谙文化的神秘的通灵术。社会贵族主义的形式，一旦通过多种渠道把个体人格的贵族主义转移给社会群体的贵族主义，它就更加奴役人。

在宗教生活中，个体人的贵族主义即个体人的特殊的质与才华。这每每经由先知、使徒、圣者、精神导师和宗教改革家传达出来。教会的等级制已被贵族化，已远离个体人的质和个体人的精神性，即远离了个体人的贵族主义。社会的宗教的贵族主义则把自己装进这种教会的等级制，并成为它的传声筒。个体人的宗教的贵族主义以自由为准绳，社会的宗教的贵族主义以决定论为准绳，因此，它易转换成对人的奴役。

这种事实在生活中比比皆是。

奴役人的孽根是客体化。

这种客体化在历史中的实现，经由了社会化的各种形式，其主要特点是异化个体人的质，并把它们转注到社会集团中去。

这些社会集团的质已失却真实性，仅彰显象征性。社会贵族就是象征性的而非真实的贵族，它的曾经能激发出骄傲感受的质，不再是个体人——人性的质，而仅仅是一种象征符号。

所以，贵族主义确实具有两重意象。

个体人格的贵族主义的形式跟暴发型不同。

尽管他们中间有人走出了资产阶级的门槛，不再属于暴发型，但有产者总倾向于按自己的方式成为暴发户，而整个资产阶级受暴发型的染指也实在太深。贵族型总是"出走"，而暴发型总是"飞升"。罪感和悲悯可称为贵族的情感，易被欺侮感和依附感可称为庶民的情感。贵族主义的精神型不太贴近庶民的心理，它常置于罪感、悲悯、痛苦之中。贵族主义的灵魂型的社会化即贵族等级制的形成，它总导向傲慢、炫耀、自命不凡、鄙弃大众、护卫自己的特权。这是他们的灵魂特征。社会的一切阶级和集团中的大多数人都不具有个体人的高质，都时常受社会环境、社会权势和社会习俗的限制。至于等级，无论是贵族的、资产阶级的，还是无产阶级的，都奴役人，彰显非人性。无产阶级也可能形成等级，演变为虚伪的贵族等级，这样，无产阶级也会出现贵族等级的负面性，以及其他阶级的人的坏品行。尘寰中没有纯正而善良的阶级，仅有纯正而善良的人。这种人矗立在战胜自己阶级的精神和等级的精神之极限上，也矗立在实现个体人格的极限上。阶级和等级总是对人奴役的。真正的贵族主义携带个体人格的意象，不携带社会集团的、阶级的、等级的意象。

正确审视不同凡响的大人物与无足轻重的小人物的关系，找出他们之间的差异，这是与贵族主义相关联的另一个重要问题。凡渴求非习惯性生活、不苟合于习惯性的人，就不再是一个小人物，奇迹便悄然而至。这与个人的天分和才华并无十分重要的关系。相反，那些貌似不同凡响或貌似才华横溢的人，按其天性，也可能正是碌碌之辈。如大历史活动家、国家级的人才、客体化的思想家，其中大部分都可列入这一档次。真正不同凡响的优秀的人应该是：突破生存的有限性和习惯性，内在地充满无限性，拒斥生存的客体化以臻于永恒。那些与客体化共存的大人物，即被客体化侵蚀的人，是真正的无足轻重的小人物。这种例子，不仅见于政界，也见于科学和艺术的天地。有一种贵族理论认为：人类历史的全部意义显现在伟大的天才人物那里，而其余的人犹如肥沃的土壤，仅催生天才人物。尼采的"超人"，便是集这一理论之大成。这是虚伪的贵族主义的诱惑，既吞噬普通人的意识，也吞噬基督徒的意识。无疑，只要是人，甚至是最下层的人，都不是"土壤"。

"土壤"的思想来自个体人的贵族主义的客体化。

真正的贵族主义植根于无限的主体性王国，不建构任何客体性王国。它不是权利和特权，它对自身无所需要，其全部宗旨即在于奉献和服务。真正伟大的天才人物并非无所不能为或无所不敢为，相反，这样的人也有所不能为或不敢为。

最卑劣的品质莫过于无所不敢为。真正的贵族主义的本性与天才的本性一样,都是整体的质,都显现整体的特征。换言之,高贵者并不因为某一方面的显赫便成其为高贵者,天才也不因为某一方面的才干而铸成天才。真正的贵族主义的本性是不占据社会的任何位置。事实上,它也不可能在社会中占据任何位置,它不可能客体化。贵族主义的本性不是统治者的本性,也不是像尼采提出的对统治的趋向。尼采的这种提法有悖于尼采对国家的憎恨。真正的贵族主义的本性是这么一种人的本性,即是说,这种人不占据统治的位置,也不占据奴隶的位置,因为这两个位置都安放在客体化世界中,都受客体化世界的滋养。真正的贵族主义的本性深刻地体认过痛苦。

统治者在本质上是庶民,而统治只不过是庶民的杂耍。

客体化过程显现精神的庶民性。建构客体化社会是庶民的劳务。

我如是说,并不意味着个体人的贵族主义滞留于自身的封闭,不需要向外传达自身。个体人的贵族主义有着全新的视域,渴求在另一种全新的前景中传达自己。这不是社会的和社会化的前景,而是会通的可沟通性的前景,是人们的人格主义共同性的前景。这是"我"与"你"的交会,不是"我"与"他"(即"我"与"客体")的交流。这也是这个世界的末世论的前景。这意味着对这个世界的突破和阻断,对客体化源头的遏止。这意味着人不再统治任何人。

(五) 资产阶级性的诱惑

资产阶级性比贵族主义更能诱惑人、奴役人。它不仅是一项关联于社会阶级结构的社会范畴,还是一项精神范畴。

使我感兴趣的是资产阶级性作为精神范畴的主要意象。

列昂·布鲁阿的 égèsedeslieuxcomhHJRSM [CT (pqWmuns 一书揭露了有产者的智慧。

他在书中提出资产阶级性与社会主义的对立是相对的,并认为这不关涉更深的问题。

赫尔岑也很清醒，他认为社会主义有可能属于资产阶级。

对此，大多数社会主义者如堕五里雾中，甚至完全不能理解资产阶级性的精神问题。

形而上学意义上的有产者坚信世间只存有可见的物性，只认可自己，只期待在这个世界上寻到自己坚实的位置。他是这个可见世界的奴隶，是这个可见世界的位置等级系列中的奴隶。有产者评判人们，旨在人们有什么，而不旨在人们是什么。他不愧为这个世界的公民，也不愧为普天之下的君主。有产者是靠脑袋中的盘算来占据位置的，而贵族分子则依恃自己的刀剑攫取土地，然后分疆划界，壁垒森严。两相比较，这样的贵族分子未必能赶得上有产者的气度，未必能成为这个世界的公民和普天之下的君主。有产者在这个世界上有"根"，他踌躇满志，对世界的空虚、混乱、财产之恶一无所感。有产者醉心于经济强力的狂热，一切都拜倒在经济偶像面前。生活在有限性之中的有产者，极害怕承担无限性的重荷。当然，他也不乏自己的真理，即认可经济实力的强盛和经济实力拓展的无限量、财产以及生活组织性的巨大增长。这一切在有产者看来，是唯一的，也是天经地义的。究其根源，这在于有产者受自己所建构的生活秩序的有限性的遮蔽，背弃了精神的无限性。有产者作为不想超越自己的活物而生存着，超越性会妨碍他在这个世界上的成功。但毋庸讳言，他也有自己所笃信的宗教意义上的东西，甚至还可能激发出他的"信仰"和他的"宗教"，以使他为此竭忠尽诚，奋斗不已。只是他的这种"信仰"和"宗教"囿于有限性，在有限性中遮蔽了精神的无限性。

有产者是十足的个人主义者，绝不允许他人危及他的财产和金钱。另外，他也是十足的集体主义者，他的意识、良心和判断都社会化了，他仅是社会集团的构成物。一句话，有产者的利益是个人的，意识是集体的。

倘若有产者是这个世界的公民，那么无产者则是这个世界中丧失了公民权和公民意识的生存。无产者在这个世界上没有自己的位置，这需要在发生了转化的土地上去寻找。但是，每当把这一希望托附给无产者时，希望便演成了绝望。

无产者一旦握持胜利，一旦上升为有产者，他就充当这个世界的公民，做这个世界的君主。这时，历史上的同一个故事便重演如昨。无产者似乎命定是个悲剧角色，这与有产者大不一样。

有产者不受任何社会制度的局限，会时时身手不凡，即使在资本主义社会中，也同样能找寻到自己的最有力的表达。

有产者不愧是这个世界的青春永在的人物。

无产者与有产者相互依存，相互走进。青年马克思曾认定，无产者是人性已被异化的人。我以为，这是由于无产者太容易朝向有产者的本性。无疑，无产者应找回失去的自己的人性，应找到自己生存的位置。无产者想成为的那一种有产者，已不是个人主义者，而是新社会制度中的集体主义者。

通常，无产者之所以在自己的分配中反抗有产者，要求实现自己的权利，不外乎他想成为有产者。其实，这种反抗不应是一种社会的对立，而应仅仅是精神的对立。反抗资产阶级性的革命也是精神的革命。当然，这并不排斥无产者为改变自己的社会地位所进行的社会革命，只是这种改变和这种革命要携带精神性。

与无产者相比较，有产者更加是客体化的生存，更加是远离人生存的无限主体性的异化物。资产阶级性完全丧失精神的自由，其生存完全受决定论钳制。有产者除摄取物质财产之外，什么都可以不想，什么都可以不说——他不拥有精神财产。有产者是个体人，时常自我膨胀，以为自己占据普天下的一切，其实他所匮乏的个体人格恰恰是最重要的和最殷实的财产。资产阶级性的自然力彰显非个体性。一切社会阶级都会受其裹胁，而把自己掷进这种氛围中去，贵族、无产阶级、知识分子一并劫数难逃。有产者的致命弱点在于他始终无法克服自身的资产阶级性，即他始终受自己的财产、金钱、致富意志、资本主义社会舆论、社会地位的俘获，并且还始终受那些被他剥削且害怕他的人的俘获。资产阶级性作为灵魂和精神的一种受束缚状态，它把人的生存都抛给了外在的决定势力。

物质王国由有产者一手造出，他支配物质，也受限于物质。他为机器的发展立过汗马功劳，但他掌握了机器，却又被机器奴役。回溯过去，有产者曾迸发过无穷无尽的服务热情，曾干出许多拓荒的伟业，由此人类的生产力长足挺进。那时，他赢得了过去，也走进将来，因为将来对于他蕴含着无限的生机，将来意味着强盛。那时，有产者关注的不是"从哪里来"，而是"到哪里去"。这是鲁滨逊的时代，是有产者年轻蓬勃的创造期——有产者还没有成其为有产者。但魔鬼攫获了他的命运，鲁滨逊式的人开始压迫"星期五"。

他对将来的关注、他的致富意志以及寻觅上流社会位置的紧张行动，把他轻易铸成了一种资产阶级世界观占优势的新贵族。这种贵族迥然异于其他一切贵族。有产者的出身寒门居多，没有历史上那种贵族的显赫家谱，他的过去太卑微，实在无可攀比。对此，他日后荣耀了起来，也就几近忘却。有产者挣来一份粗俗的奢侈，其生命便安放在这份奢侈的奴役中。在这里，奢侈想用生命的色彩把有产者铸成物质的工具，最终，"工具"倒是铸成了，但奢侈也吞噬了"色彩"。

资产阶级社会的基础是金钱，而日益浸渍着整个社会的奢侈风，更主要的还因于好色。女人成为有产者角逐的重要目标和无限量奢侈的祭品，一种极度的非人性和极度的侮辱个体人格尊严的悲剧发生在这里。

人内在心灵中作为人生存的那些东西统统被扫荡殆尽，甚至连人的肉体形式也被整塑得那么粗俗丑陋，再也不能由此发现任何一点可以表露人的善良天性的外部特征了。为有产者所有的女人们在虚幻的奢侈中沉沦犯罪，充当玩偶，一种标准的人造物空前地被造了出来。这正如卡莱尔的"衣裳哲学"所概括的那样，也正如卡尔·马克思对有产者所作的分析，即有产者的积极作用是拓展物质生产力，而消极的甚至罪的作用是剥削无产者。但卡尔·马克思把有产者纯粹视为一个社会范畴，又免不了流于肤浅。

有产者具有极强的建构虚幻世界的潜力。这个虚幻世界是对真正的真实性世界的扭曲。

这便是最虚幻、最不真实、最令人恐惧的金钱王国。金钱王国失却一切真实的核心，空空荡荡，或者说仅是一个"硬壳"，然而它却这么强有力地支配着人的生活。它可以颠覆政府，也可以组构政府；它可以发动战争，可以制造失业、贫困、饥饿。金钱铸成人生命中最虚幻的东西，显露人最丑陋的那一面。列昂·布鲁阿说，金钱附有某种神秘，金钱就是神秘。这话确实无讹。金钱王国作为非人性的极限，给私有财产烙上了种种虚幻的印记。卡尔·马克思关于"资本主义正在毁灭个人财产"的看法，独具慧眼。

有产者对财产发生特殊的关系。审视有产者，涉及如何审视"存在"与"拥有"之间的关系。有产者亲睐"拥有"，常用"拥有"去评判人，即看人究竟拥有些什么。本来，有产者就是有产，他们拥有金钱、女人、生产工具、社会地位……有产者被可见之物簇拥着和聚合着。这些物不组构人的个体人格。个体人格标志人是什么。一个人即使什么也不拥有，个体人格也留存在他那里。个体人格不依附于资本和财产，相反，倒是它们应取决于个体人格。人格主义视个体人格是一笔真正的财产，为劳动所得。因此，在摈弃资产——资本主义社会时，我们并不摈弃一切财产，而是更加确信个体人的已失去了的这笔财产。我们不允许财产成为奴役人和压迫人的工具。

存于个体人自身的真实核心中的财产，不来自国家和社会。国家和社会不能作为财产的主体，因为它们是"普遍的"东西。

把财产转让给国家和社会，以为财产属于它们，这是客体化。国家和社会充其量是一个"中间人""调节器""保护者"，其功能应在于防止财产转换为压迫的工具。

国家、社会以及任何个人也不能成为财产的绝对占有者，否则，从财产中总会滋生出特权。一切特权都在限制和废止之列。被取缔了的暴君的特权不能转让给人民，也不能转让给国家和社会，哪怕是一点点，因为"转让"即意味着新的残忍和奴役。

财产对于个体人格仅具有功能上的意义。按财产自身的本性，我们只能限制它。财产唯一的真实即在于使用。财产总相对于人，其功能是为着人的生存。资产阶级世界扭曲财产，以财产来确定人与人的关系，这恰好证实了这个世界的非人性和财产对人的奴役。但令人震惊的是，资本主义的辩护者和社会主义的反对者喜欢说，每个人的自由和独立关联于财产。这里，我们当然要正视这么一个事实，即剥夺个人的财产而把它转交给国家和社会后，人就丧失了自己的独立性，人就更易沦为奴隶。这一可怕事实应该是对资产——资本主义制度的判决，因为是它使大部分人丧失了财产。这意味着无产者永远无法独立，永远陷落在奴役的位置上。如果财产是人的自由与独立的护卫者，那么，凡每一个神经正常的人都应拥有财产，无产者这一不幸的现象也不应再继续生存下去。但是，有产者只喜欢假定的前提，不喜欢最后的结论。

他们仅承认财产是自己的自由与独立的基础，而不承认能铸成个体人格的那种自由与独立。

一句话，有产者为自己卖力。

财产具有两重作用：护卫人的自由和独立，也使人沦为客体的和物质世界的奴隶。

现在，财产越来越丧失"护卫"的作用，甚至越来越丧失功能上的意义。金钱——非个体性的象征，彰显最大的非个体性。

尽管有产者并不是财产的主体，但有产者以财产的名义，使一切都变得越来越隐姓埋名。金钱王国纯粹是虚幻的世界，而另一个纸上的王国即银行收支簿上的数额，也同样是虚幻的世界。谁是财产的占有者，这个占有者究竟如何，丝毫无关宏旨，丝毫也改变不了金钱的虚幻性。金钱王国的可怕不仅在于它欺侮穷人和富人，还在于它把人的生存完全掷进了虚幻。有产者王国始终是幻象遮蔽了真实性。幻象是人生存的客体化的最极端的传达。真实性关联于主体性而非客体性。能革新的是主体，不是客体。

通常，人们若谈论某人的财产状况，某人总不免露出些乖巧，要么眨巴眼睛，左顾右盼；要么哼哼哈哈，呆头呆脑。

当然，也并非每个有产者都斤斤计较，都攒着念头积钱。有产者也完全可能成为宽宏廉洁的人，也完全可能不是自我中心主义者，对于布尔乔亚精神、金钱和积蓄，他们或许还会携有几分无私的爱。马克思·韦伯曾说，有产者在早期资本主义时期显示了"世界的觉醒"。的确，有产者也可能是禁欲者，不沾染任何奢侈风，不为个体人的幸福生活所动，仅做一个观念中的人。而这时甚至也可以说，有产者的生活是幸福的。

圣者所言及的财产和金钱不给予幸福，倒很适宜他们。

在此，我对有产者既是自己的奴隶也是别人的奴隶，颇感兴趣。

有产者受非个体性力量的奴役，人的生存被抛进了客体，这同无产者的遭遇一样。当然，在有产者的天性中也许并不缺少美德，他们也许还是某种道德的风范。但是统治败坏了他们。财产的统治更加是败坏着的。

以为社会制度的改变，如资本主义被社会主义或共产主义取代，立刻就可以更新有产者，这未免太天真。有产者已被形式化，其应变能力极强，可以在任何土质里找到自己的生长点。有产者或许是一种永存的现象。有产者可能是共产主义者，或者说，共产主义者也可能是有产者。

深究起来，这涉及灵魂的结构，而不涉及社会的结构。当然，这并不意味无须改革社会结构，以及社会结构能自动产出新人。

即便恪守某一宗教信仰的有产者，也未必会相信有另一个世界的生存，更不会相信人能够进入另一个世界。要他为着另一个世界而在这一个世界中作出牺牲，是万万不行的。

他的宗教的质仅仅为他自己服务，仅仅是他在这一个世界中寻找和巩固自己位置的铺路石。当有产者的经济实力衰竭，当他的财产岌岌可危，当无产者揭竿而起，要求改变自己的地位，这时，有产者便喜欢谈及世界的消亡。但这也是声东击西而已。

在有产者眼里，人格主义的末世论前景是头怪物，他完全不可能从真正意义上感受世界厄运的终止。末世论意味着平庸的资产阶级王国的终止,即对这个王国进行革命的更新。对此,有产者当然不会同意,他当然会始终如一地确信自己王国的昌盛,而有碍昌盛者,尽在他的仇视之列。其实,有产者本身便是末世的佐证,便是世界历史终止的一项动因。

要是没有有产者的生存,世界也许另有一番光景,甚至还会进入永恒。质的无限性是永恒性。有产者恰恰钟情于量的无限性。正基于此,所以终点非到来不可。终点一定会到来。

有产者通过各种渠道实现自身,也通过各种渠道反抗个体人格的实现。

但有产者毕竟是人,他烙印着上帝的意象,具有个体人格的潜能。只不过他是负罪者,是把自己的罪视为德行的人。如果把有产者判作敌人,大张挞伐,这恰恰是不纯正的。

这种做法往往是想在社会动乱中取代有产者的位置,以成为新贵。

必须拒斥有产者的统治和布尔乔亚精神。任何人都不应该把财产视为手段。有产者应更改自己的人性,而不应更改对他人的人性。

四、论矛盾

(一) 精神解救恐惧和死亡

人陷于被奴役的位置上,习焉不察,有时还非常欢喜。

当然另一方面,人亦企盼着解救。

如果以为中档次的人爱自由,以为自由一蹴而就,这是一种误解。

获取自由其实非常艰辛,处在被奴役的位置上反倒轻松得多。爱自由、求解放仅是那些具有高质的人的标志,只有那些人的内心才不再是奴隶。

人的解救,不是人的本性和理性的要求,也不是社会的要求。

人自身存有独立于世界即不受世界决定的精神源头。

人的解救是精神的要求。

人不仅具有精神,人的构成还非常复杂。人是动物界和物质界的现象,也是精神的现象。精神即自由,自由即精神的胜利。但加给人的奴役并不完全来自人对动物——物质的统治力。人的精神方面也可能成为人的沉疴,可能分裂人,可能演变成精神的自我异化和外化,可能使自由沦丧,使精神成为俘虏。人的奴役与自由问题的所有复杂性也正在这里。

精神外化、向外抛出,这种对人的作用就像必然性一样。

当然,精神也返回内在自身,即返回自由。黑格尔理解了精神这一过程的一个方面，但不理解精神运动的全部过程，甚至很可能并未理解到其中最主要的东西。自由人不在客体化世界的表层体认自己，而在精神的中心位置上体认自己。解救是留驻在精神的中心位置上，不是抛向表层；是在真实的主体性中，不是在理想的客体性中。

精神的中心化汇集着精神生活的全部教训。精神的中心化可能具有两种效果：一是给予人以精神力量和独立性，从而使人远遁那种折磨人的多样性；二是使人受一种观念的支配，意识变得狭隘起来，这时，精神的解救便注进了诱惑与奴役的新形式。

总之，这意味着人们总要认可走精神之路。

单纯地规避现实或否弃现实，不能给人以解救。精神解救是挣扎。精神不是抽象的观念，不是共相。不仅每个人，即或一只猫、一只狗、一只虫豸都比那些抽象的东西更具有生存的价值。伴随精神的解救，不产生向着抽象的转移，而是朝向具体。福音书正好可以对此作出印证。它的人格主义也正显示在这里。

精神的解救是战胜异己性的统治。

爱也立足于这层意义。

当人对此无所发现时，人则很容易固守奴役的位置。

当然，人也可以得到解救，因为人自身存有精神的源头，存有不受外界决定的能力。只是人的本性很复杂，人甚至可以说是一种混乱的生存，他会从这个奴役位置迁移到那个奴役位置，会跌落进抽象的精神性，会受普遍观念统治的决定。精神作为一项统一或一个整体，可以进到每个人的活动中去。但人不是精神，人仅仅是具有精神，所以，在人的精神活动中有可能发生精神的分裂、抽象和蜕化。人的最后解救，也许只有通过人的精神与上帝的精神的联合。精神的解救意味着朝向比人自身所具有的精神源头更深的层面，意味着朝向上帝，向上帝请愿。但即使在这条去路上，人也可能误入歧途，即朝向上帝，则会把上帝奉为偶像。因此，精神解救须不断净化。上帝在自由中凭借自由，并且仅仅对自由产生作用。上帝不在必然性中，不凭借必然性，不对必然性产生作用。上帝也不在自然规律和国家规律中发生作用。于此，需要重新审视关于天命和神恩的传统学说。

人的精神解救即是在人的自身之中实现个体人格。这是整体性的实现，同时也是不倦的挣扎。实现个体人格的关键不是攻克物质的决定化统治。或者说，这种攻克仅触涉到了问题的一个方面。其关键是整体性地攻克奴役。世界变得如此衰败，不在于世界存有物质，而在于世界不是自由的世界，是奴役人的世界。物质的重荷产自精神的错误导向。如前所述，基本的二元对立不指精神与物质，而指自由与奴役。精神的胜利不仅要遏止人对物质的极度依赖，更重要和更困难的是要攻克人至今仍陷在其中而很少意识到的幻象。

例如，人的生存中的恶，不仅没有被揭开真相，反而还被装进了善的虚假形式。人崇拜的偶像也常取用善的虚假形式。反基督教者在基督教内部可以凭借类似于基督的形式进行鼓动。另外，众多共相——普遍的抽象的观念更是一种放置在美好形式中的恶。全书所要瞄准的"要点"也正在这里。显然，解救如果仅指脱出恶，这并不充分。

恶的诱惑既借助于原始形式，也借助于人对恶的观念的欣赏，同时还借助于人迷恋此起彼伏的虚假的抗恶斗争。奴役人的不仅是现实的恶，还有对恶的观念的姑息。这是人的精神生活屡遭扭曲，人不能脱出奴役的重要见证之一。

人通常所能感受到的暴力奴役都是一种外在的暴力奴役。人对外在的暴力易于憎恨，也合情合理。但更令人憎恨和可怕的还是：一切相对的转换成了绝对的，一切有限的转换成了无限的，一切邪恶的转换成了神圣的，一切人的转换成了神的。人们对国家、文明甚至教会的态度，也毫无例外地染上了这种魔性。教会在生存的意义上具有可沟通性，但实际上，教会却发生了客体化，演变成社会机构。可以断言，当这样的教会被视为神圣时，人也就开始造神。这是宗教生活的倒错，是宗教生活内部的魔鬼基因在暴虐人。

人的生命已被宗教、民族和社会施加的臆造的夸大的恐惧所败坏。人的奴役正在这种土壤中繁衍。人具有一种转移的能力，会把对上帝和终极真理的爱转移到最极端的奴役中去。

精神战胜奴役,首先要战胜恐惧。要战胜人对生与死的恐惧。克尔凯廓尔曾把恐惧——害怕作为宗教现象的基石和内在生活的重要标志。

《圣经》说,对上帝的恐惧是大智的开端。

但与此同时,恐惧也是对人的奴役。

在这个世界中,人体认生与死的恐惧。但是,这种恐惧却被日常生活削弱,它在日常生活中表现得不尖锐。日常生活的各种群体都趋于努力制造人的安全感,即便它们不能帮助人彻底解除生与死的危险性。当人陷于日常生活中,当人被自己的利益所俘获,这时,人则远离生命的深刻,远离系于这层意义上的不安。

海德格尔曾说,是人使生命的悲剧成分弱化。

事实上,一切都具有矛盾和两重性。

习惯性一方面弱化了同生与死的深刻意义相关联的恐惧;另一方面,又制造出另一种与习惯性世界的诸多事务相关联的恐惧。这种恐惧统治着人的全部生活,它规定着政治的大部分导向和宗教的社会化形式。海德格尔曾认为,属于存在结构的忧虑会转化成习惯性的恐惧,要我们注意区分习惯性的恐惧与面临超越时产生的恐惧。其实,这也是导向卑下的恐惧和导向向上的恐惧。向下运动和趋向习惯性,则弱化生与死的恐惧;相反,向上运动和朝向超越,则战胜生与死的恐惧。

一切恐惧都奴役人,但与其轻易陷于习惯性中,不如陷于恐惧中,后者也许还不失为人的一种良好状态。

实现的爱脱出恐惧。无畏是人的高级状态。奴隶的恐惧妨碍真理的启示。

恐惧产生谎言。

人想护卫自己以脱出谎言,但人置于谎言和日常生活的习惯性中,并不是置于真理中。

客体化世界的一切都充满谎言。真理启示无畏。认识真理需要战胜恐惧，需要无畏的美德，需要拒斥危险。曾被体认过的和被战胜了的恐惧可成为认识的源头。认识真理，不给人以恐惧，而是战胜恐惧。

死的恐惧是人最大的恐惧。死的恐惧可能演变成卑下的习惯性的恐惧，也可能演变成面临超越时的那种恐惧。但死的恐惧总意味着对人的奴役，这是一种人人在劫难逃的奴役。人正受着死的奴役。战胜死的恐惧的奴役标志着人与恐惧的争战取得最大的突破。人的不可缓解的矛盾交织在对死的恐惧上。

人不仅害怕自己的死，也害怕别人的死。

但与此同时，人也会轻松地满意地去杀人，而且唯恐不能杀更多的人，唯恐不能造出更大的死。

于此，杀害不论是主动的还是潜在的，一律都是犯罪。犯罪关联于杀害，杀害又关联于死亡。进行杀害的不仅是匪徒和强盗，而且在更大规模上还有国家，以及那些握有权杖或者刚刚握有权杖的人们。本来，死的恐惧应有两种：因杀害所产生的死的恐惧和因自然死亡所产生的死的恐惧。但是，在对一切人的大规模的杀害中，却弱化了死的恐惧，甚至死的恐惧在这里已不复存在。死刑和战死也同杀害一样，激活人的恐惧，应一律废止。追究起来，这是人的生存的客体化的结果。

在客体化世界中一切价值都被扭曲，人本来希望成为死的复活者和胜利者，却做了死的杀手和播种者。人去杀害，是为着创造生活，期待生活中将更少恐惧。

人凭借恐惧去杀害，无论个体人的杀害或是国家的杀害，一切杀害的基础都建在恐惧与奴役上。恐惧与奴役总具有灾难性的后果。人如果真正地战胜了奴隶式的恐惧，那么也就会停止杀害。

人用死的恐惧播种死亡，用奴隶的感受施行统治。

通常，统治者由于无法逃避死的恐惧，便使用杀害。国家也同样如此。统治者面对死亡酷似强盗，而国家则一味地姑息死亡。

审视死亡，我以为没有人能超过费多洛夫的道德意识。

费多洛夫对一切生物的死都感到悲哀，他极希望人能成为复活者。对死的悲哀，一旦引入积极的意义，就不再成为对死的恐惧。复活者战胜死的恐惧。另外，费多洛夫主张，战胜死亡不仅是个体人的事，也是"大家的事"。换言之，这不仅是我的死，也是大家的死。这方面，他自有其正确之处，并且先于我提了出来。只是人格主义在审视死亡与不朽时，跟他的观点不尽相同。

人不仅战胜死的恐惧，也战胜死的本身，这便意味着实现个体人格。个体人格不能在有限中实现，它必须以质的而非量的无限性（即永恒性）为前提。个体人终究会死去，因为个体人产生在种族过程中。唯个体人格不朽，因为它不是产生在种族过程中。对死的恐惧的克服，是精神的个体人格战胜生物学意义的个体人。但是，这并不意味着不朽的精神源头可以与人的死亡源头相分离，而意味着整体人的转换。

当然，这不是进化，不是自然主义意义上的发展。这种发展是亏损的结果，无法臻于圆满。它隶属于时间的统治，在时间中定形，而不是一种战胜时间的创造。欠缺、亏损、渴求强大均携有两重性，即既是人的卑下状态，又是人的高级状态。

丰盛也可能是虚假的圆满和虚假的解救。

从亏损趋达丰盈、从贫困趋达富裕的通道，可能是一种向外的进化。这样，在其背后就会遮蔽更深刻的过程，即遮蔽突破决定论的创造的过程和自由的过程。战胜死亡不可能是进化，也不可能是必然性的产物。战胜死亡是创造，是上帝与人的共同创造，是自由结出的果实。

生命的紧张和狂热关联于死亡，并导向死亡。在自然界的循环中，不可能遏止生与死的更迭。

"年轻人在棺材入口处将挥霍掉生命。"

这话一点不假。

生命的紧张和狂热之所以导向死亡，是因为它含摄在有限中，它不走近无限性——永恒性。

永恒生命的实现,不在于减少和消除生命的紧张和狂热,而在于精神对它进行转化,使它拥有精神的创造积极性。否定不朽意味着生命的凋谢,即拒斥积极性。

创造是脱出奴役的解救。人在创造高潮的状态中,是自由人。创造是瞬间的心醉神迷。创造成果放置在时间中,创造行动却走出时间。

广而言之,一切英勇的行动都走出时间。

英勇的行动不可能沾带任何目的,而是瞬间的心醉神迷。当然,纯粹的英雄主义也会成为诱惑、骄傲、自我确定,如尼采的和他的马尔罗的英雄主义便属于这一类。

人可以体验各种不同形式的心醉神迷——或斗争的心醉神迷,或爱欲的心醉神迷,甚至也许是愤怒的心醉神迷。在愤怒的心醉神迷中,人特别能感受自己拥有摧毁世界的能力。

另外,还有服务、奉献和牺牲的心醉神迷,即十字架上基督的心醉神迷。

心醉神迷总是人脱出禁锢和奴役状态的出口,也是人进入瞬间的自由自在的出口。但是,心醉神迷可能给人以虚幻的"脱出",进而变本加厉地奴役人。人陷于非个体性的宇宙自然力中,会压迫和摧毁自己的个体人格,这也是一种心醉神迷。精神的心醉神迷的特点是:于其中精神不戕害个体人格,而催生个体人格。个体人格应在心醉神迷中走出自身,只是这种"走出",仍要留驻自身。

孤单之所以奴役人,往往由于封闭自身,融进非个体性的自然力。显然,这既是个人主义的诱惑,也是宇宙的和社会的集体主义的诱惑。

在精神的解救中,人趋向自由、真理和爱。自由不可能没有对象,空空然。你去认识真理,真理就把你铸成自由人。

认识真理的前提是自由。不自由地认识真理,不仅没有任何价值,实际上也不可能认识真理。自由必须以真理、意义和上帝的生存为前提。真理、意义和上帝解救人。解救导向真理和意义。

自由应是爱,爱应是自由。

唯自由与爱的结合,才能实现自由的、创造的个体人格。仅仅确认一种理性,总会扭曲和伤害个体人格,因为每种理性按其本性都可以成为诱惑与奴役的孽根。

自由一旦导向虚幻,也可能成为奴役的孽根。

在客体化中精神会降格,即会从创造的高级状态下降到以适应生存的低级状态。

相反地,在创造中实现的精神却会升格,即会走出物质界的低级状态,变革世界现实。

在审视这个世界的各种关系时,人的意识产生各种幻象。

在幻象中,人感受到自己受奴役,寄解救的希望于另一个世界。人,正是这两个世界的交叉点。意识的众多幻象之一是把这两个世界的区别理解成实体的区别。实际上,这两个世界仅是生存形式上的区别。人从奴役走向自由,从分裂走向整合,从个体人格的泯灭走向个体人格的觉醒,从被动走向创造,一句话,即是走向精神性。

这一个世界是客体化的、决定论的、异己的、法则的、仇恨的世界;另一个世界是精神性的、自由的、爱的、友谊的世界。幻象之二是把两个世界的关系理解成绝对的、客体化的先验性。这样一来,从这一个世界走向另一个世界便成为被动的等待,人的积极性也由此被扼杀。对另一个精神性的世界即上帝王国,我们不仅要企盼它,更要以人的创造之举去恭迎它;而对已感染了客体化病毒的这一个世界,则要进行创造性的转化,这是精神的革命。创造另一个世界,既不能仅凭借人的力量,也不能不凭借人的力量。因此,这会引导我们进入末世论的问题,进入历史终结的问题。这意味着将人脱出历史的奴役。

(二)统治者、奴隶和自由人

人有三种状态,即三种意识结构,我把这分别称为"统治者"

"奴隶"和"自由人"。统治者与奴隶相互依存，它们不能各自独处。自由人为自己生存着，有自己的质，同它的对立物没有对应关系。统治者具有为自己生存着的意识，但这必须经由他人，即经由奴隶的为自己的生存。如果统治者的意识是他人为自己而生存，那么奴隶的意识则是自己为他人而生存。自由人的意识是每个人为自己而生存，当然，这也意味着自由人要走出自己，走向他人，走向一切。

奴役在于匮乏自由人的意识。奴役的世界是精神自身被异化了的世界。

奴役来源于外化。

奴役即人的本性的异化，人的本性向外抛出。费尔巴哈和后来的马克思都认识到奴役的本源正在这里，只是他们将此联系于唯物主义哲学，就又合法化了人的奴役位置。人受经济奴役，被转换成物，这就是人的本性的异化。马克思在这方面颇有见地。人的解救应返回人的精神本性，应认识到自己是自由的和精神的生存。人如果滞留于物质和经济，如果把人的精神本性判为意识的幻象，判为虚假的观念体系，那么人的本性就是奴隶的本性。

在客体化世界中，人也许仅能成为相对的自由人，而不能成为绝对的自由人。自由必须并应该与必然性抗争。自由的前提是：人具有与必然性抗争的精神源头。以为自由是必然性的结果，实在大谬不然。那样的自由不是真自由，它只算得上必然性的辩证中的一项因素。因此，也可以说黑格尔并不明白什么是真自由。

逐外的、异化的意识是奴隶意识。凡此种种，即上帝是统治者，人是奴隶；教会是统治者，人是奴隶；国家是统治者，人是奴隶；社会是统治者，人是奴隶；自然是统治者，人是奴隶；客体是统治者，主体是奴隶——都是奴隶意识。奴役的本源是客体化，即外化和异化。现在，这种奴役已侵入认识、道德、宗教、艺术、政治、社会生活等各个领域。奴役的终止是客体化的终止，不是统治的再次登台，因为统治是奴役的对应物。人不应做统治者，而应做自由人。柏拉图说"暴君是奴仆"，这话确实不错。对他人的奴役，也同样是对自己的奴役。统治与奴役一钻出来就被原始的魔力黏合在一起。这魔力不是自由,是人的强力意志。统治者仅是引导世界步入魔阵的奴隶的意象。

普罗米修斯是自由人和解放者,同时也是暴君和奴隶,因为强力意志总是奴隶意志。基督才是真正的自由人,是人类最自由的儿子。基督脱出世界的羁绊,只注视着爱。他曾说:权存在着,但存在着的权不显示强力意志,不是统治者。因此,凯撒——昔日帝国的这位英雄也是奴隶,是世界的强力意志的和大众的奴隶。统治者仅仰望权的高峰,奴隶们簇拥着他,登上峰巅。只是奴隶们也可以推翻一切统治者、一切"凯撒"。自由不仅远离统治者,也远离奴隶。统治者由外在决定,不显示个体人格。奴隶同样禀有这种天性。唯自由人是个体人格,即便整个世界都想奴役它,摧毁它。

人的最大堕落在于:人是暴君,并始终趋向成为暴君。

如果暂且不论在重大方面即在国家和世界历史中它的种种表现,而巡视一下家庭、小店铺、办公室、官僚主义的机关,便立刻可以发现它占据着位置。人的天性喜欢扮演角色,喜欢自己赋予角色特殊的意义,这似乎不可克服,暴君也由此应运而生。人是自己的暴君,还可能演变成暴君之最。因为人暴虐自己,自身的整体性则分崩离析,乃至丧失殆尽。而且,人凭借什么都能暴虐自己。

暴虐渗透在恨中,也渗透在爱中。

渗透于爱的暴虐则更加残忍。还有自爱和憎恨的暴虐,特别是病态的自爱的暴虐简直令人恐惧。嫉妒者是奴隶,他在虚构的幻觉世界里生活,人的嫉妒的暴虐也蛰伏在令人恐惧的形式中。

还有,真正的忏悔意识解救人,但人却常被虚伪的忏悔意识暴虐。

除此,虚伪的信仰、迷信、神话、恐惧、一切病态的综合症……都可能暴虐人。人自觉渺小、无价值而企望强健和伟大的意识,也会暴虐人。人自身的奴役意志不仅奴役别人,也奴役自己。唯自由人不想统治任何人。

黑格尔所说的"不幸的意识",指涉意识的对立性。这种对立性是意识自身不高尚的本质。通常,当人受依赖感的奴隶意识压迫时会很沮丧,往往要以奴役别人来作为对自己的补偿,这是一种"赢回"。因此,奴隶擢升为统治者会比什么都更令人生畏。贵族拥有自己的财产,一向认为自己血统高贵,不乏尊严,是天生的自由人,那么这样的人一旦成为统治者,他的质似乎并不很令人生畏,他并不一定会成为独裁者和迷恋强力意志的人。独裁者是暴发户,是奴役着自己的奴隶,其心态早已被扭曲。

从更深刻的意象看,独裁者全然不同于普罗米修斯那样的解放者。大众的领袖安放在被奴役的位置上,他统治大众,又不能脱离大众。他向外抛出了一切。

暴君由在暴君门下只感受恐惧的大众酿造出来。

强力意志、优势意志和统治是占有性。这不是自由人的意志,也不是自由的意志。强力意志的占有者沉溺于权,被权的厄运所限,而又由此制造人的厄运。那个独裁者,昔日帝国意志的英雄——凯撒,只能受限于厄运。一切对他都是既定,他不能成为自己,不能限制自己,在自己的去路上,他永远得走下去,一直走到丧钟敲响。

凯撒注定是一个失败者。

强力意志的沟壑永远无法填满,这并不能证明人自身拥有奉献给人们的内在力量。历史上,那些垒筑在帝国意志之上的昙花一现的王国,除繁殖灾难和战争外,又给了人们什么?

无疑,帝国意志是人的真实使命的魔鬼般的倒错,是共相主义的倒错。这种共相主义的展现,经由客体化和外化,把人的生存向外抛出,把人降格为奴隶。

人的观念中固有帝王性。

人嗜好扩张,想占据空间,以成为世界和土地的帝王。无怪乎,人常会弄出些伟大的冒险行动来。人的堕落正在于接受了这一共相意志的错误导向。

孤独而不幸的尼采是强力意志的哲学家。

但在许多地方，人们卑鄙不堪地曲解和利用他，把他的思想塑成某种目的的工具。对此，尼采也曾愤然抗击过。尼采是一个贵族思想家，只面向少数人而无视大众，他把大众判为帝国意志的体现者。

但尼采认定国家是嗜血成性的怪兽，他说：只有在国家消亡之处，人才可以生存。国家对于人的不幸，并非尼采一家之言，但不知为什么，人总不停地去建构帝国，总推崇帝国是大众的组织。尼采是弱者，不是强者。他是世上最羸弱的人。

他拥有的不是强力意志，而是强力意志的观念。不错，尼采曾激励太砥砺自己的意志而成为强大者，但他未必知道国家暴力、革命暴力和帝国意志的强大性。过去的波尔德日亚君主对此颇有些说服力。

波尔德日亚曾体认到精神的内在悲剧，曾屡次痛苦地挣扎过，但到头来，他也仅是自己的一项象征罢了。

帝国意志、强力意志和奴役意志的狂热阻断福音书的道德福音。这种阻断不起源于文艺复兴，也不起源于法国大革命时期，而起源于世界。如今，暴力的奴役日显姿态，它想攫取力量，想成为力量的体现者。但事实上，暴力自身永远是弱者。君主堪称世上最羸弱的人。使用暴力的一切人都意味着精神力量的泯灭，也意味着对于这种精神力量的所有意识的泯灭。

强力意志、帝国意志扼杀人的自由和尊严，而庇护这种意志的哲学不能护卫人的自由和尊严。目前，这种哲学煽动暴力，已达极限。

如何审视暴力，实在是一件复杂的事。

通常，人们反抗暴力时，难免不染指粗野，并往往仅注重外在的暴力形式，如鞭笞、坐牢、杀害……其实，生活中更多地充斥着隐匿的暴力。这种暴力用心更歹毒，形式更精致。

如心理的暴力就远比肉体的暴力扮演着更重要的角色。

人丧失自由，沦为奴隶，不仅源于肉体的暴力，更源于心理的暴力。

人生活在社会之中，社会从人的童年起便奴役着人。教育体系全然扼杀人的自由，使人丧失对自由的判断。历史的沉重性也胁迫人。

而这一切在对人施行暴力时，或经由威逼，或经由渲染。特别是渲染，一旦转换为集体行动，人则更加身不由己。

再有，人总驱遣他人沉浮于生命之场和死亡之场。

恨暴虐他人，置他人于死亡之场。但令人惊恐的是，爱也一样置他人于死亡之场，而且，爱对人的暴虐并不一定亚于恨。

人的生命在种种隐蔽的"场"的冲击下，逐渐被奴役和暴力的看不见的氛围所剿杀。

个体人的心理暴力也是社会的、集体的心理暴力。凝固且坚实的社会舆论即一种强加于人的暴力，人很容易沦为它的奴隶。而习俗和道德密切关联于社会判断和社会舆论，人也会很容易沦为习俗和道德的奴隶。

当代报刊杂志汗牛充栋，中档次的人所持有的判断、见解，哪一则不源自报纸？每天清晨，人捧读那一张报纸，甘愿接受心理强制手段的暴虐。

纵观人受奴役的诸多情形，不能不承认，人顺应并趋附报刊杂志的虚伪和堕落是最令人震惊的了。在这里，人已完全丧失自己的自由、良心和判断，并对此毫无觉察；相比较起来，人对专制暴君的奴役还能有所发现。

另外，金钱也是一种更强大的围剿着人的暴力。这是资本主义社会中以隐匿方式间接地作用于人且被遮掩了的暴君。不错，生活中的人都要使用钱，也正基于这一点，金钱最无个体性，最无质的内涵，最易被世界的某一种力量所俘获。

金钱使人丧失良心的自由、思维的自由和判断的自由，其方式不是通过施于肉体的暴力，而是通过把人放在对物质的极度依赖的位置上，放在饥饿和死亡的胁迫中。总之，金钱给予人独立性，人缺少钱会滋生出依赖性；但是，占有金钱，人又陷入奴役，蒙受看不见的暴虐。

人在世间被强迫出卖自己的劳动，人的劳动不自由。人不能从劳动中体认真正的自由。相对地说，也许手工艺者和知识分子的劳动稍有自由，但这仍受隐匿的暴力奴役。在绵延的历史中，人已历经奴隶的劳动、农奴的劳动，也历经资本主义世界的新式奴隶的劳动，但人仍陷在被奴役的位置上，而且，人越来越在心里上安于当奴隶。有人认为自由是匮乏运动，是习惯状态，但实际上，当今的种种运动已成为施于世界、物质环境和他人的暴力。运动是变化，但运动不应与既定的世界妥协，而世界应是运动和变化的产物。

这里，运动和变化也很可能像暴力那样，受社会生活保守传统的影响。于是，静止的认识则拒斥暴力，也拒斥运动和变化。常常是，被认可的习惯状态中的奴役往往不显示暴力，而导向消除奴役的运动却会显示暴力。还有，社会改革避免不了暴力。

那种习惯状态中的业已老朽的社会制度可以乔装自由，举起改革的旗帜，而工人阶级为改变自身地位所进行的改革，会刺激资产阶级，会被诬为暴力和亵渎自由。这是自由在社会生活中的悖异。

奴役正从四面进逼着人，自由须抗争，不抗争即无自由。

自由一旦被安放在常规生活中，自由也就蜕变成对人的隐匿的奴役。这是客体化的自由。真自由植根于主体领域。由此不难见到，人之所以做奴隶，实在是因为获取自由太艰辛太艰辛，而顺应奴役太容易太容易。

客体性世界中的暴力被当成力量，自以为它显示力量；而对暴力的狂热又被当成是对力量的崇拜。其实，暴力与力量不仅不一样，而且暴力丝毫也不关联于力量。深层意义上的力量是获得，它不导向始终留存着外在性的统治，而导向内在的结合。基督凭借力量说话，暴君永远不能这样说话。行暴者没有力量，仅有暴力而已。也可以说，行暴者正由于没有力量，没有强力，才倾向暴力，才实施暴力。统治者没有任何力量统辖自己的奴隶。对人施行残酷的折磨，只能说明统治者正面临不可逾越的障碍。统治者握持力量时，他就不再是统治者。统治者如果以杀人作为表达自己的出路，那么他正站在无力量的极限上。力量是革新、启示、复活，暴力是把人投进牢房、用刑、杀害。在客体化、习惯性、非个体性、外化的世界中，没有任何力量可言。力量仅指涉生存的意义，而这意味着与传统价值的冲突。

在这个世界上，高价值的比那些低价值的更孱弱，更微不足道。价值最高的被钉死，价值低的却凯歌高奏。

警察、武官、银行家、律师总是强者，诗人、圣者、哲学家、先知总是弱者。在这里，物质一定高于上帝，被钉死在十字架上的一定是上帝的儿子，被迫饮鸩而死的一定是苏格拉底，被人掷石块的一定是先知。在这里，新思想、新生活的先驱和创造者横遭迫害，死于无辜，而恪守社会习惯性生活的平庸之辈却节节得胜。在这里，最高价值——人的个体人格得不到认可，低价值——国家以及国家所使用的暴力、谎言、间谍勾当、杀害却赢得赞许，被誉为最高价值。在客体化世界中，人们仅趋近有限的事物，不再携带无限的事物。当人被有限的事物所统治，人也就沦为奴隶。被遮蔽了的无限性显示人的解救。

人之所以误入这样的迷途，在于把力量与卑劣的手段搅混在一起，以为为着实现目的，卑劣的手段也会变成高尚的东西。

其实，一切生命凭借卑劣的手段并不能实现任何目的。

这里，手段貌似给人力量，实际上却使人降格为手段的奴隶；而所能实现的不外乎是奴役意志的行动，绝不是解放意志的行动。那些被誉为历史的伟大活动家和帝国意志的英雄，谋杀是他们不可或缺的手段。这恰好证明此种"力量"的形而上学的虚弱性，恰好证明他们拥有病态的强力意志和统治意志，恰好证明他们是与之相应的迫害狂。精神的孱弱、内在生命的匮乏和对复活新生命力量的拒斥，都会轻易把人置于暴虐别人的生活中。

真理在尘寰已被钉死。蕴含真正力量的真理是上帝的真理。

一元论是人受奴役的哲学根源。一元论的实践是暴君的实践。一元论被"普遍的"和抽象的共相所统治，扼杀自由和个体人格。人格主义以最深刻的意象力拒一元论。

个体人格和自由关联于多元论。确切说，其外在采用多元论形式，其内在是具体的共相主义。良心不能成为任何共相统一的核心，不能异化，而应留存在个体人格的深层面上。

这种"留存"不意味个体人格封闭自身，繁衍自我中心主义；相反，个体人格内在充满具体的共相内涵。个体人格的这项具体的共相内涵，不把自己的良心和意识转移到社会、国家、民族、阶级、政党、教会和社会法规中去。

"统一的"不染指奴役的气味，不按照"全体性""共同性"去理解，不涉及把良心抛向任何外在的集体。对"统一的"理解，唯有解释成个体人格内在的具体的共相主义，才能令人接受。自由人仅仅在于能拒斥自己良心和意识的异化和外化，否则，他便是奴隶，是统治者。

统治者只不过是奴隶的另一重意象而已。

用不太准确的术语说，这是个体人格自主、意识自主和良心自主的问题。但在康德那里，个体人格却隶属于道德法则和理性法则，即自主的不是人，而是法则。人的自主即个体人格的自主，这才堪称自由。欧洲历史上曾以理性或者自然来反抗野蛮的等级制，反抗权威，但最终仍不能获取人的自由。

因为，人隶属于非个体性的理性，或者隶属于至高无上的社会和简单的自然必然性。人当然要奋起抗击专制意识和专制制度，但与之作战的武器不是理性、自然和至高无上的社会，而是精神。

精神即自由，即人自身具有的拓展人的个体人格。

它是脱出客体化的自然和客体化的逻辑世界的独立的精神源头。这需要导向对人的奴役的抗击，需要进行人格主义的价值重估。本书的宗旨也正在这里。

个体人格内在的生存的共相主义，必须拒斥外在的客体化的共相主义。在"普遍的"领域里，一切都是无个体性的和异化的，都是对人的诱惑与奴役。

自由人是自治的生存，不是被治的生存。自由人的自治不同于社会和民族的奴隶式的自治，它是人的自治，关联于个体人格。

导向人的自由和自由人的出现，是一场争战。这首先需要变革人的意识结构和价值取向。这是深刻的内在革命,它不是在历史的时间中实现,而是在生存的时间中实现。这一深刻过程的结果来得非常缓慢。

变革人的意识结构要重新审视内在性与超越性的关系。

内在的持续性始终把人安放在平顺的无止境的进化过程中,这样,内在的持续性正好反叛那作为阻断与超越的个体人格。

人服从于共相的统一,而上帝内在于它,并超越它,进入它的全过程。上帝的这种超越性以及上帝脱出世界必然性和一切客体性的自由,即是人的自由的本源,即是个体人格生存的前提。当然,超越也可能被曲解成客体化和外化。只是这种超越已不再是植根于自由的内在的超越,而仅仅反映奴仆与主子的关系。遵从那样的解释,人的解救又会步入内在性与超越性的传统关系的老路。植根于自由的超越,不臣服于他人的意志,仅朝向终极真理;同时,它也是生活与道路。

真理总关联于自由,并只成为自由。

奴役总否弃真理,害怕真理。

热爱真理,则要攻克奴役着人的恐惧。

迄今为止,原始人的一切还活在现代人这里。现代人太受恐惧的奴役,对过去的、习俗的和祖宗魂灵的东西,无不诚惶诚恐。神话也奴役着现代人。自由人不置于神话的统治之下。自由人攻克神话的统治。诸如共相的真实性、"普遍的"王国等神话正笼罩着文明化了的现代人,笼罩着占据文明顶峰的那一切。其实,共相——普遍的真实性并不存在,这是客体化产出的幻象和错觉。存在着的仅是共相的价值,例如真理,但共相的价值必须存于具体的个别的形式中。共相价值的实体化是意识的错误导向。

那种不能真确判断任何事物的传统的形而上学,正由此形成。离开个体人格,不存有任何共相性。共相在人的个体人格中,在上帝的个体人格中。共相的人格化的开始便是客体化,亦即个体人格的消亡。

受奴役即是被动性,战胜奴役即是创造的主动性。唯有在生存的时间里，才显示创造的主动性。历史的主动性是客体化，是在更大范围内实现着的行动计划。历史时间企望把人驯服为自己的奴隶。自由人不应顺从于历史、种族、革命，以及那种自诩具有共相意义的客体的共同性。

统治者被历史、共同性和虚假的共相主义俘获。统治者也是奴隶，统治者与奴隶的相似之处远比人们想象的多得多。自由人不想当统治者，因为这意味着失去自由。

攻克奴役和统治，旨在变革人的意识结构。为此，需要建构一门与真确的神学相类似的真确的社会学。灵车式的社会学陷于无法传达自由而只能传达奴役与统治的范畴中。自由人沉思社会，不取用奴役与统治的范畴，也不取用一般社会学所使用的概念。因为，这些范畴和概念产生的前提即封闭性和否定一切。在其中，社会臣服于凯撒王国，人转换成了客体。

在自由人的社会和个体人格的社会中，没有任何君主、任何神权、任何贵族、任何民主。这种社会不是专制主义的，不是自由主义的，不是布尔乔亚的，不是社会主义的，不是法西斯主义的，当然，更不是无政府主义的。无政府主义是客体化。这种社会是一项真知灼见，即一项认识上帝的真知灼见。认识的门径在于弃绝概念和一切理性化。因此，首先需要变革人的意识结构，以消解客体化，攘除主体与客体的对立，灭绝奴隶与统治者。这是无限性，是拓展共相内涵的主体性，是纯洁的生存性王国。如果认为真确的社会学务在使人进入彼岸的、天堂的、超越的世界，进入阴朝冥府；或者务在使人栖息于此岸的、尘寰的、内在性的世界，一切从生到死，循环不已；那么，这是对真确的社会学的误解，也是对末世论的误解。这不具有任何生存的意义。真确的社会学旨在变革人的意识结构，消解客体化，创建自由人的社会，而这一切都应发生在此岸。

宇宙时间循环不已，历史时间匆匆朝向未来。人并不仅仅生活在这两种时间里，人还生活在生存的时间里。在生存的时间里，人阻绝了客体化。

我在本书末将论述"世界的终止",用哲学语言说,即客体化的终止。这一终止的前提是拓展人的创造主动性。它发生在彼岸,也发生在此岸。

它是人的命运和世界命运的悖异,应悖异地沉思它,任何理性化的范畴都无济于事。统治者和奴隶无法沉思它,它只归依自由人。

对客体化和世界的终止,对自由的王国和自由人的王国——上帝王国的到来,统治者和奴隶都彰显非人性的反作用力。他们将造出统治与奴役的种种新形式,给这些玩意儿换上新外套,让其登台表演。这样,在统治与奴役的种种新形式中,惨遭扼杀的是人的创造行动,而历史的恶绵延不绝。

自由人实现自己的责任,须臾不可延缓。自由人不仅要在"彼岸"准备自己的新王国,也在"此岸"准备自己的新王国。

这种准备首先基于自身,即首先把自身创造成为自由人,成为个体人格。奴隶不能一起准备新王国,它们甚至连"新王国"这个词也未必会接受。奴隶所准备的仅是奴役的种种新形式。

准备新王国,荣归自由人!

必须扫荡暗中窥视并诱惑人的各种精致的奴役形式。

(三) 性、个体人格和自由

爱欲的诱惑很厉害。性是奴役人的最重要的孽根之一。

人生理上的性需求不是一种纯粹的需求,其中也掺合了复杂的心理因素,爱欲的幻象也在其中扮演重要的角色。人作为性生存,消耗的是不能自足的生存,因此人常在自己的心理和生理上渴求丰富圆满。

性不仅是人的特殊的生理功能,关联于人的性器官,而且也关联于人的整个有机体。弗洛伊德在这方面已有过专门的论述。

性是人生命中最为隐秘的东西,人对它总怀持羞耻和尴尬,不敢公诸于世。自人降生以来,性似乎还未出现在光天化日之下。

人羞于性对自己的奴役。

这里有一桩性的悖异：性是生命的源头，尤具生命的张力，但性又被判为是应该掩藏起来的羞耻的东西。过去，仅有俄国的罗扎诺夫敏锐地感到这个问题的重要，并首先审视了它。人对性的看法也真希奇古怪，视它迥然异于其他任何现象，还把它与人的堕落并置在一起。这样，性成了人堕落的指示器，意味着人之本性的整体性的破裂。

直到19世纪末、20世纪初，西方的科学家和文学家才把性和性生活的大部分秘密披露出来。其中，首推罗扎诺夫、门林格尔、弗洛伊德和劳伦斯。特别是弗洛伊德对无意识的性生活的科学分析，一开始就激起反对的热浪。

劳伦斯也被判定为色情作家。

20世纪以来，性较公开地进入人的意识，人对性的看法亦发生了根本的变化。倘若比较一下20世纪与19世纪或更早些时期的小说，即可以审视到这种变化。文学作品常歌咏爱情，爱情无愧是它永恒的主题，但长期以来，文学反映性生活却微乎其微，直到进入20世纪以后，文学家才斗胆写了性。从狄更斯到劳伦斯，从巴尔扎克到蒙特尔兰，此间走过多么漫长的路。也仅到了这时，人才不愿意再受和不可能再受意识幻象的欺哄，才开始揭示性的奥秘。

当然，早在19世纪，马克思和尼采已从另一方面审视过人的本性，但他们未涉及性；直至陀思妥耶夫斯基和克尔凯郭尔的出现，才使问题进到了更深的层面上来。基督教用罪的观念遮蔽性，对性的态度暧昧不明，罗扎诺夫便竭力想拨开这层迷雾。

这里我感兴趣的是：在个体人格和自由的最高价值的前景中，人如何摆脱性奴役。这涉及性欲与爱欲、性与爱这两个问题，也可以说这涉及三个问题，即性、家庭、爱。性交与生育之间关联于生理，不关联于精神，这如同性交与爱之间没有必然的关联一样。无可争议，性欲和性行为在显示人与动物界的联系时，它们完全是非个体性的，它们自身都不具有人的任何特殊性。性意味着人的消耗和不圆满，它彰显种族压榨个体人的淫威，用哲学行话来说，即意味着普遍的摧毁个别的。这时，人若全然听凭于性生活的摆布，就会丧失自我控制的力量。当人被转换成了非个体性的种族进程的工具时，完全浸渍在非个体性的性欲中的人，其个体人格也就随之泯灭。

性欲携带非个体性，爱欲携带个体性，两者在这方面相去甚远。情爱与性欲之间没有直接的对应关系，人由于情爱甚至会控制自己的性欲。情爱蕴含专一，导向不可重复的个体生存和个体人格；性欲变化不居，不意味着必然与个体人格发生关系。有时，性欲即便发生个体化，它也不朝向整体的个体人格，而是经由非个体性的种族自然力。性之所以成为奴役人的最深的孽根之一，即因为它关联于人的种族生命的形成。这种奴役形式极隐蔽、极僵化甚至极精致。性生活具有产生爱欲幻象的特殊能力。叔本华曾说人是进行种族游戏的自然力，种族对于人仅是幻象而已。陶醉在情爱中的男子，总把他的意中人构想成非凡的仙女。当然，并非所有的爱—情爱都显示幻象，它也可能阻绝种族的自然力，从而导向不可重复的个体人格和个体生存。当爱—情爱发生这种导向时，即意味着人攻克了性的奴役和爱欲的诱惑。

体验个体人格，取决于对个体人格的爱。

爱朝向永恒，它的一切都是个体之中不可重复的。

爱的真谛正在于此。

显然，这个世界的气候并不适宜于它，死亡的黑手会随时轻易地把它掐死。爱脱开尘寰，突破这个受限于决定论的世界，生长在远离这个客体化世界的净土上。

因此，从更深刻的意义看，爱与死常在一起。可以这样预测：爱与死的深刻联系定是世界文学的重要主题之一。

依照爱的特性，可以划分出向上超升的爱和俯视尘寰的爱。舍勒对此曾作过十分详尽的剖析，只是他未触涉更深层上的问题。

爱—情爱、爱欲是向上超升的爱，比男女之间的爱更深广。爱—情爱是力，是颂诗，使人臻于创造的境界。爱欲之爱存有不圆满、亏损、烦，从而总让人追思和仰慕圆满、补足、丰盈。爱欲是魔鬼，人常受限于它。柏拉图在《斐多篇》中曾说，灵魂的翅膀可以凭借情爱的风力起飞。这话确实不错。只是柏拉图的爱欲具有两个源头，即丰盈的和贫瘠的源头。因为，爱欲本应启迪超越的方向，但柏拉图却把它从感性世界转移到了观念世界。这样，它就不再是具体的元气勃勃的生存的爱，也不是个体人格的爱，而是一种完全指向观念、美和神性巅峰的爱。

柏拉图的爱欲反叛人格主义，不彰显也不认可那不可重复的个体人格。这是柏拉图主义的局限。爱欲的悲剧也正系于柏拉图主义。俄国思想家索洛维约夫的一生都沉溺于这种爱。他始终不喜欢具体的有血有肉的女子，而仅钟情于显示神意的永恒的女性气质，因为在他看来，前者总有不足，总让人失望。由此略可证实，爱欲幻象的诱惑也着实厉害，并不是轻易可战胜它的。唯有神性的美才不显示幻象。爱—情爱也可能没有携带柏拉图主义的这种基因，也可能关联于个体人格并走向个体人格。

另一类爱是俯视尘寰的爱，即怜悯的爱、同情的爱，也称为博爱、仁爱。这种爱只是给予，不求索回报，无须互惠，因为它自身丰盈强盛，它的给予不意味着自身会失去什么。

两相比较，爱欲之爱是在上帝中实现同他人的结合，怜悯之爱却是在这一个世界中实现同他人的结合。如果使用"爱"这个词不基于 Caritas 的意义时，"爱"就不表示爱所有的人，而只表示爱自己所选择的人。

人无法强迫自己去爱，但 Caritas、仁慈、怜悯这种俯视尘寰的爱可能指向所有的人，是博爱，而不关联于选择。这正是这一类爱的丰盈和力量之所在。与此同时，爱欲之爱却需要回报、互惠，是互爱。当然，真正的爱欲之爱也蕴含着 Caritas 的爱、怜悯的爱。爱欲之爱一旦失却 Caritas 的爱、怜悯的爱，便会以令人惊栗的魔性折磨人。纯粹的爱欲是对人的奴役，它奴役被爱者，也奴役爱者。

基督教的爱不是爱欲，而是圣爱（agape）。

古希腊曾以多种语词来传达爱的丰富含义，例如爱欲、圣爱、嗜欲之爱，甚至对爱的语调、语气也有所区分。爱，在人的心中确实呈复杂状态，各种不同的爱可以汇集在一起：超升的爱、颂诗的爱也可能与俯视尘寰的爱、怜悯的爱结合在一起。

20世纪初期，许多思想家认为基督教的爱缺少仁慈和怜悯的因素，仅是纯粹的爱欲式的，并判定佛教才是纯粹显示仁慈和怜悯的。其实这完全误解了基督教，基督教倡导的爱正是从深层面上执着于怜悯之爱。另外，基督教视纯粹的精神之爱异于灵魂之爱和生命之爱，而这方面也常被人曲解。

真正的爱从个体人格走向个体人格。

在抽象的精神之爱、理想的爱欲之爱以及导向无个体性的生物的纯粹的怜悯之爱中，真正的爱是一种亏损和扭曲。

爱总把爱的对象人格化，这样一来，爱很可能不再导向具体的生存，而导向理想的抽象的生存。真正的爱欲是可能的，爱欲的幻象也是可能的。真正的爱——情爱在这个世界上究竟是什么样的命运？令人沉思。

现在我并不关注爱的一切形式，也不关注基督教的爱，而是关注与性发生关系的那种爱。

蒲鲁东的思想总体上没有更深刻的东西，但他说过这么一句深刻的话：爱即死亡。请想想，还有比这更令人痛苦的吗？显然没有。这是爱与死相互纠缠的主题。通常，爱与死相濡相染，常在一起煎熬着那些深刻体认生活的人。当人步入爱的心醉神迷，也就步入死的境地。心醉神迷即超越，即超形离骸的过程，亦即突破世俗世界的规范，臻于永恒。

爱与死是人生命中最重要的现象。任何人即使才貌平平者，都可能体验爱，并且都将要体验死。其中，对死的体验更源自生命的内在，更能触及死的秘密。爱与死关联于人生命的巨大张力和人对习俗的冲决。爱比死更有力量。爱攻克死，同时又导向死，把人放在死的边缘上。爱与死构成人生存的悖异：爱渴求圆满和丰盈，却又伏着致死的毒刺。爱为了不朽而存在，但也孕育了死。

客体化世界的习俗常规弱化爱与死相互纠缠的主题。

爱、人格主义的爱朝向个体人格的不朽，而不混同于习俗常规。

习俗常规窒息并遗弃爱，把爱挤压在死的角落里。注意：我这里使用"死"这个词，其含义比肉体的死更广泛。特里斯丹与绮瑟的爱、罗密欧与朱丽叶的爱都导向了死。柏拉图主义的爱也无出路，仅是悲剧式的爱。社会的习俗常规充当教唆犯，诱使爱走向堕落，而且还建构起一整套婚姻和家庭的制度。为着社会的需求，社会的习俗常规在事实上已否弃了爱的权利，绞杀了作为生命张力的爱和爱的心醉神迷。社会的习俗常规扼杀自由，把爱的自由判为不道德。宗教如果也落进这种图圄，则也会一样地杀死爱的自由。这是看问题的立足点的错误，所以不能不流于肤浅。

任何爱一旦失去自由，便不复存在。由外在强制决定的爱，仅是虚饰的辞藻游戏。爱也会成为奴役人的力量。这经由爱欲的幻象产生。社会规范即使具有某种宗教性，爱的自由也与它无任何瓜葛。

不应该，也不可能用社会的宗教的义务来拒斥爱，这种"拒斥"是奴隶的需求。若以自由和怜悯的名义来拒斥爱，这是另一种爱。社会对于爱的主题不具有任何判断力，它没有任何可能耐发现爱，它所拥有的仅是戒条。爱的主题应力拒社会化，应从天性上反叛社会化。爱一旦社会化便失去自己的位置。社会无法理解爱与死的深刻关系，谁因于社会说话，谁就只能接触到现实中粗俗、肤浅的那一面。

社会只认知粗俗的现实。

事实上，基督教的神学家、牧师以及神职人员从未鞭辟入里地审视过爱，也从未真正发现过爱。他们的言行仅证明客体化世界的习俗常规把基督教社会化了，或者仅证明基督教迎合了社会的需求。在高台上，在大庭广众前，他们滔滔不绝地讲述性、性欲、性行为、婚姻、家庭、生育子女，就是不见他们讲述爱。在他们那里，人被当成一宗纯粹的生物学和社会学的现象，爱的主题远比性的主题和商业化、社会化了的婚姻家庭的主题更令人羞耻。在那里，性和家庭均与金钱有着神秘的关系，而爱卓然独立于这类人的眼光之外。

像奥古斯丁这样的神学家也撰写论婚姻的文章，读着它，仿佛是践习养牛育马，它实在无愧是畜牧业的系统读物。奥古斯丁从来就没有为爱的生存祝福过，对于爱，他什么也不知道，他甚至怀疑爱的生存。其实按照我的更深的理解，基督教的大多数牧师都经由这个模子出来，都以不道德的眼光审视道德，都把个体人格当作种族进程的工具。回溯起来，在欧洲基督教历史上第一次提出爱的主题，也许是普罗旺斯人的流浪歌手。

这些活跃于13世纪法国南部的普罗旺斯人在情感文化中占有重要的位置。

俄国的三位思想家索洛维约夫、罗扎诺夫和费多洛夫曾深刻探究过爱与死的主题，并各有灼见。

索洛维约夫是柏拉图主义者，他对爱欲的特殊体认与柏拉图主义有关。他的关于索菲亚的理论背离了人格主义，而《爱的意义》一文可能是他的压卷之作。其中，爱—爱欲突破了非个体性的柏拉图主义的界限，不再维系于种族，而同个体人格发生关系。这种新思想在基督教思想史上是由他第一次提出。他的爱不再系于生育儿女和绵延种族，而是系于个体人格生命的圆满实现和个体人格的不朽。另外，他还洞察到爱与生殖的矛盾冲突，这使他远离所有论述婚姻之爱的传统理论。爱的意义在个体中，不在种族中。单纯的生殖仅展现种族生命无止尽绵延的前景，从而解离个体人格。个体人格的整体性经由爱去提升人，使人不再作为消耗的分裂的生存。

爱，不仅具有尘寰的意义，还具有永恒的意义。正是在此意义上，爱才与死相互纠缠。

爱是对死的攻克，是不朽的到达。

现在的问题是：在多大程度上可以实现索洛维约夫意义上的爱？

我以为，这作为他个人的体验是悲剧性的。

罗扎诺夫的观点对立于索洛维约夫。两相比较，索洛维约夫关于爱的主张属于人格主义，显示个体人的爱战胜死亡；而罗扎诺夫的爱则是种族的和非个体性的,显示死亡被生殖所征服。在罗扎诺夫这里,处处散发着传统的基督教对于性的品评,他对基督教在这方面的思想具有举足轻重的意义。罗扎诺夫不把性当作堕落的指示器,而认定它是生命的至福,并神圣化了仅有生殖作用的性。他宣扬以崇拜生殖的宗教来对抗体认死亡的基督教。他需要性崇拜和向性祝福,因为,他认定性之中不存有死亡的源头,而存有生命的源头,能征服死亡。对于索洛维约夫的那种在性之中存在着罪的体验,他茫然不知。他甚至还希望恢复崇拜生殖的犹太教和古代其他异教。基督教的敏锐正在于意识到性与个体人格之间生存着矛盾冲突。在这方面,罗扎诺夫是基督教的劲敌,他几乎完全无视个体人格的生存。无疑,个体人格的敏锐意识定会招致性的敌视,但这里主要的问题不是生殖,而是死亡。必须廓清历史上基督教牧师们所宣扬的婚姻之爱来源于生殖的谬理。这些人一方面胡诌性和性行为沉溺肉欲,是罪;另一方面又判定性行为的结果——生殖是至福。对此,即便是罗扎诺夫也多少现出了虚伪,并进行过抨击。在一切情况下,传统基督教关于爱(倘若也可称为爱)的教义都只关涉种族的生殖的爱。它不仅剥去了爱所具有的个体人的意义,而且还把爱的个体人的意义判作不道德。罗扎诺夫这方面的思想正好与之暗合,只是他要求前后一致,即:如果性行为的结果受到祝福,那么性行为的本身也应受到祝福。

费多洛夫对于死亡特别感伤。死,即使对每个人来说是唯一的生存,是不可更改的选择,他也不同它合作。他激发人起而抗拒死,征服死。究竟如何征服死?他既不赞成经由"个体人的爱欲""个体人的不朽"(索洛维约夫),也不赞成经由崇拜生殖、绵延种族(罗扎诺夫),而认为必须经由"死者的复活"。对这种复活,他号召人不要消极被动地等待,而要积极主动地创造。另外,费多洛夫还希望把爱欲的动力转变为复活的动力,即对爱欲的动力进行生成转化。费多洛夫相信有逆转时间的可能,相信人不仅可以运筹将来,也可以运筹过去。复活即对过去的积极转化。罗扎诺夫不是爱欲的哲学家,与索洛维约夫和罗扎诺夫完全不同,费多洛夫充满了对死者的怜爱。他的请愿不为着种族和集体的生殖,而为着种族和集体的复活。

总之,这三位思想家对爱与死、死的奴役与性的奴役都做过深刻的沉思。

人本性中的深刻矛盾与性的自然力相互关联。

性折磨人,粗俗地奴役人,酿造生活的不幸,人在这方面已有体验。但另一方面,人生命的张力又系于性,性的动力即生命的动力。

性甚至也可能是创造热情的源头,而那些无性的生物其生命元气大抵相当孱弱。人的性动力有别于专门的性功能,它一经升华,便导向创造,这似乎不失为一条攻克性奴役的路径。

爱欲的动力也可能成为创造的源头,但它关联于性,便又被作为人的消耗的标志。另外,爱欲的动力也常常与人的特殊的渴求发生关系,这在青年人那里表露得十分突出。性每每横遭世俗化的败坏,人的生命则又经由败坏了的性而被败坏。

大凡卑劣庸俗的东西无不关联于性。性和爱欲不仅在人的肉体方面被世俗化,而且在人的心理方面也被世俗化。现在对"爱"这个词,言者难以启口,听者不堪入耳。性用既简便又肤浅的形式奴役人。

世俗性王国中的性恐惧也使有产者恐惧,特别是性同金钱的统治权力联合在一起时,则更加窒息了人。

性奴役往往同人的生活实行女性原则有关。女子更倾向于奴役,同时也倾向于被奴役。性在男女天性中所占的比例不同:于男子仅是部分,于女子则囊括了她们的全部。因此,女子天性中受性奴役的居多,相应个体人格的实现也更艰难。

注意:我这里并不是削弱或否定她们的性的创造动力,而是指她们攻克性奴役和进行性升华的艰难。

对性奴役的最后攻克意味着建构雄雌同体的整体性,但这不是无性世界。在创造的本能中常需要爱欲作为酵素,只是它在当今已被共相化了。伦理学的终极对象是爱欲,这是一种精致了的奴役。个体人格原理、个体人格价值和精神的自由不能以此为准绳,因为爱欲也可能是精神的被动性,从而演变成灵魂——肉体统治精神。伦理学的原则和精神的积极性必须以护卫个体人格和自由为前提。这里,我们要追问:性和婚姻的意义究竟是什么?

人的一切爱欲的生活都充满着矛盾,这在客体化世界中不可消解。弗洛伊德相信性生活不和谐,它始终横陈着矛盾性,这不无道理。

许多不可言状的折磨人的体认都与性有关,它被置于无意识的性生命与社会习俗的监视的矛盾冲突中。

这是关联于性的性欲之冲突,也是关联于爱的爱欲之冲突。

弗洛伊德因为世界观的局限,忽视了爱—爱欲的问题。这种折磨人的矛盾冲突每每进到深层次上,便涉及人生存的形而上的问题。

性在人的现实生活中已被客体化和外化,已分裂了人的整体生存。性,经由强大的无意识流的推进,把人抛向客体化世界,把人置于外在的而非内在的决定论和必然性的统治之下,使人不能不远离自己的本性,不能不转换成客体。性的全部秘密正在这里,性成了一项强加给人的客体性。解救人必须攻克作为强制性的客体性的性奴役。强制性的(东西)只能是客体性,性就属于这一类。性幻象压迫人,它包括人在性欲的满足中实现自己的自由。其实,性在此间已把人搁在强制状态中,自由安在?

性显示普遍的种族的权力,它是人的非个体性的(东西)。唯有爱才是个体性的(东西)。性欲不是个体性的,爱欲才是个体性的。

这是索洛维约夫和门林格尔所做的解释。

在性意义中的种族的非个体性的(东西),关联于逻辑的形而上意义中的种族的非个体性的东西。人自身的个体人格与自身的性之间的冲突颇为激烈。性在实现自己时施展自己的非个体性力量,践踏个体人格的价值,贬损人。因此也就产生了关联于性的羞耻感。这种羞耻感的增强,意味着个体人格的崭露和个体人格意识的觉醒。性的种族生命把个体人当作工具,它给予个体人的满足仅仅是一种幻象而已。这幻象对于种族的生命是必需的,对于个体人格自身则未必如此。

当性找寻自己的出路，以脱出制造人口和传宗接代的功能时，会轻易露出它伤害个体人格的整体的本性。作为部分的功能常倾向于反叛人的整体结构。这时，性则把矛头瞄准个体人格的整体。这是性欲的冲突，它发生在指涉人生存的更高层次爱欲的冲突之前。具体说，向内，爱—爱欲同性的非个体性生命相冲突；向外，它又同客体化的婚姻、家庭生活和社会习俗相冲突。在这里存在着性的奴役与婚姻、家庭的奴役。这两种奴役均是性的客体化的产物，也是在社会习俗的钳制下爱的客体化的产物。

在矛盾冲突的复杂网络中，人既受自身的自然本性的奴役，也受社会的奴役。

一方面，无序而散漫的性把人投进无边无际的自然欲望的苦海，摧毁人的个体人格，碎割人的整体性。另一方面，当社会力量整治性，迫使性皈依某种组织，以受其监察和指导时，却又制造出无数新的奴役形式。在客体化世界和社会习俗中，家庭作为社会制度的形式之一，不可避免地显出对性的某种组织作用，但是家庭的形式不能一成不变。家庭依赖于社会经济制度，它同国家中的社会组织十分类似，也常常奴役个体人格。

唯有建构友谊型的家庭，才能把性对人的诱惑与奴役限定在最低量上。与此同时，也才能培育出人性型的家庭，以护卫人不受国家力量的戕害。在生物学意义上的性生活和在社会学意义上的家庭生活，均与爱—爱欲的主题没有直接的关联，甚至也不属于这个主题。

如前所述，爱不属于客体化世界，爱阻绝客体化世界，彰显无限的主体性，臻于另一个世界。因此，爱与家庭之间不可能不存在着深刻的冲突。这也是个体人格与社会、自由与决定化之间的冲突。爱的意义也仅仅是个体人的，而不是社会的。爱的意义一旦被社会攫取，爱则隐而不彰。维系家庭形式的暴君比维系于国家形式的暴君更可怕。

那些经过精心建构的权威的等级型家庭最折磨人，最摧毁人的个体人格。解救运动如果进到扫荡这种等级型的家庭形式,也就指向了人格主义的深层意义,也即是一个基于个体人格尊严的运动。

世界文学在争取人的情感自由方面已发挥出举足轻重的作用,但在拒斥人的性奴役方面还未见功效。遏止人的性奴役也是一场革命,是一场为着个体人格和自由而反抗决定势力的革命。自由显示精神。在社会的客体化世界中,家庭的自由形式应多一点,家庭的权威的和等级型形式应少一点。

福音书要求人脱出家庭的奴役,走进自由。如同基督教精神不能完全贯注国家一样,它也不能完全贯注家庭,因为在社会的客体化世界中无任何神圣可言。

爱在世界历史中被忧虑缠绕。这种忧虑有两种:一是,当爱与世界发生关系时,因受社会各方面的压迫而产生忧虑,这可谓"爱的社会忧虑";二是,爱自身施给世界的那种忧虑,这是一种内在的忧虑,可谓"爱的形而上的忧虑"。这具有社会的和形而上的根源。

爱的社会忧虑关联于社会各级组织机构的暴虐,即使不能完全克服它,也还可以控制它,可以使它减少到最低限量。

但爱的形而上的忧虑在这个世界中不可能被克服。爱携有死的因子。

爱—爱欲蛰伏着可以转化为生命的共相源头的潜力,它既能吸摄能量,放出光热,也能拒收能量,暗淡无光。所以,爱—爱欲不仅仅实现生命的张力和圆满,也挫伤生命,使生命萎缩、枯竭。爱暴虐人并奴役人。比较而言,女子的爱更多这种暴虐,更需要一切对于自己的服从,因而也更与个体人格的原理相冲突。爱与嫉妒结合时,给人以魔性,甚至把人转变为暴君,这在女子那里常可发现。

爱的形而上的忧虑不在于爱不可分割,也不仅仅在于这个世界上有许多不可分割的爱——这些爱确实太折磨人了!

相反地,爱的形而上的忧虑正在于爱的内在可以分割。这是一种幸福的爱。

这种爱关联于个体人格的奥秘,关联于悲剧,关联于男子与女子天性上的重大区别，关联于爱的向上超升与俯视尘寰之间的矛盾，关联于神秘的死。但这种爱常被生命理性化，常被社会习俗规范所侵蚀，亦即客体性不断攻占人的主体性。所以，真爱对于人犹如空谷足音。这个世界的水土太龃龉，致使爱的悲剧张力总是趋达极限。在这个世界上除了爱以外，其余的都颇显轻松，因而也颇有张力和价值可言。人如果仅滞于表层，那么人的解救永远也感悟不到爱的深层次上的意义。这是爱在世间的悖异，也是自由在世间的悖异性之一。自由生存的前提是突破和抗争。自由如果缺乏精神的牵引，则失却内涵，演变成空虚。

不能把爱与狭义的性、性交相提并论。性交烙着人堕落的印记，羞辱人，困扰人，人却始终赋予它种种想当然的意义，把它合理化甚至神圣化。在人的生活中，既不能孤立地审视人对肉体需要的简单满足和对食品纷繁程序的操练，也不能认定它们是有意义的问题。

它们仅关联于人的动物生活，属于限制和克制人的自然动物本性这个问题。人构想出性交的三层意义。第一，为了生殖，绵延种族。这种善良的看法最容易得到社会习俗的赞赏，最为大多数人欣然接受。但人格主义认为，即使这在个体人那里显示善良，其基本价值取向仍与人格主义相悖，仍是伪善和不道德的。

善良者常常不道德。

这里的不道德即在于把个体人格作为纯粹服务于种族的工具，为着种族的目的，无止境地消费个体人的欲望和情感。特别是集权国家为着种族和国家的利益经常集体组织人的性生活，宛如组织牛马进行交配一样。凡相信性交在于生殖，在于反射行为的结果，在于性本身的，都是伪善和不道德。第二，为了欢娱，得到直接的满足。这种看法虽不是伪善，但同样是不道德的。因为它使人沦为自己卑劣天性的奴隶，挫伤人的作为自由精神的个体人格的尊严。第三，因于互爱，为着圆满实现个体人格。人格主义认同这层意义。把精神和道德注入了性，其存在的前提是性的精神创造。这里也许可以悖异地说，即使人不相信"幸福"的存在，但仍会把对爱人的"个体幸福"的企盼托附给这层意义上的性交，仍会认可这既合理又美好。

失却爱的婚姻是不道德的。婚姻仅在爱中透显意义。过去，社会对婚姻的投射表现在经济方面，彰显巨大的强制的贸易性，致使婚姻不再是一块净土。现在，婚姻较之过去已有所变化，即更少强制的贸易性，更多自由的贸易性。这是因为生命的理性化穿透到了每一个领域。

至于如何对待子女，纯属另一个问题，与此并无更大关系。审视爱—爱欲与性这个主题，必须注重两个过程：经由外在的解救——脱出社会的和家庭的权威性教条；经由内在的解救——脱出自身卑劣的天性，践行内在的禁欲。

无论爱—爱欲或是怜爱，都可能转换为奴役人的形式。

这从陀思妥耶夫斯基《白痴》中的梅什金那里可略见一斑。爱—爱欲应联合怜爱，否则便会奴役人。爱的价值不走进自由的价值，它也会奴役人。爱的意义常在人格化和理想化中，一旦总是维系于原则和观念，这样的爱也就不再朝向生存。

例如，对祖国的爱就属于这一类。对上帝的爱也会以人格化为其前提。最高的爱是在上帝中看见被爱。

（四）美、艺术和自然

受美感诱惑与奴役的对象，主要不是大量的普通群众，而是少数的文化精萃分子。美和艺术对这些人简直具有旋风般的魔力，其原因也许在于这些人自身的灵魂结构，也许在于环境的特定状态、模仿、赶时髦等。在许多时代中所泛起的经久不衰的美感热，便是这种映证。我并不否定人民生活中也存有唯美主义，甚至人民自身的唯美主义还会比资产阶级的更强烈。但大众携有另一种特性，所以没有将美感转换成美，而更多地则是显示了文化衰微的征兆。

美感的诱惑与奴役总削弱和摧毁个体人格价值，并取代个体人格的生存核心，扭曲整体的人。纵观这类受害者，大抵太沉溺于自己的部分状态,即成了自己激情的祭品。只有文化精致了的时代才造就审美型的人。他们并不怀持真正的美感,他们比起劳动者更加远离生活的根基。

在这种时代里,美感价值是唯一的价值,道德的、认识的、宗教的价值都被美感价值所取代。这时,道德的、认识的、宗教的唯美主义比比皆是,甚至连政治也取决于美感价值。宗教的唯美主义全副身心地关注宗教仪式,从心理学的观点看,人会由此进入麻醉状态。道德的唯美主义则以人的美和美感代替人的具体生存和人的个体人格。至于哲学的唯美主义则放弃追求真理,仅朝向审美者,仅注重人的某种激情状态,仅关心和谐与不和谐的建构。

还有政治的唯美主义则摒弃正义、自由,跟哲学的唯美主义一样,仅仅钟爱某种激情状态。在这里,政治常用的手法是把理想化了的过去与将来当作矛盾的两极,将它们系于人的爱和恨,务必置人于某种激情状态中。

美感的诱惑是被动性的诱惑,使精神丧失了主动性。美感过程甚至很可能发生在被动的反应中,而不伴随精神的主动性。

审美型的人即是被动型的人,他欣赏且关注被动性。

他是消费者,不是创造者。审美者对革命或反革命的极端形式不加任何区分,会习惯地依附于它们。而这意味着以被动性取代有良心的劳动,即以审美激情的被动性取代创造的主动性。无疑,任何伟大的艺术创造者都不是审美者,甚至也很少以极端的审美态度来观照生活。例如,列夫·托尔斯泰便是这样。同样,艺术的创造行为也不是审美行为。美感的也许仅仅是创造行为的结果。

一句话,美感诱惑使人做旁观者,不使人做参与者。

这里存有唯美主义的重要悖异。当人纯粹以审美态度观照生活时,是在主体之中,而不在客体之中。美感的诱惑恰恰在于要把一切都转移到沉思的客体上,要拒斥主体的主动性。因此,一个全然生活在自己感觉和激情状态中的审美者,很可能就没有生活在主体性的生存的世界中和精神、自由、创造主动性的世界中。相反地,在审美者的精神结构里感觉和激情会客体化和外化。纯粹的审美观照必定匮乏对活生生的现实的感受，甚至完全无法进入现实的整体领域。这种情况之所以形成，在于缺少主体的主动性，而只有主体的被动性。这样，主体的运动力不从心，而为着客体，主体仅仅只作被动的反应。主体的主动性的生存必须以对现实的敏锐体察为前提。美感的诱惑即意味着仅关注"怎样"，而不关注"是什么"。这正是对现实的漠视。这是人失却了自己的真实性时，对自己的奴役。这是人把自己完全投向了外在。审美者从来不信赖自己的特殊的真实性，仅信赖自己那被动的审美激情。

其实，审美者并没有体验到由美所引发的美感，他常常漠视最真实的美，只是让虚幻的美的意象和美感幻象弄得头晕眼花罢了。美感的诱惑与奴役不可避免地要导向对真理的漠视，这是它给人的最恐怖的后果。染指这种灵魂结构的人，不再找寻真理，当然也不会发现真理。当人一旦开始找寻真理，人也就因此得救。

"找寻"是主动性，不是被动性。

"找寻"意味着奋斗和挣扎，而非顺从。

美感诱惑与爱欲诱惑的特点极为相近。在美感幻象中的感受与在爱欲幻象中的感受大体相同。美感诱惑使人沦为宇宙的奴隶，脱出逻各斯。个体人格关联于逻各斯，不关联于宇宙；关联于意义，不关联于令人迷醉的自然的客体性。个体人格不仅以爱欲，也以伦理作为自己生存的前提，所以美感诱惑总反叛人格主义。按审美者自身的灵魂结构，他常是鲜明的个人主义者，而不太可能是人格主义者。个体人格拒斥虚幻的美的意象诱惑。

美感诱惑对生活仅作反映，仅施行被动性，这大抵因为它喜欢后顾，不喜欢前瞻。在美感中，客体总由过去的事物铸成，总不免携带幻象的基因。应该说，审美者实际上并不钟情于美，有时因为时髦，他甚至拒斥美，会完全不把自己的美感冲动系于美。

美感诱惑与奴役总把文学界和艺术界导向堕落。在艺术周围的人，更多的是消费者，而不是创造者。其实这种虚伪的氛围本身已向我们证明：人已失却精神的自由，正在受奴役。追究起来，这归咎于人灵魂的复杂化和精致化，归咎于人长期被动地反应生活，归咎于无止尽地崇尚美感生活，视它高于人们的日常生活，高于人民大众。然而使人更可怕的还是，伴随着人失去自身，人又建构出可怕的自我确信。

美感诱惑的生存并不意味着否弃真正的美，这犹如爱欲诱惑的生存并不能否弃真正的爱。

美与善相比较，美更展示人和世界的丰盈圆满，也更展示最后的目的；而善更是趋近目的的一种途径。

善与恶关联，两者时时相互冲突，列为对立的两极。美更是和谐；善更是不和谐，更是自然的不圆满。

美不具有唯美主义的任何特点，审美者的感受往往肤浅得很。美是转化的世界，可以消解世界重荷和世界畸形。通过美来突破世界，使世界发生转化，以臻于另一个世界。

这种突破发生在艺术的一切创造行为中，也发生在对这种创造行为的一切艺术感受中。所以，艺术的意义即在于它是改变这个世界的一道习题，是人脱出世界重荷和世界畸形的一种解救。艺术的解救功能是在艺术中不类似于这个世界的荒诞生活，不充塞任何空洞的不可逾越的必然性。

艺术，仅艺术地启迪受尽劫难的沉重的生活真理。艺术中的恐怖、痛苦、荒诞异于生活中的恐怖、痛苦、荒诞。艺术中的丑与生活中的丑不同，它可以艺术地成为一种完美，从而激活人的美感热情，净化人。这从果戈理的作品中可观其一二。这是创造行动的秘密，也是艺术与现实的区别。与此相关的还有悲剧，亚里士多德对它曾有过论述。悲剧的痛苦具有解救人和净化人的作用，因为在我们的痛苦、悲剧与艺术的痛苦、悲剧之间存有艺术转换的创造行动。

艺术是我们生命的转换，其中没有日常生活的重荷、枷锁、畸形。我们在另一个世界中拥有自己生存的位置，艺术则是我们向着另一个世界进发的通道。艺术也是实现着的新真实性的理想性。艺术不像唯心主义哲学家所说的那样,是观念世界对感觉世界的反映。艺术是创造的转换,不是真实的转换,它是这种转换的一道习题。舞蹈的、诗歌的、交响乐的、绘画的美走进永恒的生命。

艺术不显示被动性,显示主动性。正是在此意义上,艺术近乎神迹。

记得法格曾说:我们在悲剧中发现苦难时会产生喜悦,其原因在于苦难给予我们喜悦,因为悲剧中的苦难与我们没有直接的关联。这话不乏真知。悲剧中的苦难会使我们超越生活中的苦难,引导我们臻于另一个世界——艺术即具有这种解救作用。但是,艺术不是轻音乐、安乐椅、避风港,它维系于劳苦甚至劫难。艺术是迥然异于日常生活的另一种生活。艺术也可能奴役人,这表现在审美型的人身上和美感的诱惑中。

美也许不会做世界奴役的俘虏,美将成为胜利者。这常发生在真艺术和真美那里。

完整的美契合于人本性的完整,破碎的美则关联于人本性的分裂。个体人格意味着人的整体性的重塑,它认可美的转换的整体关系。

众多美学论著常争论的问题是:美是不是客观的存在?

美是美感的幻象,还是一项真实?我以为,问题的症结在于"主观的"和"客观的"这两个术语使用得相当含混。

美感不是对某一客体化的世界秩序的被动感受。就客体化世界的特点而言,它不认识美,于其中仅存有扼杀美的机械化。而美恰恰在于拒斥和突破客体化世界,脱出它的决定论。人即使对自然产生美感,也不是被动的反应,其前提也必须是人的创造行为。美如同真理一样,在主体性中,不在客体性中。客体性中没有任何美、任何真理、任何价值。若按传统美学对虚幻性的解释,那么美就更少主体性。主体性指真实性,客体性指虚幻性。以更深刻的观点看,任何客体化的、客体性的(东西)都是虚幻的(东西)。客体性即异己性、抽象性、决定化性、非个体性。

美不属于决定化世界，它脱出这个世界而自由地呼吸。客体的美正是美感的幻象。

从过分天真和实在的意义上来解释美与美感主体的关系，这会流于肤浅。美不能从客体世界进入人。美是对客体化世界的突破，是对世界的转换。美要消解世界必然性的重荷和畸形。在此，人彰显主动性，不彰显被动性。宇宙的美维系于人的创造行动。在客体化的自然与人之间矗立着人的创造行动。那些创造诗歌、戏剧、小说、交响乐、绘画、雕刻的伟大艺术家总是主动者，总焕发主动性，以消解世界重荷并拒斥物质。

美感被动性的诱惑与奴役同主动创造者无缘，同消费者有缘。美凭借精神的挣扎进行阻断和突破，但这并不导向静寂的观念世界，而导向以人的创造行动所迎来的转换了的世界，导向充满奇迹的世界，导向自由。

世界不是一个给定的和谐美好的世界，处处发生着混乱与和谐的争战。人个体的形式美无愧于宇宙进程的极致。它从来不滞留于僵死的物质性，不是一块静止的材料，而是不断地运动和变化着，它甚至就是一种主动的抗争。美经由混乱和消解混乱来为自己奠基。没有混乱作为母床和背景，就没有宇宙之美。没有混乱，就铸不出艺术创造的颠峰——悲剧，也铸不出唐·吉诃德、莎士比亚、浮士德和陀思妥耶夫斯基的小说。人攻克混乱的胜利，即是攻克美感的和机械的胜利，亦是自由攻克必然性的胜利。仅重大的胜利才关联于美。美不仅是沉思，美还是创造，是以创造行动拒斥世界奴役。美是人与人的合作，以及人与上帝的合作。

艺术中的客体化问题很复杂，这种复杂多半归咎于美学术语一向含混不清。

究竟该怎样审视美感诱惑与奴役中的客体化呢？这还关联于古典主义和浪漫主义的问题。古典主义和浪漫主义均奴役人。

古典主义和浪漫主义不仅关涉美感和艺术，也关涉人的整个灵魂结构和世界观。

古典主义与浪漫主义在艺术上的区别是相对的，有条件的。在古典主义的艺术中有浪漫主义因素，在浪漫主义的艺术中有古典主义因素。

艺术的伟大创造者既离不开古典主义，也离不开浪漫主义。不能把莎士比亚、歌德、列夫·托尔斯泰简单地划归某一"主义"。

我现在感兴趣的是"古典的"和"浪漫的"哲学问题。

这关联于如何审视客体与主体、客体性的与主体性的问题。

古典主义艺术称自己是客观的艺术，可以趋达客观的完美，而把浪漫主义艺术判为主观的艺术，无法趋达这种完美。

注意：此处将"客观性"几乎等同于"完美"。我以为，不论"古典的"或"浪漫的"均可能是一种诱惑，因为创造艺术作品的创造行动可以朝向完美的容体化，可以离开创造主体。

古典主义艺术认定自己能趋于最后的完美，但在这里，创造的结果也许是完美的实现，也许创造的结果和创造的主体是隶属于分等级的客体秩序。这种古典主义的诱惑是奴役人的形式之一。这是精神异化自身，主体的进入客体化的秩序，无限的消逝在有限的之中。

浪漫主义拒斥古典主义的这种诱惑。浪漫主义意味着主体与客体的断裂，也意味着主体不想成为客体的部分，而要去拓展主体世界的无限性。在客体化世界和有限中不可能趋达完美和圆满，但创造的结果却总被人尊崇为比它自身更伟大，以为于其中可以进入无限性。为着解救主体，为着人脱出客体化世界的种种有限形式，为着人脱出唯理主义——导向客体的存在的观念和普遍的观念，浪漫主义在自己的寻求中进行了抗争。但浪漫主义自身也能成为诱惑与奴役。解救主体是为着主体的创造生命自身的价值和主体的创造生存的价值，这是挣扎。浪漫主义的真理也正在这里。但要警觉，主体性也可能成为人自身的封闭性，从而阻止人与真实性的交往，使人沉溺于艺术的激情状态，受自我的奴役。无限的主体性也许启迪生存意义上的真实性，也许演绎为幻象。浪漫主义者极易被美感幻象俘获，这是浪漫主义的另一面。治疗浪漫主义主要不依靠古典主义，而依靠朝向真理性和生活真理的现实主义。

《圣经》不是古典主义，也不是浪漫主义，而是宗教意义上的现实主义。

"现实主义"与"客观性"的含义完全不同。

《圣经》是启示的书，因为其中没有客体化，没有人对自身的异化。一切启示都脱出客体化过程。客体化遮蔽启示。真实性不能在有限之中趋达圆满，虚伪的古典主义遮蔽了真实性。

19世纪的俄国文学已逾越古典主义和浪漫主义，从而进入更深层次的现实主义。它证实人——主体的精神挣扎和导向客体化的创造悲剧，也是对更高的创造生命的探求。

19世纪俄国文学的人性和伟大正显示在这里。

古典主义依从自己的准则，在自身的连续性中和所有范围内已被非人性化。而且，它还想在艺术、哲学、国家和社会中建构无人性的王国。

古希腊的悲剧是人类创造的精品，不属于古典主义。通常，古典主义的反动指占优势的机械性扼杀创造，指创造主体性的沦丧和无限性的被遮蔽。

人的创造依从一种不断改变着创造方向的韵律发展着：古典主义被浪漫主义取代，浪漫主义被现实主义取代，现实主义被古典主义的反动取代，而古典主义的反动又遭致主体性的反叛。由此可见，人要进入完美和圆满实在极为艰辛。

现在，人正体验着转折的和否定的反动。到达的和谐总是稍纵即逝，总被新的矛盾、挣扎所突破。人虽然不断地受诱惑与奴役，但为着解救，人也特别能英姿焕发，进行英雄般的战斗。人的命运实在悲惨，在客体化中失去自己，又在无对象的主体性中再次失去自己。这是人从虚幻的古典主义转向虚幻的浪漫主义。人找寻真美，却被假美和美的幻象诱惑。人脱出虚幻的客体的理性，却误入虚幻的主体的激情状态。

人创造强大的技术和机械，它可能是转换生命的工具，却反过来奴役和凌辱人。艺术正受到不断完善的工业技术的奴役。美在客体化世界中挣扎、消亡。艺术正在破碎，它不再成为艺术。这便是人的悲剧命运。

唯有永恒的创造精神能改变人的和世界的这种状态。主体性受客体性刺激会做反向运动，会在自身的精致中走进新的客体性。精神脱出主体性与客体性的这种对峙，唯有精神能解救人。这是个体人格的问题。

人应实现个体人格。个体人格即精神，即自由的精神。

这关联于人与上帝。人与上帝的关系脱出客体化，脱出人自身封闭的循环，人经由这种关系去拓展无限性、永恒性和真美。

（五）我思想中的诸多矛盾

撰写完这本书，在未向你们亮出我的观点前，我萌生出一个需求：阐明自己理性的和精神的道路，理解自己思想中时时出现的矛盾性。

就我的哲学生存来说，它不仅企盼认识世界，也企盼变革世界。

这个世界的客观现实是最后一个坚实的冥顽的现实，我常常从思想和情感上否弃它。

此书论及人的解救和自由，其中大部分章节可列为社会哲学。它建立在人格主义哲学的基石上，显示了我对整个世界的哲学沉思，是我在找寻真理的漫长的哲学道路上结出的果实，印证着我为了价值重估进行过一场长期痛苦的精神挣扎。

这本书的思想在多大程度上比我原有著作中所表达的思想更正确呢？在哪种意义上存在着思想家的思想拓展呢？进一步问：这种思想拓展是一个持续的过程还是一个于其中存有间歇性并且必须经由危机和自我否定的过程呢？再接下去问：又在哪种意义上存在着我的思想拓展呢？其中的变化究竟是怎样产生的呢？

有的哲学家一开始便构架体系，然后终其一生，始信不疑；有的哲学家则在自己的哲学中处处传达着精神的挣扎，在他们思想的过程里可以找到许多不同的阶段。其实，哲学家面临历史剧变即精神进行重大转向的时期，不可能再羁绊于书斋、书本，不可能再是一个与世隔绝的人，不可能不感悟到精神的挣扎。我从来就不是一位学院式的哲学家，从来就不想使哲学远遁生活而成为抽象的东西。不可否认，我确实不停歇地读过许多许多的书，但我思想的来源从来就不是书本，甚至可以说，我从来就没有完全读懂过任何一本书。我读书，总把自己体认过的许多经验掺和进去。我想，真正的哲学总是挣扎。柏拉图、普洛丁、笛卡尔、斯宾诺莎、康德、费希特、黑格尔的哲学便是这样的哲学。

我的思想一贯属于存在主义哲学。在我的思想中可以找到诸多矛盾：精神挣扎的矛盾、自己生存的矛盾。这些矛盾一一困扰着我，无法用逻辑的统一掩盖得住。思想中真正的统一关联于个体人格的统一。这不是逻辑的统一，而是生存意义上的统一。生存性彰显矛盾。个体人格是变之中的不变性，这是由生存着的个体人格所决定的一种特性。变化发生在这项或那项主体中，但如果这项主体被那项主体替代，那就丧失了真正意义上的变化。当变化趋达变节之时，变化便毁灭个体人格。哲学家的哲学生存的基本主题和价值的基本取向以及哲学家的思想的基本动机，倘若一旦发生改变，就意味着哲学家变节。当然，关于精神的自由究竟怎样实现和在哪里实现的观点，也可能发生变化。只是倘若爱自由变为爱奴役、爱暴力，那么就是变节。须知：观点的变化也许导向真实，也许导向虚幻的前景。

我以为，人终究是矛盾的且悬置在对立的两极上（"两极化"）的生存。

哲学家如果不抽象地远离基本的生活而同它有所联系，那么哲学家的思想就会显示矛盾，就会被悬置在对立的两极上。哲学家的思想构成非常复杂，即便在鼎助于最严密的逻辑推理而形成的哲学体系中，不时也可发现其中矛盾的因素相互并置。其实这并非坏事，恰恰正是好事。思想中完成了的凝固的一元论根本不存在，退一步说，即使存在着，也实在糟糕透顶。

能否建构哲学体系，我一向甚疑，至少我没有建构哲学体系的欲望。已有的哲学体系永远不会终结圆满。黑格尔哲学的基本矛盾即包括，思想的辩证法和进程被窒息在完成了的体系的形式中，即终止了辩证法的发展。

于此，精神进程的结束和随之产生的种种矛盾，也许仅仅只标志世界的终结。但是，即使世界终结，矛盾也不可能消逝。

因此，思想的眸子不可避免地要转向末世主义的前景。末世主义的前景投给思想以返回的光亮，产生世界生命内在的矛盾性、悖异性。

当我审视自己时，首先想审视自己生活与思想价值的基本主题和基本取向。据此，才能理解我思想的内在联系和变中不变的真谛。当关涉到社会生活时，在我思想的基本矛盾中总交织着两项因素：既贵族式地理解个体人格、自由、创造，又相信社会主义的需求能确认每个人的价值、尊严，能确认最下层人的生活的基本权利。换言之，我既爱、迷恋另一个冰清玉洁的高伟的世界，也怜悯、痛惜这一个卑俗受难的世界——这两个世界常在我的内心里冲突着。这是怎样一种冲突啊，它长驻于我内心，永不消歇。

我同时亲近尼采和列夫·托尔斯泰。

对卡尔·马克思、日·杰·梅斯特尔和克·列昂季耶夫，我也一向评价甚高。

但就我个人而言，则更接近我所喜爱的雅各·波墨，还有康德。

当专制政体凌辱我对个体人格尊严的看法，窒息我对自由和创造的热爱时，我奋起抗击，并取用极端的形式来传达这种抗击。

当社会不平等的庇护者无耻地庇护自己的特权，当资本主义压迫劳动群众，把人转换成物，我也同样起而拒之。

我否弃现代社会的全部根基。我认为，只有转向哲学家对世界的基本体认和重要观察，才能阐明哲学家世界观中那些复杂的内在动机。哲学认识的基础是具体的体验，不是概念的抽象组合，也不是讨论式的思想，这些仅仅是工具而已。当我转向哲学认识的重要来源之一，即对自身的体验时，我获得了重要的和基本的启示：拒斥世界的现实性，拒斥一切客体性，因为它们奴役人。另外，我还发现：精神的自由同世界必然性、暴力、调和主义之间的矛盾不可调和。我在这里所陈述的这些，绝不指个人履历表上的那种事实，而是指哲学认识的事实和哲学道路的事实。这些一开始就取决于我的哲学的内在动力。即在我的哲学思想中，我始终确信：自由高于存在，精神高于自然，主体高于客体，个体人格高于共相—普遍的事物，爱高于法则。

确认个体人格至上，意味着确认形而上的质的不均等，各有差异，不可混置，意味着质对量的统治的拒斥。这种形而上的质的不均等迥然异于社会的和阶级的不平等。自由缺少怜悯，就变成了魔鬼。人不仅应向上超升，出俗不染，也应向下观照，同情怜悯尘寰中的一切。在精神的与理性的道路上，我走过了一程又一程，个体人格是我最终所领悟到的真理。即使无足轻重的小人物，个体人格也支撑着他们的最高存在的形象，万万不能将他们所拥有的生存意义上的核心——个体人格转换为工具。这些人不仅拥有生命的权利，即使这份权利已被现代文明扼杀；同时还拥有生命的共相内涵。

遗憾的是，福音书未能充分揭示出这样的真理，但这仍是福音书式的真理。从深刻的意义上看，作为个体人格的不均等的且各有差异的质，不仅面对上帝是平等的，而且面对社会也是平等的。审视个体人格建在特权基础上即建在各种不同社会地位上的这份权利，不属于社会。在社会的无阶级结构的思潮中，品评人不再凭借社会地位而遵依人的生存状态，社会平等的意义恰好应承认人们的个体的不均等和质的差异。

也可以说正基于此，我站在反等级的人格主义一边。个体人格不是任何分等级的整体的一部分，它是一个处于潜在状态的小宇宙。因此，个体人格的源头和自由的源头、怜悯的源头和正义的源头既在世界中，也在我的自身中，并时时在矛盾斗争中。只是这些源头在我的意识中也可以联合起来。平等的源头按其自身的特性而言，完全没有独立的意义，它必须隶从于自由和个体人格的价值。

我从不顺应社会传统，从不为贵族社会或者贵族式社会的偏见和利益祭献自己。我努力从这些陷阱里走出来，凭借自由铺设自己的道路。俄国知识分子的思想和感觉非常僵死刻板，常烙着拼凑组合的印记，但这些东西都不能羁绊我。

我觉得自己全然不属于这个世界，可以肯定地说，我绝不属于这个世界。在这方面，我厌恶资产阶级性，不喜欢国家具有无政府主义的倾向。我的起点不是对世界的爱，而是以精神的自由抗拒世界。

这个为我所需的起点，并非一块空场，并非根植于虚无，它具有思想世界的精神内涵。因此，为理解我的哲学道路，首先需要弄清我的哲学的思想世界。在对整个世界的哲学沉思中，我最重要的基石和最核心的思想是：客体化与生存、自由的相互对立。这里，倘若依照柏拉图主义的观点，依照黑格尔和谢林的哲学，则不可能理解我所论及的自由。当然不可否认，柏拉图、普洛丁、黑格尔、谢林对俄国的宗教哲学具有重大的意义。只是对于我却正好相反。

从康德、叔本华那里远比从黑格尔、谢林那里更容易理解我的思想。

前者在我的哲学道路的起点上深刻地影响过我。

但如前所述，我从来不是学院式的哲学家，从来不属于任何一个学院。我深刻感受过的第一位哲学家是叔本华，自幼我便开始读他的哲学著作。

青年时代，我也接触过康德哲学，但这多多少少仅止于一种整体感受，而没有像解剖叔本华那样去解剖康德。我甚至也同康德冲突过，但康德影响着我，决定着我在自己的哲学道路上时时取用这种或那种形式。我十分亲近康德的二元论，亲近康德对自由与自然的区分，亲近康德对自由的界定，当然，也亲近康德的唯意志论，亲近康德关于划分现象界与真实界的观点。只是康德把这个真实界称为"物自体"，我以为这是他的败着。另外，我也亲近叔本华关于意志与表象的划分，亲近叔本华关于意志在自然界中客体化并建构出一个不真实的世界的观点。与此同时，我还受过叔本华的非理性主义的浸润。但总的来说，我的哲学思想在后来也同他们存有差异。康德掩盖了对同现象界有所区别的真实界生存的认识方法，他的哲学中几乎没有"精神"这个范畴。

我还非常厌恶叔本华的反人格主义，并奋力拒斥它。

属于这一类的还有：费希特、谢林和黑格尔的一元论、进化论、乐观主义，其中包括他们对精神的客体化和对共相的"我"的客体化的理解。在这一类哲学中，尤以黑格尔学说中关于精神的自我启迪、精神在世界进程中朝向自由的发展和上帝的形成等说教，最令人无法容忍。应该说，康德的二元论和叔本华的悲观主义更近于真理。这需要探讨哲学观念的净化。

要理解我的哲学思想，也许更重要的是理解在我对周遭社会现实的审视和对整个世界的道德评判中那些重要的观点究竟源自何处。

在最早的时代，当我几乎还是孩子时，便从列夫·托尔斯泰那里受益匪浅。我确信，文明的根基是伪理，历史充满原罪，一切社会垒筑在虚伪的不公正的基石上。当然，这些都是列夫·托尔斯泰灌输给我的。列夫·托尔斯泰抗击虚伪的伟大，无情揭露历史的虚假圣物，拒斥人的社会关系中的种种虚伪，这些都深深地渗进了我的生存中。

但是，坦率地说，任何时候我都不是列夫·托尔斯泰学说的信仰者，甚至我并不喜欢托尔斯泰主义者。现在，经由长期的哲学探索，我认识到历史现实和社会现实的基本价值存在于人的自身，认识到精神的自由脱出于社会传统，脱出于有教养者及有产者之流的各种道德偏见，而这意味着反叛无论"左派"或"古派"的一切暴力。另外，我还意识到精神的革命性也存在于人的自身，它可以对周遭的环境会产生各种作用。

后来，在我的大学时代，我十分关注社会现实。马克思影响着我，使我审视一系列社会问题时变得非常实际、具体。但是，我从来不是任何"正统派"的追随者，而且还始终反叛一切"正统派"。当然，我也从来不是正统的马克思主义者，严格说也从来不是马克思主义者。就在马克思对我颇具影响的那个时期，我仍是个哲学的唯心论者。面临社会问题，我曾试图把自己的唯心论哲学同马克思主义结合在一起。

我虽赞同对历史进行唯物主义解释的许多观点，但事实上我的社会主义仍立足于唯心论的基点。

过去，我曾经带领青年马克思主义小组同那些集权型的马克思主义者论战。这个论题对于现在依旧十分重要。那时的论战主要围绕阿·日德和他的关于苏联的两本书。

说真的，直到现在，我还常常回忆起同卢那察尔斯基的马克思主义小组中那些青年同志的争论，只是当卢那察尔斯基进入人民教育委员会后，我就再没有同他们争论了。为着真理和善的生存，我是那场论战的积极参加者。真理和善的理想价值的生存不依附于阶级斗争和社会环境，不隶从于为阶级的革命斗争服务的哲学和伦理学。我确信真理和正义的生存，这取决于我对社会现实的革命态度，而不取决于那种理论。卢那察尔斯基主张捍卫无功利的真理，捍卫理智的独立性，捍卫个人判断的权利。

记得著列汉诺夫对我说过，凭着我的独立的唯心论哲学，我不能成为马克思主义者。其实，这个问题也放在了那些欣赏共产主义的社会真理的当代知识分子面前。人们拒绝向阿·日德讲述他们在苏维埃的俄罗斯所见到的真理的真相，因为真理没有向个体人敞开。阿·日德不应庇护那种经由无产阶级革命斗争产生出来且服务于无产阶级自己的真理，以致使那些同最显见的事实贴合在一起的真理变成了谎言。如果这项谎言确实有损于无产阶级革命的胜利，那是因为这项谎言取用了无产阶级斗争的不可或缺的辩证因素而铸成。我一直沉思并确信真理不为任何个人和任何事物服务。

退一步说，即便真理对无产阶级革命斗争有害无利，也应该捍卫它，沉思它。但在当代世界中，人们对真理的态度朝三暮四、模棱两可，早已走得很远很远。法西斯主义者和有的共产主义者认为：唯有集体才能认知真理，真理只在集体斗争中才显现；而个体人格不能认

四、论矛盾

知真理，不能为着真理去抗拒集体。

这方面，我的青年马克思主义时期曾烙印着它的痕迹，后来我以人格主义的名义拒斥马克思主义的这种影响。当然，我仍继续认定马克思主义是一项正义的社会要求。

这些年来，我发生了一场精神上的困扰与挣扎。浸渍在这场精神斗争中时，我接触到了易卜生和尼采，这于我有着极重要的意义。易卜生、尼采不同于马克思、康德，他们所拥有的另一类哲学主题深深地吸引着我。一开始，易卜生对我产生的重要意义甚过尼采。虽然迄今为止，我并没有读完易卜生那些缺乏深刻冲动的剧本，但我的道德评判的诸多方面却很贴近于易卜生的个体人格对集体的反叛。过去我还读过陀思妥耶夫斯基的书。从童年起，我就喜欢他。我发现陀氏深刻地关切个体人的命运和个体人格。相反，在俄国左派知识分子的情绪中，在马克思主义那里，我从未发现过他们对这个问题的意识。我也读过尼采的著作，但尼采在那时尚未引起俄国文化界的普遍注意。我可以这么说，尼采贴在我禀性的这一极上，而列夫·托尔斯泰贴在我禀性的另一极上。

有时，我内心的马克思和托尔斯泰也让位给尼采一人，但即便如此，他们却始终未能把我的哲学思想装进完成了的形式中去。

尼采的价值重估和尼采对理性主义、道德主义的拒斥，都进到了我的精神挣扎中来，并汇合成一股作用力，潜在地影响着我。我曾经同马克思和尼采在真理的问题上冲突过。

无论如何，我的人格主义总在不断强化并锐敏起来，这与我对基督教的审视有关。于此，我看到各种心理作用在人的生活中扮演着重要角色，而人却很难同时囊括一切，很难成为一个圆满的整体。人没有力量导向和谐，没有力量把一切都统一在一个本源中，人常显示相互对立和相互排斥的因素。这些对我来说，则意味着爱、自由、独立性、个体人格的创造使命与社会进程的冲突，因为，社会进程扼杀个体人格，视个体人格为工具。

当然，在自由与爱、自由与使命、自由与命运之间也存在着冲突,但这是一种植根于人生命更深层面上的冲突。

当我在自己生命的起点上奋起反抗贵族社会而投入革命知识分子的阵营里时,我的最主要的力量都用于抗击社会环境。但在这个阵营里,我悲哀地看到个体人格价值同样受到蔑视,人的解放到头来更多的仍是对人和人的良心的奴役。

其实,我早已预料到了这种进程的结果,早已知道这个阵营里的革命者并不喜欢精神的自由,他们否弃人的创造权利。

对我的精神生活产生重大意义的是陀思妥耶夫斯基所塑造的那位传说中的宗教大法官。

甚至也可以这么说,我之所以成为一个基督徒,就在于接受了那位宗教大法官的基督的形象。因此,我虽然朝向他,亲近他,但我反对基督教的一切都归属于他的精神。人、自由及创造是我的哲学的基本主题。我那本《创造的意义》是"反击与进攻"的书,它传达了我对整个世界的独立哲学思考。

应该说,我接触雅各·波墨的哲学思想也颇具意义,由此我得到了精神的嫁接。

而对20世纪占优势的思想潮流,我体认到自己内心世界存有一股疏离感,体认到务必以精神的力量拒斥政界、文学界、宗教界(东正教)。孤独是我生命的基本旋律,我时感自己十分孤独。但依从自己的积极性和战斗性,我又周期性地进到现实的众多领域中去。

我思想的圆圈留驻在社会哲学的领域中。我一直凝视着社会主义这项真理,也可以说我早在青年时代便相信社会主义。

由于沉思和信仰,社会主义伴随我生命的全部里程。我把这项真理称为人格主义的社会主义。这种社会主义迥然异于占优势的形而上学的社会主义。其区别即在于:前者的基础是个体人格高于社会,后者的基础是社会高于个体人格。

另外,对人格主义的社会主义仅仅是人格主义的社会投射的观点,我越来越笃信不疑。

历史浪漫主义关联于用唯美主义态度审视宗教、政治,关联于对历史力量的理想化。近十年来，我一直在廓清它对我的影响，迄今已扫除殆尽。这种历史浪漫主义，无论如何不能抵达我的内心深处，不能成为我的原动力。列夫·托尔斯泰曾就虚伪的浪漫主义者对历史价值的态度进行过严肃的批判，这使我领悟到托氏在这里揭示的基本真理。人的个体人格价值高于强大的国家价值和民族价值，也高于强大的文明价值。

我同俄国的赫尔岑、克·列昂季耶夫以及西方的尼采、列昂·布卢阿一样，都敏悟到即将来临的是一个市民王国。在那里，资产阶级性不仅烙着资本主义的印记，也烙着社会主义文明的印记。当然，倘若现在要我拿出有关这个市民王国即将来临的充足证据，我似乎会有点仓猝。但我以为，从深层面看，精神在世界中的一切客体化便是一个市民王国。不应庇护社会的非正义性，它的基础是把正义性转换成市民王国的私货。这也是克·列昂季耶夫的结论。

不能拒绝解决劳动群众的面包问题。可以说，正基于这个问题的不可解决和劳动群众的受压，文化才多少显得华而不实。基督教要特别警觉这一方面的问题。我拒斥对历史进行"有机的"理想化。还在《创造的意义》一书中，我便反诘过这种有机观。同样，我也拒斥文化上流阶层的虚伪的理想化。文化上流阶层的自我满足和自我欣赏是一种隔绝自身并且缺乏服务使命意识的利己主义。我相信个体人格的真正的贵族主义，相信总存在着这么一些伟大的人和伟大的天才，他们认可服务的责任，他们不仅能感受向上超升的需求，也能感受向下观照的需求。

相反，我不相信小集团的贵族主义，因为它的基础在于社会选择。没有什么比自视为文化精英而鄙弃劳苦大众更令人厌恶。倘若在形而上学的意义上来使用"黑色"这个词，那么，文化上流阶层特别是资产阶级的文化上流阶层，它所显示的色彩，也许正是这么一种黑色。

面对历史的、保守传统的、权威的、君主政体的、民族的、家庭的、私有者的圣物，面对革命的、民主的、社会主义的圣物，必须弄清楚有关上帝王国的基督教思想和基督教的末世论意识迥然异于偶像崇拜。除充分相信格言式的否定的神学真理，还应充分相信格言式的否定的社会学真理。那种建在宗教基石上的灵车式的社会学是奴役人的孽根，我这本书的宗旨即在于反击它对人的奴役。

这本书的哲学是我个人所意识到的东西。

其中论及的人、世界、上帝仅仅是我所体认到的和所见到的那一种，其中展现的是一个具体的人的哲学思考，而决非世界理性和世界精神的推演。

为着阐明自己理性的和精神的道路，应该说世界总不断地向我提出新问题。

因此，即使对那些我早已认可了的真理，我仍旧不断地以基本的直觉去感悟它。

在这里，读者若想从我的这本书中求索社会问题的具体解决，即寻见一个具体的实施方案，那它定会难孚众望。这本哲学著作的前提首先是精神的变革。